LA SCULPTURE DE SOI

La morale esthétique

DU MÊME AUTEUR

GEORGES PALANTE
Essai sur un nietzschéen de gauche
Folle-Avoine, 1989.

LE VENTRE DES PHILOSOPHES
Critique de la raison diététique
Grasset, 1989.

CYNISMES
Portrait du philosophe en chien
Grasset, 1990.

L'ART DE JOUIR
Pour un matérialisme hédoniste
Grasset, 1991.

L'ŒIL NOMADE
La peinture de Jacques Pasquier
Folle-Avoine, 1993.

MICHEL ONFRAY

LA SCULPTURE DE SOI

La morale esthétique

BERNARD GRASSET
PARIS

SOMMAIRE

« Sois le maître et le sculpteur de toi-même »

NIETZSCHE, *La Volonté de puissance.*

OUVERTURE

Pérégrinations en quête d'une figure

Pour brûler comme la salamandre dans un brasier qui consume et qu'on attise de ses sucs, j'avais rejoint Rapallo, dans le golfe de Gênes, sur la côte ligure, afin d'y retrouver l'ombre et le souffle de Zarathoustra, fils de Portofino et de Sils Maria. Le long des routes qui conduisent aux villages de pêcheurs, entre les pins parasols et l'azur sidérant, poussaient caroubes et kakis. Un vieil homme et sa femme cueillaient les fruits dans l'arbre puis les déposaient dans un grand linge écru. Plus loin, une allée d'orangers parfumait la campagne et mêlait les fragrances des agrumes à celles des résineux. J'ouvris le fruit dont le derme était souple et le zeste gorgé d'essences puissantes. Les quartiers, acides et saturés de jus, empourpraient la bouche et enflammaient la gorge : ces oranges-là, qui ne sont pas comestibles, servent aux confitures, aux sucreries. Et je songeai, l'astringence abouchée, à l'alcyon qu'on appelle aussi orange de mer, cet oiseau nietzschéen par excellence dont Zarathoustra fit une vertu — l'esprit alcyonien — et que les contemporains d'Homère croyaient assez magique pour calmer la mer lorsqu'il faisait son nid. Fruits du ciel et de la mer, ces oiseaux servent d'augures bénéfiques.

Sur la route qui longe la baie de Santa Margherita, jusqu'à Portofino, Nietzsche arpentait les lumières transparentes. Alcyon, lui aussi, dans ces contrées de ciels, de mer et de chemins escarpés où les pins parasols et les oliviers s'agrippent aux rochers qui surplombent les criques désertes, le sable et le bruit des vagues. En bas, le village des pêcheurs qui ravaudent les filets, parlent doucement auprès des bateaux aux cales sèches ou du tangage des barques bleues, rouges et blanches. Le philosophe est en gésine. Bientôt, il accouchera de Zarathoustra, une parturition appelée à d'effroyables échos, à d'incroyables méprises. Prophète de Dionysos, chevalier usant du nihilisme pour mieux bâtir et construire, il chemine, comme à l'orée du monde, parmi un bestiaire qui l'annonce et l'explique : l'aigle et le serpent sont ses emblèmes, l'âne et le chameau, ses ennemis, parce que se nourrissant des énergies avec lesquelles on peut produire le surhumain, un état plus qu'une figure.

Zarathoustra, c'est le métaphysicien nouveau qui a le sens de la terre, s'enracine donc dans le seul sensible. Il poursuit de sa vindicte l'idéal ascétique et ceux qui en font la promotion. Sa haine va aussi aux vendeurs d'arrière-mondes qui se refusent la pensée tragique et préfèrent bercer les hommes d'illusions sucrées et dangereuses. Il n'aime ni les dieux ni les maîtres et va, n'écoutant que ce qu'il sait être l'énergie, la force, la puissance — le contraire de la violence. Avant tout, il excelle comme montreur de nouvelles possibilités de vie, loin du christianisme, par-delà tout ce qui vit de ses idéaux mortifères. Et son ombre m'obsède, car nos époques manquent d'une virilité qui lui ressemble.

Dans le golfe de Gênes, j'étais venu me nourrir des parfums, des couleurs et des zéphyrs de l'une des terres qui fécondèrent l'âme de Nietzsche. Entre lauriers et palmiers, près des eaux azurées et non loin du Monte Alegro, pourvoyeur des joies annoncées par son nom, j'avais résolu de poursuivre ma quête d'une figure qui cristalliserait l'état dans lequel une éthique peut se dire, non loin de l'esthétique, proche de l'élégance, et se fortifiant des lumières d'Italie. Venise me ravit.

Chacune de mes visites faites à la sérénissime fut l'occasion de pressentir que, dans cet entrelacs de canaux et de ponts, d'eaux et de pierres, surgirait une solution. Le labyrinthe appelait un fil d'Ariane — il n'est pas de problème sans solution. Mes émotions devaient me conduire au seuil d'aurores qui n'ont pas encore lui et qui prirent la forme de bribes, de directions et d'intuitions. De Venise, on pouvait attendre une mise en forme de la lumière. Aussi, la nuit eut-elle son utilité. Plongée dans l'obscurité, la ville vacille de part en part autour de points lumineux : petites fenêtres, éclairages brinquebalant des ruelles, lueurs graciles de trattorias, ou majesté des flux tombant d'immenses lustres pendus aux plafonds décorés de stucs, abîmés par l'humidité et s'offrant au regard du noctambule descendant le Grand Canal. La lumière est diffractée, elle se recompose en de capricieux pointillismes. Les nuits chaotiques sont propices aux fulgurances, elles fortifient les tensions avec lesquelles se disent les résolutions, plus tard. Impossible, ici, de s'abandonner aux puissances chthoniennes ou d'attendre quoi que ce soit des mystères telluriques. Pas plus on ne se fiera au liquide et aux sirènes aquatiques.

Les odeurs d'eau croupie, de pierres rongées par

les vagues, d'algues flottant à la surface des canaux, fomentent des humus mentaux. Parfums de lendemain de chaos, de jours qui suivent la création du monde ou qui précèdent de peu les apocalypses. Venise est couverte d'une brume de genèse, les décompositions en témoignent, elles augurent de renaissances et de vitalités aux promesses revigorantes. Les effluves ont la charpente des senteurs intimes, le bouquet puissant des fermentations secrètes. Au plus profond des âmes, l'esprit qui flotte au-dessus des eaux épouse le secret, le silence et les ébranlements. La chair retrouve des humeurs connues, elle sait les parentés et les proximités complices. L'ombilic de la cité n'est pas, comme à Rome, un *mundus* sous lequel guettent les esprits, non loin d'une pierre noire, à l'intersection des axes verticaux et horizontaux ; il n'est pas fixe, immobile et menaçant de dégorger les fléaux ; il n'a pas la matérialité des lieux découverts par les marécages. Car le centre de Venise est un parfum.

Mélange de nuits et de particules volatiles, la ville est enfin l'unique expression de la volonté. Sans double ni duplication possible, elle est la quintessence d'une forme d'exception : le défi lancé à la nature, la somme de l'orgueil et de la culture portés à leur paroxysme. Elle est la production d'une pensée, l'achèvement et l'aboutissement d'un projet de Titans qui voulurent inscrire sur l'eau, dans la lagune, à la surface mouvante de marécages, un rêve pétrifié : la minéralité et sa permanence contre l'équivoque des éléments frustes. Songe de raison malgré tout abouti, méditation de tempéraments et de caractères goûtant la provocation des esprits chagrins qui, toujours, reculent devant les pouvoirs de la détermination et de l'opiniâtreté, Venise est la résultante d'épousailles entre la résolution et l'énergie. De même exprime-t-elle la densité, la concentration, sur un minimum de surface d'un maximum de défi. Contre l'eau et malgré elle : l'or et le marbre — les matières de l'excellence, les qualités de la rareté et de la noblesse. La cité montre l'arrogance aboutie des hommes contre la nature, la puissante efficace du vouloir sur le destin. J'y trouve métaphore structurante.

Enfin, Venise concentre toutes les variations possibles et imaginables sur le thème de la grâce et de l'élégance. De la pierre finement sculptée, dentelée et ouvragée aux compositions de Pietro Longhi ou du Prêtre roux, en passant par les chats — vivants symboles du mystère, qui expriment, en même temps, l'indépendance, le caractère imprévisible, et le fauve jamais tout à fait circonscrit. Cité du mépris de la lourdeur et de la promotion de la délicatesse, Venise est l'éther à la surface des eaux, menaçant de devenir un vaisseau fantôme par trop d'épousailles avec les embruns. Rien n'y pèse, tout y plane. Brouillard pour le vol des alcyons, lumière pour l'habitué des rigueurs hyperboréennes. La sérénissime est arrimée au temps. Mais tout périra, y compris les périls. En attendant, elle flotte au dessus des vagues, méprisant la matière, refusant la pesanteur. Sur les cimes d'eau, familière des écumes — ces liqueurs séminales —, elle étale sa magnificence et se repaît d'excellence.

Qu'attendre de plus propice ? Naissant des parfums génésiques, fortifiée des lumières qui conjurent la nuit, expression de l'énergie concentrée et de la grâce incarnée, la forme a choisi la cité — la cité n'a plus qu'à produire des formes. Un fils de Zarathoustra pourrait bien être vénitien, surgir des terreaux nourriciers aquatiques, porteur de lueurs éblouissantes, rayonnant la force et se mouvant dans l'élégance. Est-ce pour ces raisons qu'on retrouve Nietzsche amoureux de Venise, fasciné par l'exception et transformant la ville en métaphore de la musique ?

Mon premier voyage à Venise fut sans souci de l'ombre nietzschéenne. Je ne me souvenais plus qu'entre Sils et Gênes, Nice et Messine, il y eût la cité des doges. Plus tard, lorsque j'y revins, j'eus envie de pérégrinations sur les lieux hantés par le philosophe. En suivant les traces de Zarathoustra, je savais qu'on se perd dans le dessein de se retrouver. Un modèle n'est pas une prison, il invite à trouver sa voie et à manifester son ingratitude : chemin faisant, il s'agit de se défaire des ombres avant qu'elles ne deviennent des défroques, des entraves. Il faut être nietzschéen comme, vraisemblablement, Nietzsche aurait aimé qu'on le fût : en insoumis, en rebelle. Le paradoxe est que, même ici, il s'agit de leçons...

Le cœur de Venise est nocturne. Je me souviens encore du bruit de mes pas dans les *calle*, sur les petites places désertes. Sous l'ombre des campaniles, traversant des ponts, passant le long de couloirs sous colonnades, apprenant le pavage irrégulier sous les pieds, j'ai marché pour des retrouvailles, comme lorsqu'on va vers un être aimé dont l'absence fut troublante parce qu'elle contribua à rendre imprécis les contours de son visage ou les inflexions de sa voix : il s'agit de réinvestir la forme pour qu'elle coïncide avec l'idée qu'on en avait gardée.

Dans l'état d'excitation qui accompagne ces réajustements avec le réel, le corps est transfiguré. En lui s'accomplissent des métamorphoses nourries de songes et de craintes, de fatigues et d'appréhensions. Le sang afflue dans les tempes, au visage. Il chauffe les membres, dégourdit l'âme et la rend plus véloce, plus souple. Elle est tapie dans la nuit, prête à saisir le prétexte d'une émotion qui deviendra une intuition, puis une idée. Chasse nocturne pour nourritures diurnes.

Au détour d'un étroit canal, glissant dans les ténèbres, comme la barque de Charon, un gondolier passa. Un léger cri l'avait précédé pour signaler sa venue — une inflexion de voix, plutôt. Arc-bouté sur sa rame, il fit avancer l'embarcation, ce long cercueil effilé, noir, au bec menaçant. S'appuyant sur un mur, avec sa jambe, il fit naître un autre mouvement avec lequel la gondole put négocier son virage dans un angle droit. Le silence suivit, puis le bruit de l'eau qui se referme dans le sillage, en un petit clapotis. Un peu plus loin, il chanta. Et je retrouvai mon fil d'Ariane, Nietzsche écrivant à Peter Gast, lors d'un séjour à Venise : « La dernière nuit m'apporta encore, tandis que j'étais arrêté sur le pont du Rialto, une musique qui me toucha aux larmes, un vieil adagio si incroyablement ancien, qu'il semblait n'y avoir jamais eu d'adagio avant celui-là. » Après la lumière, les parfums, l'énergie et la grâce, il fallait que la cité fût musiquée, entre le madrigal et l'aria d'opéra. Aussi insaisissable qu'une orchestration, aussi fugace qu'un écho d'harmonie. Venise, chant profane sur lequel Dionysos puisse danser et prendre la forme de Zarathoustra.

Dans la cité de Monteverdi, Nietzsche et Gast — l'ami du philosophe, un musicien auquel on doit un opéra dont le titre est *Les Lions de Venise* — mettent au point le manuscrit d'*Aurore*, livre génois dans sa facture, mais qui fut longtemps intitulé *Ombra di Venezia*. Puis, ils pensent, ensemble, un ouvrage sur Frédéric Chopin. Niezsche lit George Sand, Gast étudie les partitions, ils jouent les pièces au piano. Il me plaît d'imaginer, sous les doigts du philosophe, l'*Étude n° 12 en ut mineur*, un allegro con fuoco — l'expression musicale du génie nietzschéen, de sa qualité et de son destin. Fougue, puissance, force et désespoir : cette œuvre de l'opus 10 est une tempête qui préfigure l'aboutissement des voyages de Nietzsche. La main gauche exprime l'éternel retour du tragique, le caractère implacable du fonds noir sur lequel s'inscrivent nos faits et gestes, c'est une trame nocturne ; la main droite est volontaire, elle montre à l'œuvre les tentatives d'arrachement à la torpeur, les essais pour échapper à son destin. La ligne se brise pour une rupture de rythme, des lueurs d'espoir et un peu de paix. Menaces, encore, dans le registre grave, avant la chute qui fait songer aux frustrations de l'inachèvement. Dionysos triomphant absolument d'Apollon, totalement, jusque dans les conséquences les plus dramatiques. Rendez-vous est déjà pris avec la folie, le philosophe s'achemine vers la déraison — l'étude de Chopin montre ce qui reste à parcourir et quel abîme s'ouvre au bout du sentier. Nietzsche ne sait pas qu'il écoute la préfiguration de son effondrement. En attendant, il rejoint sa pension, soit casa Fumagalli, près de la Fenice, soit Albergo san Marco, une chambre qui donne sur la place Saint-Marc. Solitaire, toujours, habité par les songes et préoccupé par les aphorismes en cours, il emboîte le pas aux âmes mortes ayant, elles aussi, joué du labyrinthe vénitien.

Dans un petit carnet qui s'ouvre sur le titre *Carnevale di Venezia*, Nietzsche consigne, le soir venu, les conversations avec Gast. Dans la trattoria où il dîne, le repas est frugal, agrémenté d'un vino conegliano, un âpre breuvage venant de Vénétie. *Avenir de la noblesse, soins à donner à la santé, supporter la pauvreté, les hommes de la vie manquée, aux rêveurs d'immortalité* — il revoit les formules de son livre, cisèle, affine et acère les pointes de ses flèches. Et la nuit est peuplée des songes avec lesquels se nourrissent les livres. Le lendemain, on peut voir le philosophe piazza San Marco, en plein soleil, écoutant la fanfare militaire, ou, plus intempestif, sortant de l'office à la basilique, le dimanche, car il aime le lieu encore plein des mânes de Cavalli ou Gabrieli. Les jardins publics lui plaisent aussi et les terrasses où il goûte les huîtres et les figues, qu'il aime par-dessus tout. Enfin, il a ses habitudes chez Barbese dont les bains chauds sont revigorants. Car sa santé est toujours aussi précaire et dans les lettres qu'il envoie à son ami, pour qu'il lui prépare un accueil vénitien sans surprise, Nietzsche demande une chaise longue, pour pouvoir se reposer des fatigues accumulées et des tensions qui le ravagent, puis des tapis pour recouvrir le dallage de marbre glacé de l'endroit où il loge. Fondamenta nuevo, il arpente. Le long de la lagune, entre la cité des doges et l'appel de la haute mer, il promène son corps secoué de tressaillements, traversé de fulgurances.

Le lieu lui plaira. De là, on voit Murano, Torcello et l'île San Michele. Il y habitera, Palazzo Berlendis, au dernier étage — c'est là qu'il songera à faire de l'île des morts le lieu du silence et des tombeaux de sa jeunesse. Sur cette terre des taciturnes, le philosophe veut porter des couronnes de vie pour conjurer les nuits et la souffrance, le passé et la solitude. Et il écrit : « Seulement où sont les tombes, là sont aussi des résurrections. » Le cimetière est comme un vaisseau ancré dans la lagune, en attente de nourritures. Légèrement à l'écart, il est le pendant sombre de la Venise lumineuse et légère. Un morceau détaché de cette aurore perpétuelle qui irait s'épuisant, jusqu'à ne contenir plus que cadavres et débris. L'île San Michele flotte tel un bâtiment destiné aux eaux profondes. En attendant, elle exige ses tributs.

Je voulus y mesurer l'importance d'un absent, entre deux dalles blanches, voisines. Les deux pierres tombales recouvrent les sépultures de Stravinski et Diaghilev. Ecartelées entre les deux couvercles, mais seulement sous la forme d'un songe, sont les mânes de Nijinski. Je sollicitai sa présence en voyant les aiguilles de pin jonchant le sol, en entendant, au loin, le bruit des vaporettos qui passent, en regardant, un bouquet de fleurs à la main, une vieille femme, toute de noire vêtue, allant, entre les sépultures, rejoindre l'âme d'un défunt pour lui faire respirer, du moins j'imagine, les parfums d'une composition d'hélénies, d'immortelles jaunes et de scabieuses — les fleurs avec lesquelles on dit les pleurs, le souvenir et le deuil. Entre les deux tombes des deux amis de Nijinski s'était faufilé le souffle du danseur appelé par la déraison : à tenter les cimes, à vouloir des hauteurs toujours plus insensées, on finit par ne plus retrouver le chemin du sol. Puis, je me souvins de cet ami me racontant que son bateau avait croisé une embarcation tendue de noir, chargée d'un cercueil, se dirigeant vers l'île San Michele. Dominique de Roux, qu'il rencontra quelques instants après, et qui avait assisté à l'enterrement, lui apprit qu'il s'agissait de la dépouille d'Ezra Pound. La musique, la danse et le poème se réconciliaient en tombeaux.

Passé le pont qui enjambe le Rio Mendicati, laissant derrière soi la nécropole, Venise s'offre à nouveau, et l'on peut s'enfoncer dans les canaux, se perdre dans les eaux vertes ou glauques, retrouver les parfums génésiques et le triomphe des équilibres. Le cimetière est un vague rêve, un souvenir s'évaporant. Traversant le quartier où se rejoignent les *sestieri* Castello, Cannaregio et San Marco, je débouchai sur le Grand Canal non loin du pont du Rialto. Nietzsche y vécut une émotion dont il fit un poème : « Accoudé au pont, j'étais debout dans la nuit brune. De loin, un chant venait jusqu'à moi : des gouttes d'or ruisselaient sur la surface tremblante de l'eau. Des gondoles, des lumières, de la musique... Tout cela voguait vers le crépuscule. Mon âme, l'accord d'une harpe, se chantait à elle-même, invisiblement touchée, un chant de gondolier, tremblante, d'une béatitude diaprée. Quelqu'un l'écoute-t-il ? » Peu d'années après ces lignes, la raison quitta l'esprit du philosophe. A Turin, il s'effondra aux pieds d'un cheval. Overbeck, l'un de ses amis, le conduisit à Bâle. Pendant le transfert, il craignait le voyage en chemin de fer. Les tunnels sont nombreux, il fallait traverser de longs passages sans éclairage. Et l'on ne savait pas de quoi Nietzsche était capable. Lors d'un moment d'obscurité, sous les montagnes, dans le ventre de la terre, sa voix se fit entendre, douce. Il chanta, fredonna en italien. Les larmes couvrant son visage, il avait aux lèvres le chant du gondolier qu'il psalmodiait dans le rythme de l'adagio qui lui avait donné l'impression d'être une musique de début du monde. Pour Nietzsche, c'était un chant du départ vers le silence et l'innocence. L'odyssée s'arrêtait là, et les souvenirs devinrent confus, avant que l'âme ne quitte définitivement son vieux corps usé, fatigué, tendu jusqu'à l'extrémité de ses possibilités.

Je songeai à ce naufrage en lisant quelques pages du *Zarathoustra* aux terrasses des cafés, sur les marches des bâtiments désolés ou les pieds dans le vide, sur le bord d'un canal. Le soleil se reflétait dans l'eau, éclatait la surface en fragments de miroirs qui se mêlaient, se défaisaient, sous les arches d'un pont. Le temps était chaud et, au loin, une musique se faisait entendre. Une contralto répétait des cantates baroques dans l'église où officiait Vivaldi. Mes pérégrinations me donnèrent des plaisirs divers : quelques mots échangés avec un vendeur de poissons frais et luisants, dans le quartier de Cannaregio ; les peintures de Carpaccio dans l'église du quai des Esclavons ; les dîners dans d'obscures trattorias où le vin blanc est frais et les plats délicieux — au bord d'ivresses douces dont la tiédeur des soirs est complice ; la vitesse des taxis pressés lorsqu'ils abordent la lagune et font du visage un palimpseste pour les embruns ; la lumière sur les pierres de la Giudecca quand le soir approche ; Fellini, croisé sur le pont de l'Accademia ; les sorbets et l'eau glacée à la terrasse d'un café Campo Marosini ; la nonchalance aristocratique des chats près du théâtre de la Fenice ; les parfums et les couleurs des fruits ou des légumes dans le marché proche du Rialto ; l'eau fraîche des fontaines ; les drapés à l'antique entre les colonnades des procuraties ; le clapotis des eaux, partout, les jeux de lumières et d'ombres. Riches heures en émotions, passions et sensations. Je fus de tous les labyrinthes et laissai mon âme à disposition du lieu. Je fis bien. Et découvris ce que je cherchais.

Piazza san Zanipollo, devant la scuola san Marco, le lieu est une Venise quintessenciée, un épicentre : tout ce qui fait la cité est là. Une église et un pont, un puits et le rio, les cheminées typiques et l'ocre des bâtiments — et le monument d'Andrea del Verrochio, une statue équestre de bronze représentant le Condottiere Bartolomeo Colleoni. Mes idées se mirent d'un seul coup en place. Ce qui depuis longtemps se cherchait en moi aboutit soudainement et prit la forme d'un ravissement. La sensation est étrange, je ne fis pas la part de la contemplation, de la félicité ni de l'exaltation. Juchée sur un socle à l'antique, à plusieurs mètres du sol, la statue est comme dans les airs, au-dessus et au-delà, dominante et imposante. Dans cette œuvre magnifique, tout est ordonné pour montrer une tension à l'œuvre, mais dans le détail des affleurements : sur le cou du cheval, nerveux et sanguin à la fois, sur le corps du cavalier, raidi par la détermination, dans la confusion de la monture et du capitaine — mélange païen et parent des centaures —, dans les rênes qui transmettent la volonté de l'homme à l'animal, au creux des muscles saillants du palefroi où l'on imagine la stridence de l'influx. Les veines qui irriguent l'encolure suscitent un sang chaud et vif qui doit aussi parcourir le corps du chevalier magnifiant l'énergie et la détermination. Jambes tendues, cuirassé, coiffé d'un heaume et cambré sur sa selle, il paraît porter sur le monde un regard d'aigle, renforcé par la moue d'une bouche volontaire. Arrogance ou défi, résolution ou fermeté, le

Condottiere veut, sait ce qu'il veut, et transforme le monde en terrain d'exercice pour la puissance. La force a tracé les lignes du visage ; le courage a laissé des traces, la vigueur des volumes. Sa face est celle d'un homme d'exception dont le combat avec le réel est perpétuel. Sans repos, toujours tendu, il écrit son histoire comme on écrit l'Histoire : avec la véhémence d'un créateur d'empire. Verrochio a placé sur le sommet de la tête du cheval un toupet singulier qui fait flamme, langue de feu pour une pentecôte païenne — signe que le caractère valeureux du Condottiere ne fait qu'un avec celui de sa monture.

Bartolomeo Colleoni n'est pas le soudard que l'on dit. L'homme fut soldat, sachant que c'est un métier de côtoyer et braver la mort, n'ignorant pas que la proximité avec les passions tragiques trempe les âmes autrement que l'ignorance de nos destins de mortels. Mais le Condottiere est avant tout une figure d'excellence, un emblème de la Renaissance qui associe le calme et la force, la quiétude et la détermination, le tempérament artiste et la volonté de régner sur soi avant toute autre forme d'empire. Son caractère est impérieux, sa nature ardente. Loin des vertus chrétiennes, ces rapetissantes logiques, contre l'humilité qui rabougrit, la culpabilité qui ronge, la mauvaise conscience qui sape, l'idéal ascétique qui tue, le Condottiere pratique une morale de la hauteur et de l'affirmation, une innocence, une audace et une vitalité qui débordent. Son éthique est aussi une esthétique : aux vertus qui rétrécissent, il préfère l'élégance et la prévenance, le style et l'énergie, la grandeur et le tragique, la prodigalité et la magnificence, le sublime et l'élection, la virtuosité et l'hédonisme — une authentique théorie des passions destinée à produire une belle individualité, une nature artiste dont les aspirations seraient l'héroïsme, ou la sainteté que permet un monde sans Dieu, désespérément athée, vide de tout, hormis des potentialités et des décisions qui les font s'épanouir.

Éthique

PORTRAIT DU VERTUEUX EN CONDOTTIERE

« Où prendre notre impératif ? Il n'y a pas de " tu dois " ; il n'y a que le " il faut que je... " du tout-puissant, du créateur. »

NIETZSCHE
Ainsi parlait Zarathoustra.

Du Condottiere
ou
L'énergie pliée

Etranges principes, bougonneront les fâcheux, d'aller quérir une figure éthique du côté des soudards ! Pourquoi pas dans les bouges, les bordels ou les tripots ? Certes, pourquoi pas... Disons, pour l'instant, qu'il me plaît de ne pas les poursuivre dans les transepts ou les amphithéâtres, les travées d'églises ou les couloirs d'universités. Plutôt là où grouille la vie que dans les lieux empuantis par la mort. Et j'ai plus de sympathie à traquer le capitaine de la Renaissance italienne que le privat-dozent de l'université prussienne. Bartolomeo Colleoni, par exemple, de préférence à Hegel. Le premier me séduit par sa pratique de la grandeur, le second m'ennuie par ses dialectiques absconses.

Une figure éthique, un *personnage conceptuel** me ravissent plus volontiers lorsqu'ils émergent du concret, de la pratique. Ainsi, ils peuvent servir pour retrouver la théorie qui n'a de sens que fécondée par les expériences, générée par les émotions, la vie. Certes, il faut séparer les scories des pépites, les élégances des petitesses. Le diffus d'une existence doit passer par le filtre de la subjectivité qui théorise, regarde et met en forme. Le *Condottiere**

*. Les astérisques renvoient à l'abécédaire en appendice.

me plaît moins pour ce qu'il fut historiquement que pour ce qu'il permet dans le registre de l'éthique. De la profusion d'une biographie, il s'agit d'extraire les lignes de force avec lesquelles bâtir une architecture singulière. Loin du détail, des valses-hésitations ou des reculades, ce qui constitue une individualité comme un destin qui s'incarne est avant tout dans ses effets, plus particulièrement dans la conséquence de ces effets. Le Colleoni qui emporte mes suffrages est celui qu'a transfiguré Verrochio, l'homme d'énergie qui permet à l'artiste un dépassement dans lequel l'impression est magnifiée au détriment du détail historique. La figure réelle n'a de sens que dans la mesure où elle sollicite des généalogies inédites qui sont, à elles seules, des invitations et des incitations à produire de nouvelles formes inspirées. Ainsi Zarathoustra qui est moins le père de la religion mazdéenne que le fils du solitaire de Sils, une prolifération, un rhizome dionysiaque, ayant sa propre autonomie, sa vie singulière. Au-delà des profusions perses et des vibrations orientales, j'ai plaisir au danseur de corde, au prédicateur de l'Eternel retour, au familier du serpent et de l'aigle. Nourri de l'Histoire, il s'en émancipe pour donner vitalité à une nouvelle figure. Dans de vieux membres, sous une vieille peau quasi tannée, on assistera à de nouvelles forces : le sang tiédira puis se réchauffera. La vie s'empare d'une autre créature, née du passé, destinée au futur et aux promesses.

Ceux qui goûtent les concepts pâles, désertés par l'énergie, n'aimeront pas le Condottiere. Les amateurs de douceurs éthiques, les revendeurs de vieilles vertus sous des oripeaux miséreux verront là de la violence et de l'immoralité, de la grossièreté et de la rusticité. Pas assez d'amour du prochain ou de compassion, pas assez d'humilité et d'idéal ascétique. En revanche, trop de narcissisme et d'orgueil, trop de vanité, d'arrogance et d'hédonisme. Ils détesteront une figure si peu chrétienne, une puissance aussi païenne, laïque et tant préoccupée par la mise en forme de ce qui, en elle, relève de la part maudite et des flux bouillonnants. Les donneurs de leçons, les moralisateurs qui se prennent pour des moralistes voudront nuire à ce parent de l'antéchrist, qui ne jubile que dans l'affirmation et fuit comme la peste toutes les vertus qui diminuent. Contaminés par ce que Nietzsche appelait la *moraline* *, ils prendront fait et cause pour les aboyeurs de vertus mortifères.

Laissons donc de côté les tristes sires qui réduiront le Condottiere soit aux frasques d'un nouvel Héliogabale, soit à celles d'un nouveau Quichotte. Ni mangeur d'enfants, violeur de femmes et pillard, ni compagnon d'infortune d'une vieille rosse et d'un chien galeux, le Condottiere transcende les attributs de capitainerie et les exactions de la soldatesque. Sa quintessence est ce qui met en forme le personnage conceptuel avec lequel on peut exprimer, autrement, plus légèrement, l'idée qu'on se fait de l'éthique et des façons de la pratiquer. A cet effet, l'œuvre d'art de Verrochio me permet de dire quelle préférence est mienne entre une conception mathématique, scientifique de la morale et une vision esthétique de celle-ci. D'un côté, le modèle rationaliste de type kantien et l'idée, saugrenue, qu'une métaphysique future pourra se présenter sous les atours d'une discipline rigoureuse, savante et scientifique — l'éthique comme un savant complexe d'axiomes, de postulats, de démonstrations, de scolies, de lemmes et de propositions ; de l'autre, le modèle esthétique de forme nietzschéenne et l'intuition, riche, qu'une éthique se construit par le péremptoire, l'affirmatif, le poétique, l'exemplaire, l'ineffable. L'algèbre contre le poème, le syllogisme contre l'inspiration. Le mathématicien contre l'artiste.

Avant toute chose, ce qui m'a saisi dans l'œuvre du quattrocento, c'est l'expression d'une vitalité débordante, contenue mais expansive : Colleoni et sa monture incarnent la force et ses potentialités quand elle est maîtrisée, circonscrite dans une forme. Le Condottiere apparaît telle une *figure faustienne** dont Hercule serait le dieu de tutelle. Pratiquant la virtuosité, parente de la vertu sans moraline, il magnifie la conduite, le talent pour commander aux parts qui, en nous, veulent l'empire et la toute-puissance. Aussi est-il une épiphanie dynamique dans un paysage chaotique, une orgueilleuse exception dans un monde voué aux duplications et aux *hommes calculables**.

Une vitalité débordante, donc, pour un premier trait de crayon : la même qui définit le philosophe tel que le décrit Diogène Laërce dans ses *Vies, sentences et opinions des philosophes illustres*. On y consigne les faits et gestes, les bons mots et saillies verbales, ce qui donne un style à l'œuvre, une façon de dire ou de faire. Et Machiavel semble s'inspirer du maître en chronique lorsqu'il raconte Castruccio Castracani da Lucca, un Condottiere dont il rapporte les faits d'armes, le caractère et le tempérament, les actions et attitudes, l'ensemble des traits auxquels on associe la mémoire du grand homme. Le philosophe du grec et le capitaine du florentin sont des singularités puissantes, des monades sans doubles possibles. Entre le dieu des tragédies et le héros des sagas, l'individu est exacerbé, puissant et marquant. Figure de la complétude, le Condottiere excelle aussi bien dans le corps que dans l'esprit, dans la chair que dans le mental. Modèle d'équilibre, il synthétise les vertus opposées et réalise l'harmonie. Parent du philosophe, parce que réussissant un composé capteur de ce qui, en musique, contribuerait à l'euphonie, il montre une éthique à l'œuvre et s'installe dans le réel pour en faire sa propriété.

L'adresse du Condottiere est aussi bien verbale que sportive, il jongle avec les mots, les situations et les difficultés. Machiavel admire en lui la force et le courage, de même que son ton royal et ses manières qui le désignent comme un homme d'exception. Son rayonnement est incontestable, ses manières engageantes. Tous ses gestes montrent à l'œuvre et en action, dans un feu dynamique, une stratégie éminemment volontaire pour produire un sujet souverain, prudent et valeureux, un tempérament affable et gracieux. Dans son entourage, on le sait tendre pour ses amis et terrible pour ses ennemis, car il a le sens de la distinction, pratique les affinités électives, et ne croit pas à cet égalitarisme sot au nom duquel un homme vaudrait un autre homme — la victime son bourreau. Où l'on voit l'aristocrate, celui dont la tension vise l'excellence, la distinction et la différence.

*Gentilhomme**, tel que l'entend Baltasar Castiglione, le Condottiere de Machiavel — celui dont Castruccio Castracani da Lucca est le prétexte —, est également une force de la nature, un disciple de Bacchus et de Vénus tout autant que des divinités de l'élégance. La légèreté et la grâce n'excluent pas le goût pour la table, les vins et les femmes. Pour aimer la tension et la rigueur avec lesquelles on fait les figures éthiques achevées, accomplies, le Condottiere n'en néglige pas pour autant le corps païen, la chair dont le christianisme ne voit d'usage que dans la macération. Jolie figure de l'antéchrist, il contrevenait déjà aux vertus en pratiquant l'orgueil et la colère, le voilà maintenant qui donne dans la gourmandise et la luxure. Trop de qualités finiraient par nuire... Il eut nombre de femmes et de maîtresses, fit honneur à moult plats et fiasques, aima les bals fastueux et les bons mots en cascade. Le chroniqueur des *Histoires florentines* rapporte quelques traits d'esprit, des fusées sans complaisance et des phrases assassines. Et l'on s'étonne de retrouver sous sa plume, pour raconter les faits et gestes d'un Condottiere, les mêmes anecdotes que celles qu'on rencontre chez Diogène Laërce. Ainsi du crachat lancé à la face d'un prétentieux, certainement un peu courtisan, qui faisait visiter sa maison, luxueuse en tout, chargée de décorations et de fastes car — disaient aussi bien les cyniques que le Condottiere — c'était là le seul endroit où les glaires pourraient s'accrocher sans salir l'endroit et mettre en péril l'objet des satisfactions vaines du flatteur. Comment mieux récompenser les adulateurs et les opportunistes en tout genre ? Le geste au service d'une éthique, le crachat comme véhicule de sagesse. Mais on peut éprouver de la sympathie pour le flagorneur si, d'aventure, on a pratiqué la flatterie sans jamais en recevoir autre chose que des compliments. Gageons qu'une morale en acte, avec ce genre d'arguments, interdirait rapidement cette modalité de l'intersubjectivité, si fréquente en nos saisons de bassesses généralisées. Que le Condottiere soit un peu Diogène n'est pas pour me déplaire. J'aime retrouver en lui les pratiques subversives des cyniques antiques, ces enfants terribles d'Antisthène et de Cratès, pour lesquels les vraies valeurs méritaient l'ascèse, et les fausses, l'insulte. Le cynisme antique n'a cessé d'être un antidote aux proliférations du cynisme vulgaire — celui des hypocrites et des fourbes, des vendeurs d'arrière-mondes et des promoteurs de l'idéal ascétique. Cyniques dévoués aux institutions, aux académies et aux instances de pouvoir collectif contre diogéniens guerroyant pour la liberté individuelle et le souverain plaisir de déplaire, si cher aux dandys : l'alternative perdure.

Machiavel reprend à Diogène Laërce d'autres anecdotes. Par exemple celle qui met en scène un personnage demandant au Condottiere ce que ce dernier voudrait obtenir au cas où il lui laisserait la possibilité de le gifler, et qui s'entend répondre tout simplement : un casque. Ou, ailleurs, une saillie du Condottiere qui, voyant un gentilhomme se faire chausser par un domestique, envoie : « Plaise à Dieu que tu te fasses encore mâcher tes morceaux. » Toutes ces histoires ne peuvent être véritables, à moins que l'Italien ne se veuille nouveau cynique jusque dans la copie ou le démarquage pur et simple des Grecs subversifs. Ce que je ne peux croire. Il faut plutôt constater là une volonté de dire la parenté de tempérament, la même puissance à l'œuvre dans des individualités fortes, créatrices de leurs propres valeurs, impitoyables pour défauts de grandeur et sacrifices aux morales grégaires. Ainsi voit-on, dans une même exigence de style et de vertu, les cyniques antiques et les condottieri de la Renaissance conspuer les hypocrites, les fourbes, les lâches, les imposteurs, les opportunistes, les flatteurs et autres animaux de cour. Ce qui a toujours fait beaucoup de monde.

Du *kuniste**, le Condottiere a le tempérament libertaire et aristocrate, volontariste et ludique. Pratiquant la maïeutique gestuelle, le raccourci qui mène aux conclusions éthiques dans les meilleurs délais, il se définit avant tout, et comme en toute saison historique quiconque met en avant sa subjectivité contre toutes les formes sociales, quelles qu'elles soient, tel le scandaleux qui sacrifie tout à l'expression de sa singularité, de son unicité. Je l'imagine aujourd'hui lecteur de Stirner, pratiquant le dandysme de Baudelaire plus que de Brummell, familier de Zarathoustra et n'ignorant pas les figures de l'anarque jüngérien, de *l'ariste** palantien, du libertin. Confusion des pratiques, pourvu qu'elles conduisent à l'affirmation de la belle individualité.

Qu'obtiendrait-on en superposant les figures produites par l'esthétique sur ce sujet ? Bartolomeo Colleoni, certes, d'Andrea del Verrochio, mais aussi Gostanza di Pesaro ou Gattamelata, dont la statue équestre de Donatello, à Padoue, n'a ni la grâce ni l'énergie de celle du maître de Léonard ? Braccio da Montone ou John Hawkwood, dont la superbe fresque d'Uccello, à Florence, me fit une impression presque semblable dans la qualité de la figuration de la force, que la statue équestre de la Piazza San Zanippolo ? Ou encore cette représentation d'homme par Antonello de Messine ? Ou Nicolo da Tolentino représenté par Andrea del Castagno dont les virilités sont toujours si saisissantes ? Impossible d'imaginer galerie de portraits plus démonstratifs de ce qui fait, avant toute chose, le Condottiere dans sa dimension éthique : une énergie en quête d'emploi, la réalisation d'un équilibre entre Dionysos, l'Exubérance, et Apollon, la Forme. Le tout au profit d'une Belle Individualité, une Exception.

Burckhardt, l'un des maîtres de Nietzsche, a montré combien Léon Battista Albertique a magnifié cette réalisation sans pareille qu'est le Condottiere de la Renaissance italienne. L'homme était un cavalier émérite et un guerrier valeureux tout autant qu'un orateur accompli versé dans toutes les connaissances de son temps. Philosophie et sciences naturelles, musique et sculpture. Il était un instinctif doublé d'un intellectuel dont la culture contribuait à cristalliser sa sensibilité, son tempérament, son caractère en une singularité aux qualités variées. Ce type d'homme ignore la coupure avec laquelle on fabrique une personnalité incomplète, dangereuse par son déséquilibre menaçant à tout moment l'effondrement de par l'incomplétude qui fissure, le manque qui travaille et tenaille.

Loin du soudard, donc, que l'Histoire retient pour caractériser sa fonction, ses pratiques, le Condottiere est une tentative de réaliser un homme total, complet, multiplié, aurait dit Marinetti. Un sujet qui part en combat contre ce qui le divise, l'affaiblit et l'amoindrit, un soldat guerroyant contre l'aliénation et ses perversions. L'édifice qu'il se propose est son identité : elle doit jaillir du bloc de marbre informe qu'il est en arrivant à la conscience. Ce travail est monumental. Il fait de lui une figure éminemment faustienne.

Pour signifier le travail faustien, il faudrait recourir à des gestes dont la finalité est la soumission du réel à la volonté — soumission d'autant plus gigantesque qu'elle concerne un réel puissamment résistant, compact et d'une volonté farouche, déterminée. Là où trépide l'informe se cachent des potentialités qu'il revient à la forte individualité de mettre à jour, de faire surgir. L'homme faustien est démiurge, il intercède pour générer des forces cristallisées. Je songe à Michel-Ange s'attaquant à un bloc de marbre de plusieurs tonnes pour en extraire, après les essais infructueux d'un tailleur de pierre de Carrare, le David dont on sait l'énergie, la puissance et le regard farouche ; je pense à Benvenuto Cellini près de l'immense four dans lequel il fond son bronze avant de le couler dans un moule, nouveau Vulcain qui provoque l'explosion de son atelier ; j'imagine les bâtisseurs de cathédrales, les chroniqueurs de sagas, les compositeurs de titanesques symphonies postromantiques. Et puis, regardant le *Colleoni* de Verrochio, j'avise le pas du cheval et conçois que le dressage manifeste au mieux le geste faustien ; le cavalier et l'animal sont un nouveau centaure, ils s'associent pour produire une forme élégante, esthétique. La monture enregistre la volonté de l'écuyer puis sculpte dans les muscles et l'espace un mouvement contenu et décidé. Elle manifeste une complète soumission aux aides et répond aux intentions du Condottiere avec justesse, légèreté et détermination : l'ordre donné par l'homme à la bouche est enregistré avec discrétion, efficacité et agilité. L'ampleur de la réponse obtenue se traduit par un engagement franc, une élégance à l'œuvre dans le geste. Les traditions hippologiques définissent l'équitation comme l'art visant l'exploitation de l'énergie. Elles paraissent métaphoriques et, songeant aux coursiers du *Phèdre* de Platon, il me plaît de les voir signifier l'art éthique par excellence. Dans la discipline, il s'agit de canaliser l'impulsion, de manifester la volonté du cavalier par d'imperceptibles signes entendus par l'animal fougueux. Aux ordres, le cheval adoptera une vitesse et produira une tension résolue en équilibre. L'objectif est atteint lorsque l'homme et sa monture ne forment plus qu'un par fusion de leurs forces respectives.

Faustiens, donc, le sculpteur, le tailleur de pierre, le bronzier, le symphoniste, l'écuyer qui plient l'énergie selon leur volonté, en font des œuvres et les inscrivent dans une structure destinée à dompter le temps et l'espace, la matière et le réel. Faustien, aussi, l'éthicien, le pratiquant d'une morale sans moraline. Tous ont en commun le désir farouche de travailler à saisir, dans une essence constituée, la quintessence du dynamisme, la vibration pure à l'œuvre dans le réel informe.

L'objet du Condottiere est soi-même. Ainsi retrouve-t-il le chemin antique de la pratique des vertus à des fins sotériologiques. L'ascèse vise une édification, une mise en forme de soi. A partir du matériau brut qu'est un homme dominé par ses côtés sombres, il s'agit de dégager un sens, montrer un style et produire une œuvre. Où l'on retrouve le souci de Diogène, et les voies exaltantes sur lesquelles se sont engagés les philosophes hellénistiques puis romains — avant le triomphe chrétien des vertus qui sentent la mort.

Or, dans ce volontarisme point un optimisme, malgré l'évidente puissance du tragique : le Condottiere n'ignore pas la formidable exigence de la Nécessité, les pressions immenses du Destin sur les individualités. Toutefois, il connaît également l'existence d'une latitude, la possibilité d'un espace d'infléchissement dans lequel il tâchera d'inscrire son vouloir et ses efforts. Conscient d'être prisonnier de liens étroits, serrés, il sait aussi, et malgré tout, la zone infime, mais bien déterminée, qui s'offre à son regard. Elle est un jeu, au sens mécanique du terme, un défaut de serrage entre les exigences du réel et la mort. Dans cet interstice, le Condottiere engagera toute sa détermination, toute sa puissance pour obtenir de la forme et de l'ordre. Il imprimera sa marque et les traces de sa volonté. L'éthique se constitue tout entière dans ce résidu, cette faille entre la part maudite et les ombres. Autant dire sur un fil.

Entre les deux bords de cette fissure jouent et s'opposent, dans le dessein d'un compromis, les libertés possibles et les choix pensables. Tiraillé entre une aspiration et une restriction, la belle individualité tâchera de produire un équilibre, une harmonie et un mode distinctif d'opérer. Rien n'est moins simple et tout est péril dans cette odyssée éthique. Le risque est l'étouffement entre les limites, toujours en quête d'expansion, de la Nécessité et du Destin. Happé par l'Histoire ou les tentacules d'une biographie dévolue au factice et aux conformismes, l'apprenti éthicien peut tout aussi bien devenir pur objet et échapper, pour longtemps, aux voluptés d'une constitution de lui-même en sujet souverain. Et, souhaitant devenir Exception, il lui faudra se contenter d'être un Homme calculable. Savoir ces embûches et ces dangers, vouloir tout de même risquer son jeu, c'est accepter le Tragique comme moteur du réel. Une autre façon de dire sa nature faustienne.

*La sagesse tragique** consiste à conserver sans cesse présente à l'esprit cette idée qu'on ne construit sa propre singularité que sur des abîmes, entre des blocs de misère lancés à pleine vitesse dans le néant.

D'où les probabilités importantes de l'échec, de la conflagration et de la désintégration des projets en début d'expansion. Mais peu importe, à l'âme ainsi trempée, de connaître l'issue, inévitable, de ses tentatives. En dernier lieu, c'est toujours la mort qui triomphe et la dissolution certaine dans l'inconsistance. Mais avant le geste, pour la seule élégance de la pratique et de l'œuvre tentée, il est peu d'audaces qui, de la sorte, nous donnent l'illusion, exaltante pour le temps qu'elle nous habite, qu'il est en notre pouvoir de braver le Destin, de contrevenir à ses lois et de mépriser la mort. Ce qui doit périr aura, du moins, subsisté un temps dans l'allure d'une composition, d'un mode apollinien.

Enfin, pour ajouter au portrait du tragédien qu'est le Condottiere, faut-il souligner sa nature radicalement individualiste ? Il sait le réel composite et fabrique arbitrairement, artificiellement comme une cohérence : car le chaos, le désordre et le fragment sont la loi. La division règne et avec elle l'éclatement. La perception obligée est nomade, parcellaire. Chaque sujet est un morceau et, en tant que tel, il est fragment. Incomplet, il connaît les affres du manque et de la difformité. Seule sa sagacité supplée en imaginant un ensemble cohérent, autonome — cette vague tentation qu'est la subjectivité.

Par ailleurs, le monde ne vibrant que sous le registre du divers, il appert que les êtres, obéissant aux mêmes logiques, sont destinés à ne se rencontrer que sur le mode de la déflagration : l'ignorance préside aux flux et mouvements désordonnés, les êtres s'y perdent dans la plus innocente des danses. C'est toujours au milieu de ces tohu-bohus qu'il s'agit de chercher, puis trouver, les fissures et failles dans lesquelles se jouent les latitudes où s'inscrivent les volontés et se préparent les personnalités. Tempéraments et caractères se nourrissent de ces énergies qui circulent dans les interstices.

Il y a donc du thaumaturge dans le Condottiere : dompteur des ombres qui, sans cela, ravagent les singularités ; connaisseur en origami et spécialiste en pliages d'énergies à contenir dans des formes ; psychopompe, parce que chargé, sur ses épaules, de la sagesse tragique ; travailleur des abîmes et quêteur des marges microscopiques dans lesquelles il coule son métal en fusion ; solipsiste, enfin, et chevauchant les blocs de néant sur quoi il échafaude ses œuvres englouties, de toute façon, par l'entropie et sa gueule avide — le Condottiere excelle dans l'art quelque peu alchimique de transformer une énergie sans emploi en force disposant d'un objet : soi. Et cette opération sans autre athanor que la détermination est la pharmacopée la plus redoutable contre la violence. Car la force est le contraire de la violence.

En effet, la violence est le débordement d'une force qui se résout dans la destruction et le négatif. Elle veut le désordre et le retour à l'informe. Elle agit sous l'impulsion, puis le commandement débauché de Thanatos. Sa logique est la néantisation. En revanche, la force vise l'ordre, la vie et la positivité. Son efficacité vaut par sa capacité à résider dans une instance qui la contient. Elle est dynamisée par Eros. La première est une puissance noire, la seconde une potentialité lumineuse. La violence apparaît lorsque la force déborde et ignore les formes qui peuvent l'absorber ou s'en nourrir avant de produire un sublimé, un métal nouveau, un alliage inconnu. Dionysos sans Apollon n'est pas souhaitable — pas plus que l'inverse. Une figure faustienne excelle au premier chef dans l'art d'équilibrer ces deux instances en évitant les détriments flagrants. Ni bacchanales orgiaques sans muselières pour les luperques, ni macérations ascétiques triomphant sans partage. Dionysos primant, certes, mais contenu par Apollon dont il s'agit de fixer le lieu, à bonne distance, sans qu'il occasionne dommage pour une pathétique appelée à supplanter la métaphysique flanquée des encensoirs. La tâche faustienne est démiurgique : elle tient des activités qui nécessitent les dextérités les plus déliées, les aptitudes les plus délicates à mettre en perspective. Sans parler des capacités à faire de l'énergie une puissance génésique. Qui, mieux qu'Hercule, peut exprimer ces qualités dans le panthéon grec ?

Une fois de plus, la route du Condottiere croise celle de Diogène et des cyniques, qui voyaient dans le dieu à la massue l'emblème de leur entreprise. J'ai de la sympathie pour ce bébé qui ne s'en laisse pas conter et occit, dès le berceau, les deux serpents que lui envoie Héra, cette mégère non apprivoisée. Joli tempérament à l'heure des langes et des gazouillis ! Tout autre que lui n'étant pas de descendance élue, son frère, par exemple, Iphiclès, en aurait profité pour déguerpir et montrer de la sorte que, pour le plus sommaire, l'humanité se répartit entre les actifs et les réactifs. Par ailleurs, Hercule sait l'art de conduire des chars et de dresser des chevaux : il tient cette sapience d'Amphitryon. Donneur d'ordre aux fougues qui s'exaspèrent, le héros est un dieu de la mise en forme et de la contention. Ce qui n'exclut pas l'excellence dans le tir à l'arc, le chant et la pratique d'un instrument, Hercule est un orfèvre dans l'art d'atteindre ses cibles et de maîtriser le temps.

Les œuvres herculéennes sont à faire pâlir d'envie. Elles sont tous azimuts : en tuant le lion de Cithéron, il obtient les faveurs des cinquante filles du roi Thespios — et tâche de les honorer le mieux qu'il peut, ce qu'au dire des chroniques, il fit avec panache ; alors, il peut occire le roi Erginos, spécialiste de la pression fiscale dont on comprend l'impopularité auprès des citoyens d'Orchomène — ce qui lui vaut la main de Mégara, la fille de Créon, le roi de Thèbes. Chaque fois qu'il verse le sang, il obtient des femmes, destin singulier, époque bénie. Mais son œuvre la plus populaire, la plus gigantesque aussi, consiste à exécuter les douze travaux au bout desquels, si le succès est manifeste, il obtiendra l'immortalité. Il s'agit de capturer, détruire, prendre, enlever : braver un lion dont la peau arrêtait les flèches ; décapiter une hydre aux neuf têtes de serpents venimeux ; stopper un sanglier fougueux sans l'écorcher ; rapporter à son commanditaire une biche magique aux pieds d'airain et cornes d'or ; exterminer de grands oiseaux anthropophages ; détourner le cours d'un fleuve pour nettoyer des écuries démesurées ; dompter un taureau blanc devenu fou ; s'emparer de juments de race se nourrissant de chair humaine ; subtiliser la ceinture de la reine des Amazones ; capturer les bœufs d'un géant ; combattre un dragon pour accéder aux pommes d'or des Hespérides ; enfin, enlever Cerbère aux Enfers et revenir d'un lieu dont personne, jamais, n'était réapparu. Et Hercule remplit ses missions. Comment d'ailleurs aurait-il pu en être autrement de la part d'un si précoce étouffeur de reptiles ?

Mais les douze travaux sont un simple échantillon, car Hercule fut le héros de nombre d'autres prouesses au cours desquelles il s'agissait, encore, de faire couler du sang, chasser, se venger, pratiquer l'instinct agonique, se mesurer à l'impossible. Plutôt débordant de vitalité, c'est le moins qu'on puisse dire, Hercule eut une descendance importante, les Héraclides, point d'ancrage de toutes les généalogies grecques. On fit du héros le symbole de la force, de l'énergie et de l'héroïsme, le justicier chevaleresque rendant à chacun son dû, combattant les méchants, les parjures et les impies. Il rayonna comme emblème du courage devant les périls qui menacent au quotidien. Une belle figure, donc, pour ainsi dire la qualité faite style et œuvre humaine.

Enfin, il faut également parler de la nature fort hédoniste du personnage qui est un gros consommateur de femmes, de boissons, de plats et de fêtes. Et si les cyniques en font le symbole de l'ascèse, de la voie ardue qui conduit à la vertu, il ne faut pas oublier le goût des émules de Diogène pour la vie sous ses formes spermatiques. Or, la libido est fantasque. Elle conduit en des contrées dont on revient échevelé, ébouriffé ou essoufflé. Dans le meilleur des cas. Dans le pire, elle mène aux prisons dorées, aux paradis factices et aux illusions tenaces. Sinon au ridicule. Et notre héros n'échappe pas au burlesque. Je l'aime aussi pour ses faiblesses. Jugeons-en : l'histoire est compliquée, mais au plus simple, retenons qu'Hercule remporta un concours de tir à l'arc contre le roi Eurytos, que ce dernier avait promis sa fille au vainqueur, et ne tint pas parole, ce qui fâcha notre archer soupe au lait. Expéditif, un peu impulsif, certes, il occit le fils du roi, tout simplement. Ce qui n'arrangea pas ses affaires car, en guise de punition, d'expiation, il dut laver le crime en devenant l'esclave d'Omphale. Il faut imaginer Hercule au pied du rouet de la fileuse dont une légende romaine prétend qu'elle prenait un plaisir pervers à l'habiller en femme, lui, le vainqueur des pires épreuves, alors qu'elle avait revêtu l'habit du demi-dieu et brandissait sa massue. Voilà comment on commence une carrière de héros et termine son existence dans la peau d'un homme au foyer. Destin emblématique, là encore, des embûches et des chausse-trapes qui se trouvent sur la route de qui a opté pour l'héroïsme et trébuche dans la médiocrité. Histoire sans paroles de nos biographies à tous...

Hercule peut donc, lui aussi, être brisé entre limites et bornes de la Nécessité. Œuvrant dans l'étroit registre de la latitude, du centre de la faille et de l'épicentre de la fissure, il choisit, veut et imprime ses marques. Mais aussi, parfois, il cesse d'être sujet pour devenir objet, comme tout un chacun. Car l'éthique de la tension, la volonté d'héroïsme pour soi-même est rude, ardue et périlleuse. On y peine, souffre et connaît l'échec, la tentation d'abandonner le combat ou de consentir aux facilités — les joies simples et médiocres de l'homme calculable. Sujet de son destin, puis objet de la nécessité, Hercule montre le zigzag à l'œuvre là où l'on attend la ligne droite. Humain, trop humain, bien sûr. Mais personne n'échappe à sa condition et le désir d'être un Condottiere n'en exclut pas pour autant les engluements et les reculades, les impuissances et les limites. Le vouloir faustien, puis herculéen, de l'homme qui opte pour la confusion d'une éthique et d'une esthétique, dans le dessein d'une pathétique à l'œuvre, rencontre des résistances et des blocs de ténèbres qui absorbent la moindre particule de lumière et plongent dans l'obscurité la plus désespérante. A l'ouvrage, cette singularité-là connaît l'abattement, la fatigue, le découragement. Sinon le dégoût et l'écœurement. Pris dans les pièges qu'il tend, emmêlé dans les rets avec lesquels il jouait, l'individu broyé par la Nécessité assiste, impuissant, à sa propre déchéance : aux pieds d'une Omphale de pacotille, il regarde, médusé, interdit et sans ressource, la virago travestie — caleçon en peau de lion et massue seyants — qui contrarie l'ensemble de ses projets. En attente de jours meilleurs. Et ils viennent, plus ou moins tard, mais ils viennent — selon la quantité de volonté qu'on réussira malgré tout à réunir pour quitter le moment venu les pieds de la fileuse déguisée, mais cachant mal un faciès de diable. Qu'on se souvienne qu'elle vaut comme métaphore.

Libéré d'Omphale, Hercule donna, à nouveau, dans les hauts faits : associé aux dieux de l'Olympe, il combattit les géants, puis attaqua Sparte, épousa encore, tua toujours et finit par mourir, car les plus belles choses ont une fin. Sous la tunique de Nessus, bien qu'il connût les pires souffrances, la peau arrachée, les viscères et les os à nu, il dut vivre un calvaire moindre, malgré tout, que celui de l'humiliation et de la dure loi de la soumission. Car les douleurs de l'âme surpassent en cruauté celles du corps. Omphale détruit plus profond que Nessus.

De la virtuosité
ou
L'art des pointes

Kunique, faustien, dionysien, le Condottiere synthétise les formes vitales à l'aide de la qualité architectonique par excellence : la virtuosité. La vertu est moins son signe distinctif que la *virtù*, cette singularité qui permet aussi bien à Vasari de désigner l'artiste qu'à Machiavel de caractériser le politique. Loin de la vertu abêtissante du christianisme, celle qui magnifie l'idéal ascétique et se propose d'éteindre, la *virtù* est incandescence, braise et feu. Elle induit la virtuosité, la capacité à réaliser une action avec brio, élégance et efficacité. De même, elle suppose l'excellence et la manifestation d'une personnalité, d'une façon unique de procéder. Talentueux, habile et supérieur dans ses faits et gestes, le virtuose marque le réel de sa griffe, imprime un style et révèle des chemins par nul autre empruntés. Avec lui se manifestent de nouvelles méthodes, de nouvelles généalogies : il est un point au-delà duquel peuvent s'appréhender autrement des pratiques, une sorte de premier jour pour une année neuve. Virtuoses, Mantegna lorsqu'il peint, Monteverdi lorsqu'il compose, Dante lorsqu'il écrit ou François Ier quand il crée des ports ou le Collège de France, s'appuie sur Guillaume Budé pour inventer le corps des professeurs payés par l'Etat ou fait de Clément Janequin son maître de chapelle. Virtuoses Cartier ou Verrazzano qui, avec l'aide du même Valois, partent sur l'océan pour de grandes explorations. La qualité du *erœ di virtù* est la capacité à innover dans la création. Ce qui suppose de l'audace et de la détermination, du courage et de la certitude, de la volonté et de la personnalité. Dans les œuvres immenses de retentissement, puissantes par les échos qu'elles ont suscités, la virtuosité a été portée à son comble. Elle peut générer des ouvrages moins quintessenciés, moins emblématiques ou porteurs de flammes : la virtuosité est aussi manifeste dans l'infinitésimal, le minimal, l'infime. Le presque rien.

Le geste virtuose est informateur. Il donne l'assise et l'allure, tire du néant et fait advenir l'identité. Avec lui s'estompe le désordre, disparaît le chaos au profit de l'ordre, du sens et de la forme. Fédérateur de structure, il congédie la brutalité et l'aspect fruste du réel pour y substituer cohérence et morphologie. Du magma, il forme un monde avec ses géologies diverses, ses géographies variées. Le tout s'inscrivant dans une histoire, une variation sur le thème du temps. Doigté, sensibilité et adresse lui sont nécessaires. Sans ces traits d'allégresse qui permettent la légèreté, il n'est point de virtuosité possible, ou même pensable. Le passage de l'ébauche à l'épure, puis à l'œuvre, suppose la patience et le projet, la capacité à mettre en place des logiques dynamiques, toute une rhétorique gorgée de vie et de forces. Alors, le Condottiere est maître de la dialectique, roi du temps et promoteur des jeux avec la durée. Avec lui adviennent les intensités et les puissances magnifiques, les élans et les flux — le contraire de la mort et de ce qui conduit au néant. Virtuosité est gésine de l'être.

Dans l'ordre du politique, Machiavel a formulé la loi de la virtuosité. Elle est célèbre, a fait florès, et inspiré aussi bien le despote éclairé que les nains du fascisme européen . il s'agit, pour produire des effets, de pratiquer avec autant d'astuce le lion et le renard, la force et la ruse. Soit la royauté du vouloir, soit la puissance de la cautèle. De la même manière, le jésuite baroque Baltasar Gracián a fait la promotion de la virtuosité dans l'art du paraître, du masque et du faux-semblant. Lui aussi convoqua un bestiaire et voulut qu'on prît modèle sur le lynx et la sépia. Du premier, il voulait le regard acéré, pointu, vif et découvreur, de la seconde, la capacité à cracher une encre pour envelopper sa fuite dans l'obscurité, les ténèbres. Art baroque de l'ombre et de la lumière pour mieux fabriquer les plis, chers à Deleuze, dans lesquels draper l'identité, la cacher. Mais je n'aime guère ces vendeurs de virtuosité qui placent leur marchandise aussi bien chez les dictateurs que chez les cardinaux, dans les palais ou les curies, au profit des fanatiques de dagues et de datura. Je n'aime ni les Etats ni les Eglises, et rien n'est plus pervers qu'une inféodation du geste virtuose au profit des castes, des groupes, des cénacles et autres cristallisations du goût grégaire. Fonder un Etat ou fabriquer une institution, fomenter des révolutions de palais ou des coups de force sont des fins qui compromettent le geste virtuose. Il n'a de sens, de force et de pertinence qu'éclairé par un projet individualiste, éthique et esthétique. Produire une singularité, élégante et belle. Etre léonin, pratiquer la renardie, jouer de la lumière et des ténèbres, écartelé entre l'œil du fauve et l'encre du mollusque flaccide ne me séduit guère.

A tout prendre, et puisqu'il faut rivaliser dans le bestiaire et la ménagerie, je préfère les animaux de Zarathoustra : l'aigle et sa clairvoyance, le serpent et son destin tellurique. D'un côté la hauteur, les airs et la légèreté, les arabesques élégantes, le vol, de l'autre, le contact avec la terre, les épousailles avec l'immanence. Et puis, pour Nietzsche, il n'est de projet qu'individualiste. Ses fins sont édifiantes pour une belle individualité, pleine de force et de vitalité, débordante de vie. Rien qui ne vise la dévotion de ce sujet sublime à des desseins politiques ou des stratégies sociales. Ni Machiavel, donc, ni Gracián, maîtres en cynisme vulgaire là où Nietzsche enseigne, encore et toujours, le cynisme philosophique. Hors la finalité individuelle, il n'est point de virtuosité qui soit fondée. Les fins donnent la consistance éthique au moyen. Virtuosité est instrument solipsiste pour desseins du même ordre. Le Condottiere n'inclut pas autrui dans son projet esthétique comme un instrument à asservir, à transformer en objet, un esclave potentiel qu'on puisse tromper, mordre comme un renard le ferait, déchiqueter tel le lion agirait, considérer avec l'œil du lynx avant de le noyer dans une encre qui le perde. Le souci virtuose suppose le pathos de la distance, la volonté de se construire seul, comme devant un miroir, dans le seul projet de faire advenir en soi la belle forme dont on puisse se satisfaire. Nourrir son édification d'un asservissement d'autrui, et compromettre sa virtuosité dans cette mise à mort, interdit toute l'élégance afférente à l'usage de la *virtù*. Cheminer sur les cimes implique la solitude, pratiquer autrui comme un objet suppose qu'on évolue dans les bas-fonds, entre boucherie et catacombes, là où sévissent les ténèbres — alors qu'il s'agit de faire naître la lumière.

L'art du virtuose réside dans la capacité à extraire des *pointes** du temps : la pointe est l'éminence de la durée, son excellence concentrée. Elle se manifeste dans des gestes ou des mots, des situations ou des silences. Sa qualité consiste en une fulgurance et une imparabilité à toute épreuve. Qui les produit est artiste du temps, maître de l'occasion. Son ancêtre est le philosophe grec à l'affût du *kaîros**, du moment propice. Le sophiste excelle dans cette dextérité : il observe, constate, regarde, prend la mesure de la situation, envisage, décide et passe à l'acte. Son enseignement est dynamique et suppose une inscription dans la mobilité du temps qui passe. Le mot doit être dit à l'instant où il fait mouche et conduit à un basculement. La pointe infléchit un mouvement, engage dans de nouvelles directions : à partir d'elle, les données sont modifiées. Tactique et stratégie produisent leurs effets pour décontenancer, ravir, séduire, conclure, du moins montrer qu'on dispose des moyens de plier le réel à sa volonté. Il en ira de même pour des gestes ou des actes dont les effets résideront dans la production d'une maîtrise. L'homme du *kaîros* est un dompteur d'énergie, le belluaire de Chronos.

D'où sa parenté avec le matador dont la qualité première est la pleine possession de son système nerveux. La corrida est métaphorique. En elle se jouent tragédies et théâtres de la cruauté, dépenses païennes et compétitions de vitesse. L'arène comme métaphore du monde — l'image est devenue commune. Sur le sable s'opposent la violence d'une force exacerbée et l'intelligence d'un homme engageant son corps, donc son âme. L'issue doit permettre de conjurer la mort. Mais elle pèse sous le soleil, dans l'ombre, dans les parfums de bois brûlés par les températures hispaniques ou dans les odeurs puissantes de l'animal contenu dans le toril. Elle séduit dans l'habit de lumière qui cambre le corps et fabrique une élégante arrogance. Elle soulève le cœur dans le sang qui souille le sol et qu'on dilue dans le courant d'un jet d'eau qui efface ses coulures. Ici, la mort est le tribut de qui n'a pas su jouir du *kaîros*.

Le torero doit savoir attendre la charge, avec patience et détermination. Lorsqu'elle surgit, il ne doit pas rompre sous son impétuosité. Enfin, devant l'énergie, il s'agit de démontrer sa virtuosité en conduisant l'animal où il doit aller : *aguantar*, *parar* et *mandar*. L'équilibre de ces trois logiques est nécessaire pour permettre, ensuite, les gestes qui, de l'ornement au châtiment, provoqueront l'émotion. Dans toutes les phases de cette danse avec la mort, le matador se fera démiurge, géniteur des pointes et densités esthétiques. Comme dans le travail du dresseur, il s'agit de soumettre une énergie rebelle dans les règles de l'art. L'éthicien est dans cette situation : réduire les flux à des formes élégantes. Faire un monde à partir du chaos.

L'expression du style est la suprême distinction. On le voit à l'œuvre dans le combat. Le torero brillant dans cette adresse est doué de *temple*, c'est-à-dire qu'au milieu de l'arène, il donne l'impression de ralentir à volonté l'impétuosité du *taureau* *. Son geste décidé vise à faire courber l'échine de l'animal : il doit baisser la tête, ce qui impliquera une modification du rythme et un temps nouveau pour la bête. Elle obéira aux injonctions chronologiques de l'homme, ce qui lui permettra de continuer sa maîtrise dans le sens de ses objectifs. Parfois, des taureaux valeureux refusent le geste d'allégeance; ils se rebellent et gardent la tête haute, donc chargent avec la plus puissante des ardeurs. Ainsi, le combat qui s'instaure entre l'homme et la bête doit désigner le vainqueur d'un point de vue esthétique. L'animal peut être brave, noble, suave, disent les aficionados, allègre. Le torero doit alors rivaliser de virtuosité pour égaler puis dépasser son adversaire. S'il échoue et que son partenaire le supplante dans l'excellence, il aura la vie sauve et finira dans la peau d'un animal héroïque, respecté et admiré.

Piques, banderilles et épée doivent être utilisées vite et bien, avec audace et élégance, dans le souci de la plus grande efficacité. Le torero montre tout particulièrement son talent dans la capacité à faire coïncider le geste avec le moment opportun, l'occasion. Dans ces instants, il fait se rencontrer sa volonté et la nécessité pour faire surgir un rythme propre dont il est le décideur. Michel Leiris dira de ces pointes qu'elles permettent à l'homme de se sentir tout spécialement tangent au monde et à soi-même. Elles révèlent une densité métaphysique et produisent des situations limites — celles dans lesquelles on peut expérimenter la qualité de son tempérament. Et Gracián, l'Espagnol, dira de la pointe, dans son acception rhétorique, certes, mais il est permis d'élargir l'usage, qu'elle vaut le titre d'aigle à qui la remarque et la qualité d'ange à qui la produit.

Tendons vers l'ange, donc, puisqu'il s'agit d'aller dans la direction qu'indique le Condottiere. Et fabriquons, dès qu'il sera possible, des moments avec lesquels nous pouvons construire un édifice.

Car la pointe est le fragment à partir de quoi s'élabore le tout, harmonieux et équilibré. Là encore, pareil à Hercule aux pieds d'Omphale — ou succombant aux parfums de cuisine, gourmand impénitent, chez Pisthétairos qu'il était pourtant venu corriger —, on pourra ne pas savoir ni pouvoir saisir les opportunités, les moments propices et les occasions. A vouloir exceller dans l'art du *kaîros*, on risque aussi le contretemps ou le geste qui ne soit pas synchrone. Peu importe, l'audace est motrice, elle conduit parfois aux abîmes quand on souhaitait les cimes : une existence ne se construit que d'après une algèbre faisant se rencontrer les pointes et les creux dans la perspective d'obtenir un résultat. Seule la fin d'une vie permet de savoir ce qu'il en est de ces calculs. Avant le trépas, il importe de pratiquer les tensions qui conduisent à l'excellence, le reste suit. Il est d'ailleurs roboratif, pour un virtuose, de connaître de temps en temps la fausse note ou la résistance du réel. Le succès en est d'autant magnifié.

Dommage, dirons les pleutres que les échecs désespèrent, qu'on ne puisse, dans une existence, comme dans une toile de maître, pratiquer le raccord, le repentir ou le repeint. Récrire sa biographie, corriger son histoire alors qu'on est en train de la fabriquer ou charger, surcharger, pour cacher, masquer le faux pas ou l'indélicatesse. Il est heureux qu'on ne le puisse. La situation de chacun dans un temps qu'on ne peut ni allonger ni raccourcir, oblige à la détermination, fût-elle animée d'un tremblement assurant son échec. L'art des pointes est périlleux, il faut d'ailleurs qu'on puisse échouer pour pouvoir se prévaloir d'une authentique fierté lorsque l'on a réussi. Résumant tout cela dans une superbe phrase, Nietzsche écrivait : « Ce qui ne me tue pas me fortifie. » J'aime me la répéter souvent, surtout quand je me sens tué et pas du tout fortifié...

Quoi qu'il en soit, le Condottiere est un double de l'Artiste, ils sont comme avers et revers. L'un et l'autre structurent de grands vides — une toile pour un peintre, le silence et les sons pour le musicien, sa vie pour un éthicien. D'abord les projets, les intentions. Puis les ébauches, les premières dynamiques, des lignes de fuite, des perspectives afin de mettre à jour de solides lignes de force qui seront comme des structures à vêtir. Ensuite, il faudra produire, habiter des contrées neuves, des déserts, enfin extraire du temps ses potentialités. Les deux figures démiurgiques s'épanouissent dans la production de formes singulières. Le tout contribuant à l'œuvre. Mises en scène d'énergie, chorégraphies pour des forces, danses de flux. La vie prend forme sous la pression de la volonté, le Condottiere sculpte sa propre existence.

L'étymologie, d'ailleurs, vient appuyer cette intuition : le Condottiere est un conducteur, un artiste dans l'art de conduire. Qui, ou quoi ? Non pas tant les autres, sur un champ de bataille, au combat ou à l'assaut d'une ville fortifiée, que soi-même. Il est à lui-même l'impulsion, le chemin, le trajet et l'aboutissement. Se conduire, donc, et vouloir pérégriner en sa propre compagnie, solipsiste, tragique, mais libre. Littré permet un abord poétique et voit dans le Condottiere un capitaine, un conducteur, donc une tête qui informe le reste du corps de ce qu'il faut faire — ou comprendre. Un centre de décision, en quelque sorte, un quartier général pour la volonté. D'autres le voient spécialiste en conduite, indicateur de directions à prendre : produire, mouvoir, élever, il pratiquerait l'arrachement à une condition vulgaire au profit d'un état noble. Conduire serait alors apparenté à séduire, mener à l'écart ou hors les sentiers battus. Le Condottiere sortirait de sa condition solitaire au profit d'un rôle pédagogique pour autrui : porteur de destins, incarnation d'une direction, il fédérerait les âmes en peine derrière son vouloir. Pourquoi pas non plus ? D'autant que l'exemplarité sous-tendue par la première acception n'empêche pas les disciples qu'entend la seconde. Etre à soi-même sa propre norme suffit, il importe peu de l'être pour autrui, mais il n'est pas hors de propos qu'une belle individualité serve de modèle et inspire. Enfin, d'autres étymologies rapprochent le Condottiere du contrat à l'aide duquel il s'engageait dans des actions et se louait à des familles, des factions ou des groupes. *Condotta* signifiant contrat de louage ou engagement.

Cette acception m'agrée également car elle montre à l'évidence l'importance fondatrice d'une parole donnée dans les limites de conditions précisées. Le Condottiere est celui dont la parole a un poids, son verbe est une décision, sa volonté un engagement : il pratique l'énoncé performatif. Le pacte avec autrui n'est jamais qu'un pacte avec soi-même : il s'agit d'être à la hauteur non pas tant de la promesse qu'on fait à l'autre que de celle qu'on se fait à soi-même en prenant l'autre pour occasion, et non pour témoin. Contracter, c'est vouloir et formuler un projet pour son énergie. De même, c'est annoncer, à son for intérieur en priorité, ce qu'il en sera du temps à venir. Du conducteur qui séduit au contractant qui s'engage, la figure éthique du Condottiere demeure exemplaire à mes yeux. Elle montre en acte une force décidée à dépasser le nihilisme, à déborder de toute part les tièdes, les indécis, les prêtres, les moralisateurs, les amateurs de componction, d'humilité, de macérations, de mort. Elle vise la mise à distance de toutes les formes religieuses et grégaires. En ce sens, le Condottiere est une invitation à la jubilation : il a passé contrat avec lui-même pour guerroyer contre le lien qui aliène. Son combat vise l'absolue souveraineté sur soi, sa victoire sera la production de lui comme d'une exception, un être sans double et sans duplication possible.

Athée, pour commencer. Athée joyeux et pourfendeur, ennemi de ce qui lie et relie, amoureux passionné de ce qui sépare et creuse des fossés, installe des différences, exacerbe les singularités, le Condottiere est le contraire de l'esprit religieux qui se définit comme un fanatique de liens, donc de garrots et de ligatures. Solaire, il veut la séparation, l'isolement qui correspond le plus à ce que métaphysiquement le solipsisme enseigne. La sécession est sa loi, il ne veut pas consentir aux associations, groupes et réunions qui fabriquent, à bon marché, des identités factices. Toute religion se définissant par la liaison, il a décidé d'être radicalement athée en refusant de cristalliser son vouloir en des formes avec lesquelles se constitue le social : la Famille, la Patrie, l'Esprit de Caste, le Social lui répugnent par leur voracité et leur anthropophagie. Tous ces idéaux se nourrissent d'intelligence, de conscience, de raisons singulières pour ne régurgiter qu'un incroyable réseau de fils gluants qui emprisonnent les exceptions, les réduisent et en font des citoyens dociles et soumis. Le religieux conduit à l'émasculation, il vise la castration des énergies, leur inclusion dans des instances qui les stérilisent. L'Etat et l'Eglise excellent dans ces entreprises.

La religion produit des communautés et celles-ci s'évertuent à fonctionner de manière autonome, instruisant leurs dossiers pour produire, ensuite, des lois, des ordres, des règles, des commandements auxquels il s'agit de se subordonner. Abdiquer sa souveraineté au profit d'une sécurité obtenue par le groupe, c'est toute l'alchimie du contrat social auquel voudraient nous faire croire ses partisans. Passer, par le contrat, de l'état de nature sauvage et sans loi, violent et dangereux, à un état de culture où régneraient équilibre, harmonie, paix, communauté pacifiée est billevesée. Le contrat social est l'acte de baptême du religieux en ses formes sociales. Il est hypothétiquement passé, un jour, entre l'individu et la société, puis dépouille en presque totalité le premier au profit de la seconde. Reste un lien de subordination qui autorise une instance à dominer l'autre. Par le contrat social, la singularité abdique pour se fondre dans les creusets conformistes. Or la société est une hydre qui promet la paix et donne la guerre, propose la justice et génère les iniquités, annonce l'harmonie et fomente les dissensions. On lui doit aussi des violences suintées comme de sales purulences, des brutalités infligées sous couvert d'ordre. Elle fabrique un homme calculable dans ses écoles où l'on détruit l'intelligence au profit de la docilité. Puis elle invite à la caserne où elle s'attaque en toute impunité à la liberté, à l'esprit critique et à l'indépendance. Enfin, elle propose ses usines, ses manufactures, ses bureaux, ses officines où l'on prostitue sa chair, son sang, son corps et son autonomie pour produire de quoi nourrir la machine sociale. Accepter le contrat, c'est recevoir de la servitude et de l'esclavage quand on nous promettait de la dignité et de la liberté. Si l'homme est un loup pour l'homme, rien ne saurait en faire un dieu pour ses semblables, ni le droit, ni la loi, ni le social : tout ce qu'inventera le loup n'ira jamais que dans le sens d'un accroissement de sa nature carnassière. Il y mettra, au mieux, de la renardie puis brillera dans l'art de séduire et de faire prendre le lien pour une liberté.

Parce qu'il ne sacrifie à aucun idéal collectif, le Condottiere est nominaliste et traite par le rire les religiosités nouvelles qui se construisent sur l'adoration de généralités : l'Homme ou le Droit, la Loi ou le Peuple, la Nation ou la Patrie. Il sait, en revanche, qu'il existe une multitude d'hommes, riches et pauvres de leurs diversités, puissants ou malingres, élégants ou rustres, grands, héroïques ou lâches, et tour à tour susceptibles de tous ces états, suivant les conditions dans lesquelles ils évoluent. De même voit-il à l'œuvre des effets de droits ou des conséquences de loi. Le monde est divers et ne s'appréhende que dans le chaos, le désordre et l'effervescence. Le concept existe, certes, mais comme une instance pratique permettant l'échange de points de vue, le discours. Les idées sont des moyens de faire circuler des projets et des visions du monde en puissance. Mais en aucun cas le réel ne saurait se réduire à la simplicité de catégories en nombre fini et limité. Sottise de croire qu'il suffirait, en recourant à des notions telles la qualité, la quantité, la modalité, la relation, de pratiquer le jeu dont surgirait la mise en forme. Réduit à deux ou trois figures commodes, le monde n'apparaît que dans une caricature dont on exclut sa première qualité : le disparate. Débordant, ondoyant, inconstant, sans cesse soumis à des forces qui le modifient, le brisent, le broient, le constituent, le réel est un flux en ébullition. La somme des particularités ne suffisant pas à constituer une généralité, c'est d'ersatz qu'on se contente lorsque l'on utilise des abstractions. De plus, si l'on est bien obligé d'user du concept, à défaut de pouvoir mieux dire le monde, il s'agit d'éviter ce à partir de quoi se sont constituées les religions du siècle, à savoir la croyance à des entités singulières, autonomes, susceptibles de vénérations, d'adorations. Dieu, l'Etat, la Race, le Prolétariat, l'Argent furent totems durant de longues décennies. Au pied des fétiches, on a versé du sang, de la sueur et des énergies. Ils se sont nourris de passions, d'enthousiasmes, de foi, ont grandi avant de se transformer en léviathans et béhémoths qui ont absorbé toutes les vitalités passant à leur portée. Ridicules et niais, les adorateurs et leurs clercs ont produit des doctrines universalistes à l'aide desquelles ils ont châtré les velléités singulières et individualistes. Hors le nominalisme, il n'est qu'entreprise religieuse avec pour sous-bassement le lien, la fédération du divers sous la bannière d'une idée, d'un concept.

Où l'on retrouve le nominalisme cynique et Diogène fustigeant Platon, l'idéaliste emblématique, de croire à l'existence d'une essence de l'homme ou d'une idée absolue du juste. L'anecdote est connue, le cynique errant dans les rues d'Athènes, une lampe à la main, et cherchant un homme, en plein jour, n'a de sens que si l'on se souvient que ce que veut trouver le philosophe à la lanterne, c'est l'essence de l'homme, son idée. Ce que, bien sûr, il ne trouvera pas, puisqu'il ne rencontrera, chemin faisant, que des hommes singuliers, particuliers et divers. De la même manière, lorsque Platon définira l'homme comme un bipède sans plumes, il suffira au cynique de plumer un poulet pour montrer qu'on peut être sur deux pattes et déplumé sans pour autant être un homme. Eloge du divers, pratique du fragment.

Croire à l'existence de concepts autonomes, c'est installer le virtuel à la place du réel, remplacer la proie par l'ombre et permettre l'aliénation. En effet, toute scission d'avec soi-même, en vue d'hypostasier une part avec laquelle on fabriquera du divin, de l'adorable, prend sa naissance dans l'illusion que nous serions porteurs de parts immortelles, que nous participerions de l'intelligible. Or, il n'en est rien. L'idée est un pur et simple produit de la physiologie, la sécrétion d'un corps qui manifeste ainsi le débordement des flux qui le parcourent. Les mots disent les choses mais ne doivent pas s'y substituer, à moins d'une opération alchimique fondatrice des malentendus avec lesquels s'élaborent les schizophrénies. Dans la dialectique du signifiant et du signifié, il s'agit de mettre le premier au service du second. L'existence du verbe est subordonnée à celle du sens qui lui correspond. Avoir le sens de l'immanent est la qualité du nominaliste dont la farouche critique concerne le culte de l'abstraction qui débouche sur la fabrication d'un monde dans lequel se jouent les aliénations. Le lien est tissé à l'aide du concept érigé en entité autonome. Avec lui, le sujet est menacé d'immobilité et de statisme. Sacrifiée à une idée transformée en déité, la subjectivité est anéantie : elle n'a plus qu'à obéir. Or, le Condottiere n'obéit qu'à lui-même. Il ne sacrifiera pas même à l'Individu, qui serait une nouvelle fiction. Seule importe sa propre singularité et l'ensemble des perspectives qu'elle est susceptible d'entretenir avec le réel fragmenté, morcelé et réduit à des poussières d'instants.

Il en résulte une position radicalement libertaire, une incapacité viscérale à vénérer sous leurs formes conceptuelles, comme nouveaux totems, les devises qui font de Liberté, Egalité, Fraternité aussi bien que Travail, Famille, Patrie, des figures d'autant plus à révérer comme telles qu'on en néglige les libertés singulières, les situations dans lesquelles se jouent les questions de la hiérarchie, de la justice, de l'emploi du temps, du corps ou de la citoyenneté. L'adoration des idées fixes dispense d'une pratique authentiquement soucieuse du réel. Les fanatiques du concept de liberté sont bien souvent les moins efficaces pour la promotion des libertés réelles, formelles et concrètes. Le nominalisme dispense d'aimer l'idée qu'on se fait du réel pour lui préférer le réel lui-même. Les hommes de la Terreur, ceux de la révolution d'Octobre étaient des fanatiques du concept de liberté, mais c'est à la guillotine et au peloton d'exécution qu'ils laissaient le soin de régler les problèmes — dans le plus profond mépris des réalités libertaires ; les thuriféraires de la Patrie, les adorateurs de la Nation et de l'Etat français n'ont eu de cesse de vanter la grandeur de leurs croyances patriotes et nationalistes, mais c'était pour mieux abandonner leur pays à l'occupant — dans la plus totale des insouciances quant à Nation et Patrie. Qu'on se méfie du mot, il sert souvent à masquer le réel, à le travestir au profit des idéaux sécuritaires. Le nominaliste invite à la circonspection devant le concept et à l'extrême souci face aux fragments du réel, à son épiphanie sous la forme du divers. Immanent, matérialiste et préoccupé par le monde comme chaos concret et dynamique, le Condottiere ne placera rien plus haut que sa liberté, sa capacité à se déterminer de façon autonome et indépendante.

Sa souveraineté est son bien le plus précieux, l'aliénation son risque le plus redouté.

Rien ne le heurte plus que la passion égalitaire, cette furie normative. Il aime les différences et les cultive, apprécie le divers et le sollicite. La fusion et l'uniforme n'ont jamais été ses desseins. Au contraire, il jubile devant ce qui éclate, distingue et fabrique des monades rétives à l'agrégation. L'homogène est un phantasme à partir duquel s'élaborent les servitudes volontaires : on imagine d'abord une unité parfaite, sans aspérités, équilibrée, harmonieuse, puis l'on travaille à l'intégration du diffus dans cet ordre. Le masochisme et le désir de perdre une individualité qui, de la sorte, se révèle débile et défaillante, font le reste. Vient alors le règne de la quantité qui voue aux gémonies la qualité et les audaces. Le nombre d'un côté, l'excellence de l'autre. D'où la farouche volonté aristocratique du Condottiere.

Je songe aux anciens Grecs et aux dieux qu'ils convoquaient pour comprendre le monde, le célébrer ou l'appréhender. J'ai du plaisir à Thanatos, Eros, Dionysos, Hercule, bien sûr, et j'aurais même un faible tout particulier pour Crépitus s'il n'était une divinité moderne accouchée par Flaubert. Mais je l'aime aussi de rejoindre, même tardivement, le Panthéon dont l'écrivain normand aura forcé la porte. Car on y trouve aussi *Hostilina* *, la déesse en laquelle communient les agrégés, les amateurs de fusion, les descendants contemporains de Panurge. Elle est leur emblème et ils y sacrifient avec force dévotion. On l'invoquait peu avant les moissons afin de rendre les épis égaux, de supprimer les chétifs, les malingres et mêmement les épanouis, les généreux. Elle uniformisait et rendait semblable, on lui devait le passage du divers à la forme unique. Rien au-dessus, rien au-dessous des lignes d'horizon égalitaires. L'image plaira aux philosophes amateurs de cités idéales, aux politiciens fanatiques d'ordre et de paix civile. Le contrat social vise la réalisation d'un plan dans lequel les différences sont abdiquées. Il me vient à l'esprit qu'on pourrait marier Hostilina et Protée, ce dieu de la mer qui conduit les troupeaux de phoques et auquel Panurge dut l'anéantissement de son cheptel. De leurs copulations tératologiques a dû certainement naître notre siècle, vil et veule, tout entier dévolu à la guerre contre les singularités. Le XXe siècle aura été celui des foules et de la quantité, des *vacheries hystériques*, pour le dire comme Rimbaud. Et puis Protée ne recule pas devant les métamorphoses les plus contradictoires, un jour eau, le lendemain feu, ici blanc, là noir, hier lâche, demain insouciant. Divines transformations ! Ce sont celles du siècle tout entier fabriqué par les foules et le nombre.

Hostilina vise donc le champ, l'ensemble et ce qu'elle considère comme l'intérêt de la totalité ; je n'aime que les épis particuliers, quand ils m'agréent. Et ils me plaisent d'autant plus qu'ils se distinguent, se désolidarisent. L'exception me ravit — la mutation génétique m'intéresse — car elle est la pointe d'une civilisation, du moins ce qui permet non pas la répétition, mais la différence. Avec elle, le réel se modifie, apparaît sous un nouveau jour dans lequel priment la nouveauté et l'excellence. Travail d'artiste, et non de technicien. D'ailleurs, il me sied d'imaginer l'exception comme ce qui justifie une civilisation : par le génie, le héros, l'architecte, le musicien, le peintre et le philosophe adviennent les contrées inexplorées, les formes adventices. Ils font le monde qu'habitent les autres. D'où leur passion pour les démiurges, fabricants de lumière, parents étymologiques de Lucifer. Et puis j'aime les anges déchus, parce que rebelles...

En voulant le réel, le Condottiere fabrique l'histoire. Au contraire de l'homme des foules qui est un pur produit de celle-ci. Le premier est inscrit dans de longues perspectives, il est l'individualité des desseins qui durent. Ses projets s'installent dans le futur, qu'ils éclairent. Actif, il est moteur et générateur de dynamique : son désir est dialectique. Donc, il s'enchâsse dans une histoire singulière, personnelle, biographique aussi bien que générale. D'ailleurs, dans la meilleure des hypothèses, il confond les deux et sa propre vie émet des radiations dans son temps, voire au-delà. Alors que le second est un résultat, un objet manufacturé par son époque et limité dans le plus sobre des instants. Sa facticité en fait une apparition reproductible, il rayonne si peu qu'il montre, dans sa vie même, son inféodation aux ténèbres. Ni archange ni ange déchu, mais petit paraclet fugitif destiné aux limbes, il sacrifie aux idoles sociales qui produisent du grégaire et détruisent le divers. En conséquence, il vénère la camaraderie, l'esprit de corps, se réclame du conformisme et des supports qui le manifestent — le droit, la loi, les formes juridiques en général et cette fameuse morale infestée de moraline. Contre lui, le Condottiere n'a de goût que pour les machines célibataires lancées à vive allure contre les monuments érigés au nombre. D'où sa préférence avouée pour les emblèmes de l'excellence : il a plus d'affection pour le souvenir d'un grand mort d'hier que d'enthousiasme pour un petit vivant d'aujourd'hui. Homère et Dante lui semblent toujours de meilleure compagnie que MM. Homais, Prud'homme ou Pécuchet. Ainsi fait-il vertus majeures de l'inactuel ou de l'intempestif. L'Histoire est pour lui un réservoir producteur d'affinités électives en dehors desquelles il aime mieux la solitude.

De l'exception
ou
La machine célibataire

L'Histoire est généreuse en figures rebelles et singulières, en exceptions puissantes et roboratives. A la façon impressionniste, elle enregistre, çà et là, des pointes en marge de leur époque qui, par leurs situations en lisière, donnent du tempérament à leur temps. Bien sûr, je pense à Diogène et à ses pairs en kunisme, aux gnostiques licencieux, aux frères et sœurs du libre esprit, aux libertins érudits contemporains de La Rochefoucauld, à ceux qui les suivront en plein siècle des Lumières et qui raconteront les liaisons dangereuses, les malheurs de la vertu, les prospérités du vice et l'art de jouir à l'heure des tourmentes révolutionnaires. Et puis d'autres dont j'ai déjà, ailleurs, raconté les frasques et les saillies. Mais il y eut aussi des rebelles plus solitaires encore, puisqu'ils ne firent pas école et se contentèrent d'exister comme de pures manifestations de la contestation dans leur temps. Leur flamme brûla parfois quelques émules, mais chacun fit à sa mesure et à sa manière, sans souci de copier, de démarquer, en pratiquant un chemin solitaire bien que, de temps en temps, il ait pu s'éclairer des feux laissés par de grands modèles.

Ainsi du *dandy* *, réincarnation d'Alcibiade l'extravagant, un maître, lui aussi, en l'art de plier le vouloir aux formes d'une éthique élégante. Certes, bien après l'Athénien, il y aura Brummell ou Orsay, d'autres encore, mais il me plaît surtout d'imaginer le dandy comme une figure théorique, celle qu'on suppose sous les fusées de Baudelaire quand il a le projet de mettre son cœur à nu. Dandy sublime, donc, pratiquant le geste et la souveraineté, le défi et l'ironie, l'allure et la séduction avec toute la royauté de qui pratique l'art de déplaire. Joueur désabusé et esthète mélancolique, il active une morale du mépris des valeurs bourgeoises en faisant de l'ineffable, de l'instant ou de la dépense, des moments d'incandescence dans une vie quotidienne transformée en vaste champ d'expérimentation pour les pointes et l'instant propice ; de même l'*unique** de Stirner, pourfendeur des valeurs de l'époque industrielle, lui aussi, héraut de la liberté et de la rébellion, prophète de l'indiscipline généralisée qui conchie le bourgeois et le propriétaire, puis, plus généralement, ceux qui se croient athées et n'en continuent pas moins de sacrifier aux idoles, aux dogmes et diktats du social. Son anarchisme radical est incompatible avec quelque forme sociale que ce soit. Irrécupérable de façon grégaire, il est un cordial aux seules singularités ; je songe également au samouraï tel qu'il apparaît dans le *Hagakuré**, méprisant la mort et soucieux d'héroïsme, enseignant la grandeur et la pratiquant, élevant à la dignité d'œuvres d'art les gestes qui dévoilent la courtoisie, la sensibilité délicate, le courage, la loyauté, le sens de l'honneur. Il aime l'énergie et la vie qui le fait vibrer, donc l'enthousiasme, la décision. Parce qu'il est tragique et résolu devant le néant, il vit chaque instant comme s'il devait être le dernier, animé par le principe d'élégance. Le Bushidô met en perspective la tension de cette existence singulière et le risque de péril : la folie est proche, on sent son souffle glacé sur la nuque lorsqu'il s'agit d'agir puis de pratiquer la voie ardue du samouraï. La conscience ordinaire est congédiée au profit d'un autre état qui tient de la volonté d'extase et de la capacité qu'a la nature généreuse et substantielle à déborder.

Par ailleurs, riche de la distinction du dandy, de l'indépendance de l'unique, de la détermination du samouraï, il me faut dire quelques mots sur l'*anarque** de Jünger : telle une comète, le concept n'apparaît que dans quelques pages d'un roman, quelques lignes de confidences dans un entretien. Puis plus rien. Alors que les richesses potentielles de cette notion auraient pu, développées, donner matière à des sentiers lumineux pour quitter le nihilisme de nos temps dévolus à l'intraitable mélancolie. L'anarque durcit le rebelle, il l'achève. En effet, celui qui recourait aux forêts le faisait parce qu'on lui avait signifié sa condamnation. Il prenait à son compte ce que les autres exigeaient de lui : proscrit, rejeté par la société, combattu par elle, le rebelle choisissait la solitude, la misère et le danger des bois plutôt que de reconnaître l'autorité qu'il estimait illégitime, non fondée. Refusant de se plier aux lois édictées par le pouvoir, il entrait ouvertement en sécession puis se retirait pour pratiquer une résistance hautaine et solipsiste. Souvent, en Islande, puisque cette pratique s'enracine dans cette terre de gel et de désolation, le rebelle qui préférait la forêt s'était rendu coupable d'un meurtre. Stirner invitait à l'homicide comme révélant l'absolue propriété de l'unique sur le monde, il stipulait seulement qu'il fallait en assumer les conséquences et savoir tout mettre en œuvre pour échapper au social avide de punition. Eloge du rebelle, donc, et de ses hautes futaies. De lui, on peut dire qu'il a été refusé par la société quand l'anarque a refusé, en lui, tout ce qui pourrait marquer un seul signe d'inféodation au dit social. L'un est réactif, l'autre actif.

Jünger montre comment l'anarque pratique l'exil mental. Il peaufine un état intérieur caractérisé par le consentement à sa volonté de puissance. Seuls les ultimes remparts du social contiennent son vouloir, mais il lutte contre des murs pour les abattre ou les faire reculer le plus possible. Sans ces bornes, son expansion serait infinie. Sa pratique du social est contractuelle, et c'est lui qui détermine les conditions, la nature, la forme, la durée et les visées du contrat. Il est à lui même sa propre loi et peut, à tout moment, résilier un engagement qu'il n'aura passé qu'avec lui-même. Jünger n'en parle pas, et ne donne aucun exemple lorsqu'il signale que l'anarque sait, par-dessus tout, pratiquer le masque, mais je ne peux m'empêcher de songer à Kafka : l'anarque doit savoir cacher derrière un apparent consentement à l'ordre du monde une révolte fabuleuse et des apocalypses magnifiques. Je vois Kafka derrière son bureau, attablé devant des polices d'assurance vie, pensant à ses romans et fabriquant l'architecture anthropophage de son château — anarque à Prague. L'excès idéologique agit chez lui comme un repoussoir, l'anarque n'a de souci que de préserver son indépendance d'esprit. Aussi devient-il une proie impossible à saisir pour les puissants dont les armes n'atteignent jamais la quintessence d'un être, là où il est le plus riche et le plus indéfectiblement libre. Ce qui réduit l'homme du commun n'a aucune prise sur l'exception : tous veulent régner sur les autres et aspirent au pouvoir sur autrui. Leur donner ces possibilités d'exercer leur volonté de domination, c'est ravir leur indépendance. Ils paient de leur liberté la capacité à exprimer le vouloir d'un autre. Ame d'esclave, destin et aspiration de presque tous les contemporains. Or, l'anarque n'est intéressé que par le pouvoir exercé sur lui-même et ne veut régner que sur son énergie propre. D'où son mépris des jeux pratiqués par les autres — ceux qui ne s'appartiennent pas mais voudraient réduire le monde à leurs caprices.

Contre les anarchistes qui eux aussi veulent le pouvoir, Jünger a mis en œuvre cette figure solaire. Les adeptes de Proudhon ou Bakounine sont trop obsédés par la domination et croient, en optimistes qu'ils sont, à la possibilité de produire un réel nouveau, de qualité. Tragique, lucide et aristocrate, l'anarque n'a cure des ors et des brocarts ; le marbre des palais, le stuc des cabinets de ministres lui importent peu. Le Prince peut tout aussi bien être son familier que son ennemi, il peut lui parler, lui battre froid, le conseiller ou le critiquer ; à l'égard de celui-là, il en va comme des autres, il s'agit de préserver son indépendance, de garder farouchement sa liberté. Pour exprimer de façon plus concise sa figure, Jünger écrit que l'anarque est à l'anarchiste ce que le monarque et au monarchiste. Dont acte.

Pour suivre, dans l'histoire des idées, les affleurements ou les percements qu'on doit à ces figures qui concentrent l'exception, il faudrait parler du *Héros baroque** de Gracián, de l'*Homme de Cour** de Castiglione, du Galatée de Della Casa, du *Chevalier** de Lulle ou bien encore de l'*Homme Multiplié** de

Marinetti. Autant de feux et de fournaises qui ont montré l'incandescence devant tous les pouvoirs, toutes les époques : s'en approchant, s'y brûlant, y brillant, infléchissant parfois la volonté des princes, succombant de temps en temps à leur népotisme et retrouvant l'anonymat après les dorures, produisant le meilleur ou le pire, selon que leur détermination a été plus ou moins grande. Car le pouvoir est une machine puissante, qui avale et digère les volontés les plus coriaces. Et la position la plus juste est dans la plus grande distance à l'égard des rois : ils corrompent ce qu'ils touchent et, à la vitesse la plus fulgurante, transforment en domestiques les esprits les plus prometteurs. Le Condottiere exprimera la défiance la plus absolue dans la direction du pouvoir. A aucun moment il ne croira qu'on peut jouer au plus fin avec les gouvernants : leur arrogance s'accorde mal de la grandeur qu'il leur faudrait pour consentir à une intersubjectivité d'égaux.

Que faut-il donc conserver de ces tentatives ? Surtout pas leur dimension d'intercession d'excellence auprès des pouvoirs. Il faut cesser de croire qu'on peut rendre bon ce qui est allé vers le médiocre. En revanche, il paraît plus judicieux de retenir de ces puissances leur goût pour l'affirmation d'un moi dense, fort et inventif. Toutes ces brillances ont convergé vers une jubilation, commune à tous, dont les racines sont l'expérimentation sur un territoire esthétique. Loin des audaces pulvérisées en vol, des fulgurances détruites dans la zébrure, des grands traits, amples, arrêtés dans le geste, les fortes individualités ont toutes manifesté le désir, pour elles-mêmes, d'une belle existence, d'une singularité authentique.

D'aucuns sursautent déjà, brandissant Hegel et

ses imprécations contre la *Belle Ame* *. Car l'universitaire prussien a toujours ses affidés qui le préfèrent au Schiller des *Lettres sur l'éducation esthétique*. Convenons que les pages du maître d'Iéna ont mis à mal la possibilité d'une figure qui n'est pas sans richesse, si l'on va au-delà de ce qu'il en est dit dans la *Phénoménologie de l'esprit* : la Belle Ame serait purement contemplative d'elle-même, à ce point qu'il lui serait impossible d'engager quelque action que ce soit. Pur concept abîmé dans le néant de sa subjectivité, elle deviendrait incapable d'une action positive. Ses obsessions seraient la pureté de son cœur et la délicatesse de ses intentions ; ses limites, une incapacité radicale à l'action. Et derrière ces flèches décochées à l'idéal esthétique, c'est Schiller qui est visé, lui qui appelait de ses vœux la réalité d'un homme réconcilié avec lui-même, au- delà des sens aveugles et de la raison pure, à égale distance de l'instinct de la forme et de l'instinct de la matière. Une belle individualité harmonieuse, accédant à la liberté par la beauté installerait son identité entre le spirituel et le sensible grâce à l'instinct ludique, qu'elle développerait avec virtuosité. Et l'on congédie la dialectique hégélienne au profit de la poétique schillérienne.

Où donc en est le Condottiere ? Quelles vertus sûres pour une figure éthique qui, elle aussi, fait de l'esthétique son maître souci ? Athée, nominaliste et libertaire, certes. Pratiquant la pointe, fabriquant l'histoire, évoluant dans l'intempestif, aussi. Mixte de dandy, d'unique et de samouraï, il fait aussi penser à l'anarque de Jünger, d'accord. Enfin, il culmine dans l'expression de la Belle Individualité. Mais tout cela n'épuise pas la plastique d'Andrea del Verrocchio et laisse encore en friche les terres sur lesquelles il est appelé à construire. Quelles explorations pourront encore permettre de circonscrire un peu mieux cette figure altière ? Peut-être une interrogation sur le narcissisme et ses modalités. Car le Condottiere abhorre l'imbécile fatuité des sots, tout entiers gonflés de leur propre inconsistance. Aux vertus chrétiennes de l'humilité, aux pratiques perverties des adorateurs d'eux-mêmes, il oppose un narcissisme flamboyant, une fierté avérée.

Retenant la leçon de Baudelaire, le Condottiere œuvre aux métamorphoses de son moi qu'il s'agit, au choix, et selon les moments, de vaporiser ou de concentrer. Quêtant la grandeur, visant la maîtrise, il doit pouvoir mettre en scène, pour lui-même, son excellence, ou du moins les tactiques et les stratégies que suppose ce dessein. A cet effet, la vie doit se dérouler devant un *miroir**. Il me revient à l'esprit celui qu'inventa Léonard de Vinci pour réaliser ses autoportraits. Or, l'éthique esthétique suppose cet art de se peindre et de savoir ses traits, ses formes, son allure. Quelques années avant la fin du quattrocento, Vinci avait réalisé une sorte de cabine de forme octogonale. Les huit miroirs qui la tapissaient renvoyaient de multiples images du peintre de face, de dos, de quart, de trois quarts. La particularité de cet objet est qu'à aucun moment l'artiste ne rencontrait son regard. La prouesse est intéressante : se voir sous de multiples angles, mais ne jamais voir cet œil qui voit. La machine me fournit ma métaphore : le Condottiere doit appréhender les multiples situations dans lesquelles il se trouve, en même temps, considérer les réactions possibles, et, pour finir, juger des opportunités avant d'envisager quelque action. Le narcissisme vulgaire est aveugle de soi-même après rencontre de son propre regard. Il suppose aussi un rapport amoureux entre l'image et l'objet dont elle procède. En revanche, le regard porté par le Condottiere sur sa propre personne est généalogique. On lui doit l'introspection et la découverte des nerfs, des os, des muscles, qui sous-tendent le corps avant le mouvement. Il vise moins l'amour de soi, la satisfaction prise à sa propre image qu'une saisie globale de la situation. Dans le temps, il est un moment avant la décision là où le narcissisme vulgaire est à lui-même sa propre fin et son aboutissement. Le reflet du miroir est une image sur laquelle s'inscriront les projets en puissance, avant de retrouver l'état du palimpseste. L'œil doit alors opérer comme celui du stratège sur un champ de bataille : il cherchera des points de passage, des fractures, des ponts, des abîmes, des marécages, des voies, des aires, des coulées, des espaces, toute une géographie à partir de laquelle il élaborera des scénarios potentiels avant d'en réaliser un.

D'un point de vue éthique, il en ira de même : appréhender son propre état d'esprit, mesurer ses forces, compter ses ressources, envisager la situation, supposer les réactions, supputer les chances, constater les éventualités, répertorier les occasions et multiplier les opérations qui permettront la saisie d'une action dans la meilleure de ses occurrences. Rien qui soit véritablement narcissique au sens moral ou freudien du terme. Au contraire. Le regard à l'œuvre est froid, sinon glacial. Il ignore les températures chaudes de l'œil amoureux. Son objet est une partie de soi, sa fin, une autre partie de soi. Mais le tracé rejoindra ces deux instances d'un même lieu. Tout comme Vinci appréhendait l'ensemble de son visage, moins la partie qui voyait, le Condottiere appréciera la totalité de son tempérament, de sa sensibilité ou de son caractère, moins la nature même du geste éthique pour lequel il pratiquera ce miroir. Restera la nécessité de l'action, contenue dans une pensée mûre, réfléchie, décortiquée comme moment théorique avant le passage à l'acte. Toute l'opération se sera déroulée dans l'austère perspective du geste au maximum d'intensité, le plus en adéquation possible avec les occasions qui permettront d'obtenir les meilleurs fruits.

De ce narcissisme flamboyant surgiront les maîtrises et les formes de l'énergie. Car il n'est pas de travail esthétique sans une part de théorie, au sens étymologique — contemplation —, doublée d'une audace que réduit peut-être la pensée préalable, mais qu'elle ne supprime pas. Et c'est heureux. Le travail du miroir est un facteur de réduction du risque mais ne saurait, en aucun cas, en faire totalement l'économie. Le *kaîros* conserve son mystère, quoi qu'il en soit de l'acuité et de la perspicacité des regards qui précèdent. L'éthique ne sera jamais une science exacte. Toujours elle conservera cette part d'impondérable, cette inscription dans un temps qui jouit des pleins pouvoirs — dont celui d'étonner.

Là où le Condottiere cherche, au retour du miroir, une image de lui qui permette l'action singulière, l'homme des foules veut rencontrer le reflet de l'autre. Car le mimétisme est sa loi. Se penchant vers le tain, quêtant le sens dans le mercure, il scrute et veut voir autrui afin de lui ressembler, de faire coïncider ses traits avec ceux de l'autre. Or, la fusion, la recherche d'une entité qui puisse être confisquée à l'autre, pour soi, sa transformation en révélateur d'identité, voilà qui montre à l'œuvre une formidable puissance d'automutilation. L'exception veut trouver en elle-même le sens de sa propre existence ; l'homme du commun n'a de certitude que par la médiation de l'altérité.

En conséquence, l'inscription de l'homme calculable dans une logique le transforme en fils qui obéit, soucieux d'une parole qui lui soit extérieure et puisse fonder ses actions. Voulant soumettre ses désirs et ses instincts à une transcendance, il tient absolument à trouver ordre ailleurs qu'en lui. Et c'est dans ce trajet qui le conduira hors de lui-même qu'il abandonnera sa souveraineté, consentira à la servitude volontaire, se transformera en esclave pour finir dans la peau d'un domestique. En revanche, la figure du Condottiere est paternelle, bien évidemment, car il ne saurait en aller autrement pour une instance éthique : il édicte la loi, la pose, la crée, la veut. A l'instabilité d'un moi déchiré, d'un miroir menteur renvoyant une image autre, il oppose l'équilibre d'une harmonie réalisée entre l'énergie et la forme qui la contient, il pratique une psyché au reflet fidèle.

Les logiques opposées distinguent la façon de penser la vie : le fils docile et soumis souhaite le mimétisme et l'immobilité ; sa jubilation consiste à retrouver dans la glace un visage connu, surtout pas le sien ; son principe est passif et réactif, il attend que l'information de son énergie vienne de l'extérieur, selon des lois déjà éprouvées — puisqu'elles fabriquent les cohortes de conformistes. En revanche, le père rebelle et démiurge veut la dynamique et le changement ; son plaisir est dans le nouveau, le risque, la découverte de situations et d'émotions nouvelles ; son engagement est actif et volontaire, il aime l'inconnu, l'invention, le danger et l'expérimentation de nouvelles façons de vivre. Le sécuritaire le heurte, le connu le fatigue. Or, vouloir le statisme et la reproduction, la répétition, c'est faire le choix de la mort — celui de l'homme calculable enferré dans l'identique, accédant à l'anonymat, forme du neutre et du trépas. La perte d'identité, l'oubli de soi, la volonté d'irresponsabilité et d'innocence sont des versions ardentes du mépris de soi là où le Condottiere avance l'amour de soi, la considération de lui-même comme une œuvre potentielle. Automutilation, déstructuration contre autocélébration, fabrication de soi dans la perspective de la cohésion, de l'harmonie et de la structure : le Condottiere est donc une vertu en acte, une coïncidence avec son vouloir. Son narcissisme flamboyant éprouve la matière et l'informe avant d'en faire surgir les volumes éthiques, les épaisseurs métaphysiques.

L'objet qui se réjouit d'une fusion dans l'unidimensionnel est une piètre figure du paraître, un simple simulacre, une ombre. En tant que copie susceptible d'une infinité de duplications, il est dépourvu de valeur. C'est un homme de la périphérie, des scories et des déchets du mouvement qui centrifuge le moi, qui le condense pour le dire comme Baudelaire. La diffraction et l'amoindrissement sont les modalités de son apparition en tant qu'individualité mutilée. La virtualité qui le désigne rencontre en face d'elle une singularité tangible et débordante de densité. Elle se meut dans la profusion et la diversité, au centre, telle la pointe d'une figure mathématique qui concentrerait les qualités d'équilibre et d'harmonie, les principes d'énergie et de force, les résultats d'efficacité et de puissance. La complétude la caractérise, sinon comme un état acquis, stable, du moins comme une volonté.

Sans zénith ni nadir, l'homme des foules est voué au désordre. Aveugle et impulsif, il est destiné au zigzag et aux épousailles de chaque instant avec les caprices du réel. Ne maîtrisant ni le temps ni ses élans, il est un pur produit des aléas, une erreur. A l'opposé, le Condottiere est soucieux de ligne droite. Et si la vitesse à laquelle il pratique ce cheminement est variable — elle va de la stagnation à la fulgurance —, elle s'entend à toujours conjurer la marche arrière, la régression. A l'extrémité de la voie qu'il élit se trouve un archétype par lui fabriqué, une forme motivante. C'est un point de fixation qui évite les errances, les tâtonnements. Du chaos, il faut faire surgir l'ordre et, dans ces tentatives, certains ne seront que des personnages, d'autres deviendront des personnes.

Mais à ce point du portrait, ai-je dit l'essentiel ? Ou du moins suffisamment pour que le visage de ce modèle apparaisse avec un peu plus d'acuité, un peu moins de mystère ? Et des lèvres minces, du regard foudroyant, des traits saillants ? Et du corps vrillé, en posture arrogante ? Quels détails encore pour tâcher de pénétrer l'intérieur par une circonscription venue de l'extérieur ? Le bronze montre dans un silence d'apocalypse la vertu héroïque faite œuvre d'art. C'est pourquoi elle saisit, ravit. Or, il reste presque l'essentiel, car rien n'est dit. Ou si peu. Et paradoxalement, il faut emprunter un concept supplémentaire pour dire les limites et les impuissances du concept, pour ajouter aux incapacités du verbe. Saint Jean de la Croix l'utilise, puis Maître Eckhart, Benito Feijoo lui consacre un opuscule au XVIIIe siècle, mais c'est à Gracián qu'on en doit le développement — et à Jankélévitch la médiatisation : il s'agit du *je-ne-sais-quoi* *. Ruse majeure de la raison occidentale pour signifier par un mot tout ce qui échappe au mot. Quand la rhétorique manifeste son impuissance, c'est encore elle qui sauve la mise en dépassant ses limites, en les reculant, tout en constatant qu'on peut bien les déplacer, mais qu'elles demeurent, quoi qu'on fasse.

Du je-ne-sais-quoi, donc. Avec ce paradoxe, il s'agira de continuer la tâche de circonscription. Mettre le réel en demeure de rendre ses raisons, d'avouer et de livrer ses mystères. Lui intimer l'ordre, par un artifice supplémentaire, de donner de la clarté là où règnent les ténèbres. Dans ce jeu baroque où s'opposent la lumière et les ombres, ce sont les franges qui, parfois, mettent le mieux en évidence les natures et les essences. Par les marges, on accède plus sûrement au centre des choses. Disons qu'on force un peu l'intimité et qu'on peut ainsi s'avancer plus loin sous la peau du réel. Ce qui borde l'objet puis tente d'en limiter les formes fluides, mobiles et ondoyantes, est ce qui dit le mieux, bien que négativement, par l'extérieur. Le Condottiere comme lieu où se montre un je-ne-sais-quoi est avant tout une occasion pour le gracile. Bordant la notion paradoxale qui caractérise l'éthicien, on trouve, outre l'élégance, un rayonnement, une sorte d'envoûtement. Mystère et indicible, harmonie et ineffable. Il échappe une sensation qui n'est pas sans relation avec celles qu'on ressent devant la symétrie ou la proportion, du moins face aux rapports heureux entre les parties et le tout. Semblablement, en ce qui concerne les impressions éprouvées à l'égard de ce qui manifeste une cohésion, une fermeture, une totalité, un achèvement. Enfin, il en va de même avec le sentiment qui envahit l'être en présence d'une démonstration de force, de puissance ou d'énergie contenue et maîtrisée. Et l'on consentira à dire d'une forme, d'un geste, d'une allure qui emportent l'admiration, forcent l'âme à un respect ou une révérence, qu'elles sont habitées par un je-ne-sais-quoi qui leur donne leur efficacité.

Dans le moment où se manifeste cette pointe d'excellence, on assiste à un hapax existentiel dont la spécificité réside dans l'impossibilité d'une duplication. Unique, sans écho possible ou pensable, il ravit l'esprit et emporte le suffrage. L'occurrence sans répétition déborde la raison pour rendre caducs les moyens dont elle dispose pour exprimer, habituellement, le réel. Dire, expliquer, démontrer n'ont plus de justification tant le degré d'intensité est élevé et au-delà du dicible. Seule l'expérimentation est imaginable et, par elle, se révèle la mort du verbe. En conséquence, l'idée que le je-ne-sais-quoi appelle les sensations, les émotions, une pathétique congédiant les mots. Le moment unique, lorsqu'il se vaporise dans l'insaisissable et que la quintessence irradie, demeure un interdit pour la parole. Il vibre et bruit pour distinguer, isoler et fracturer l'unicité d'un geste, d'un mot, d'un trait, d'un silence, d'une expression ou d'un événement, d'une personnalité, d'un tempérament ou d'un caractère, d'une figure. De ces hapax émanent des émotions auxquelles on consent par ravissement. Reste une impression, délicate, évanescente, mais sûre, avec laquelle on fabrique, pour soi, des points d'ancrage pour structurer sa propre identité, par sympathie. S'ensuivent tout naturellement les prémisses pour un commerce avec soi-même dont le dessein serait la promotion d'une esthétique.

Esthétique

PETITE THÉORIE DE LA SCULPTURE DE SOI

« Quels sont ceux qui nous élèvent ? Les philosophes, les artistes et les saints, voilà les hommes véridiques, les hommes qui se séparent du règne animal. »

NIETZSCHE,
Considérations inactuelles.

De l'artiste
ou
La vie transfigurée

Artiste, ai-je écrit du Condottiere. Et il me plaît de poursuivre dans cette voie. Je ne conçois pas de force sans élégance, de volonté sans allégresse ou de détermination sans souci d'une plénitude esthétique. L'artiste est une figure qui me repose du philosophe lorsque celui-ci est devenu une caricature de lui-même. J'ai plus de plaisir, parfois, à la compagnie de Michel-Ange qu'à celle de Malebranche. Et même aujourd'hui, à celle d'un peintre, d'un sculpteur ou d'un architecte plutôt que d'un professionnel de l'idéal ascétique Et des vertus caduques. La philosophie sent la poussière et relève bien souvent de l'art d'accommoder les restes ou les vieux reliefs laissés pas les religions sinistres.

L'atelier de l'artiste est un monde à lui tout seul, une fabrique de rêves et d'images, une manufacture pour les formes. Celui du sculpteur est presque métaphorique : la terre, brute, le chaos, puis le vouloir de l'artiste qui se fait démiurge et informe les volumes qui lui échappent ensuite. Ou celui du maître verrier qui fait fondre ses matériaux pour produire des filets de pâte aux couleurs inattendues bien que voulues. Et le résultat intégrera la beauté, l'équilibre, l'harmonie, le charme, la grâce, toutes vertus qui rebutent le philosophe chien de garde préoccupé de tout sacrifier de ces qualités pour ce qu'il croit être la vérité, la logique, la conséquence, la certitude. Je me moque de la raison raisonnante et lui préfère l'intuition fine et foudroyante. Le verbe est toujours second, du moins, il doit toujours l'être. Et l'émotion doit primer. Quiconque met l'émotion avant la réflexion est artiste. Les philosophes qui ont toute mon admiration sont ceux qui ont injecté une forte dose d'art dans leur façon. Ce sont les mêmes qui se sont ri des prétentions aux métaphysiques pouvant se présenter comme sciences. Le Condottiere est un esprit ignorant des mathématiques, si l'on doit définir celle-ci comme la science de la rigueur et de la précision, la discipline apollinienne par excellence. Il est artiste, délibérément, totalement et définitivement. Les mathématiques ne lui vont que dans leurs dimensions péremptoires : le postulat et l'axiome le ravissent parce qu'ils sont la grâce faite empire. De même sauve-t-il ceux des mathématiciens qui pratiquent leur science comme des artistes en chérissant l'intuition, l'inspiration, l'enthousiasme, en vénérant l'ivresse des trouvailles et la folie des résolutions terrassantes : l'emblématique Eurêka d'Archimède, l'urgence d'Evariste Galois, l'illumination de Poincaré ou la poétique généralisée de François Mandelbrot découvrant l'objet fractal. Sauvons donc l'esprit de géométrie s'il se nourrit aux mystères et aux arabesques de l'esprit de finesse.

Quel artiste est donc le Condottiere ? Un metteur en scène. Un chef de guerre est tout autant *stratège* * que tacticien, il lui faut connaître une situation, appréhender des potentialités, créer des opportunités, ménager des surprises et des zones d'ombre. Son domaine est la domestication des flux pour en faire des forces agissantes. Et des victoires. Donc, il sait qu'on peut lire Sun Tzu et Shang Yang, Machiavel et Clausewitz dans l'optique d'un pur et simple agencement avec autrui, pour bien conduire sa vie.

Quels sont ses combats? Où y a-t-il périls et colères? Que sont les champs de bataille qu'il lui faut occuper? La vie, tout bonnement. La plus banale des existences qu'un simple coup d'œil avisé suffit à montrer dans sa nature agonistique. Le Condottiere est donc un artiste dont l'objet principal est la réussite de sa vie entendue comme une lutte contre le chaos, l'informe, les facilités de tous ordres. Ses ennemis : l'abandon et la flaccidité, le relâchement et la grégarité. Ses guerres visent les victoires de la fermeté et de la tension, du vouloir et de la singularité. Et pour le dire comme il fut longtemps coutume de le formuler, *il veut faire de sa vie une œuvre d'art*. Transformer le tohu-bohu d'avant les genèses en formes, exprimer un style, produire un geste par lui seul possible : voilà en quoi le Condottiere est un artiste, un metteur en scène de situations, le sculpteur de sa propre statue. Où l'on retrouve le *philosophe-artiste* *, ardemment voulu par Nietzsche, celui dont le signe distinctif est la capacité à inventer de nouvelles formes d'existence. Et même dans le balbutiement, les tentatives et les échecs, les hésitations et les audaces trahissant trop d'orgueil, le Condottiere est plus grand que l'homme du commun dans ses réussites frelatées, ses prétendus aboutissements qui ne sont jamais que des adhésions passives aux mots d'ordre de sa tribu. Un philosophe-artiste échouant est plus grand qu'un familier des troupeaux réussissant. Qu'on se souvienne d'Hercule aux pieds d'Omphale : il n'en reste pas moins le héros des travaux que l'on sait.

Plutôt lui dans ses revers que M. Homais dans ses triomphes.

Justement, M. Homais exècre le Condottiere et ses vertus. On s'en doute. Pour stigmatiser le projet de confondre éthique et esthétique, il dispose d'un mot tout fabriqué : *esthète* *. Insulte et concept utilitaire à souhait — car le *bourgeois* * est tout entier préoccupé d'utilité —, aboutissement aux forceps de ses cogitations confuses, il a trouvé le mot et s'en repaît. Quiconque veut faire de sa vie une œuvre d'art, ou du moins y tendre, se voit condamné et flétri par l'épithète. Si le projet du philosophe-artiste est exigeant, élevé — et certes, il l'est —, il faut dire qu'il en va de même de toutes les destinations visées par les morales, quelles qu'elles soient. Il est dans la nature d'une éthique d'être difficile : les idéaux qu'elle propose sont toujours hors d'atteinte et ne valent que comme des indicateurs de direction. Hédonistes, eudémonistes, ascétiques, religieuses, mystiques, toutes demandent l'impossible pour n'obtenir que le pensable. Et l'on ne saurait condamner une éthique sur la rigueur de ses objectifs. Seulement sur leur pertinence. Mais le bourgeois, un mélange des vertus laïques et chrétiennes, refuse la morale esthétique pour son dessein. La grandeur lui semble une vertu impossible. Il tend au gris passe-muraille, à la confusion, jusqu'à disparition de lui-même, dans l'épaisse géographie du milieu, du ventre mou. Qu'on se souvienne des leçons de l'étymologie qui enseigne la parenté de milieu et de médiocre. Le Condottiere veut les extrémités, les cimes et les abîmes, le plus noir des enfers ou le paradis le plus dispendieux. Dieu ou le diable, Jéhovah ou Lucifer. Brûler, se consumer, se dépenser, mais ne jamais économiser. Exécrer l'épargne.

Revenons à la caricature. M. Homais n'aimera pas le Condottiere, c'est sûr. Il pointera du doigt l'esthète. Ecoutons-le : *décadent, fin de siècle, chétif et malingre, le Condottiere aspire à l'héroïsme et à la sainteté dans la vie quotidienne parce qu'il compense. C'est un réactif, il désire ce qui lui manque*. Evidemment. Au petit qui manque d'être grand ne vient pas l'idée qu'on peut vouloir plus de grandeur encore. Il imagine le monde à son image. *Grêle, anémique et nerveux, l'esthète a les joues creuses, les yeux froids, les mains sèches et fluettes. Le corps est faible. La virilité ne saurait être qu'une aspiration de malade, de déviant*. Et M. Homais connaît la psychanalyse, c'est la discipline des positivistes de notre siècle quand elle est confisquée par ceux-là. *Image du père défaillante, homosexualité refoulée, désir œdipien mal vécu, l'esthète est mal dans sa peau. Il n'assume pas sa virilité et l'hypostasie, puis la vénère comme un objet qui permet la cristallisation de l'aliénation*. Certes. *D'où l'extravagance qui cache de la timidité. Costume de velours blanc, gilet d'orfroi, tube en tissu précieux, chaussettes de soie feuille-morte, quadrillé de gris lave et pointillé de martre, macfarlane bleu lin*. Nous y sommes. *Violettes de Parme en petit bouquet à l'échancrure de sa chemise ouverte. Roger de Beauvoir, le comte d'Orsay ou Brummell ne sont pas loin*. Et M. Homais n'aime pas le dandy. *Sa sexualité est pareille à ses vêtements. Originale, sans pareille*. Si l'on veut. *Alors, elle oscillera entre la débauche totale et l'ascétisme le plus classique. Bouges et maisons closes pour l'acrobate de cirque androgyne ou le ventriloque de café-concert ; cellule chaulée pour le renoncement ou la convivialité réduite du cénobite. Et alternance entre partenaires grotesques et patenôtres gothiques. Le vêtement, les usages du corps, mais aussi les pratiques de la vie quotidienne : tout est saugrenu chez l'esthète.* Continuons donc. *Ainsi, au lapidaire qui connaît ses frasques, il apportera sa tortue pour qu'on incruste ses écailles des gemmes les plus précieuses ; au facteur d'orgues, il demandera son concours pour mettre au point un instrument qui mélange les parfums, les liqueurs et produise, dans la plus pure des traditions baudelairiennes, les synesthésies les plus capiteuses ; ou alors, dans une serre, surchauffée, il s'ingéniera à créer de nouvelles espèces d'orchidées dont les fleurs monstrueuses, quand elles s'épanouissent, rappellent les chancres syphilitiques.* Or M. Homais ne connaît des pierres précieuses que le diamant dans lequel il investit ; de l'orgue, que les scies dominicales des offices ; de la serre que les légumes qu'il y cultive. Pour sa consommation personnelle, ou pour les vendre. Bien évidemment.

On aura reconnu des Esseintes dans le portrait de l'esthète. Le duc Jean des Esseintes, repoussoir pour les bourgeois, modèle de décadent qui se refuse aux valeurs de son siècle, emblème du nihilisme pour ceux qui se vautrent dans le matérialisme le plus vulgaire. Je comprends qu'ils n'aiment pas les poètes de leur existence, eux qui ne souffrent pas la poésie, déjà quand elle ne déborde pas le livre où elle se trouve. Car la démiurgie qui prend la singularité d'une vie pour objet passe pour caprice de fin de siècle. Ou folie de dégénéré. Et Néron sera promu leur père à tous, le joueur de lyre, mauvais rimailleur et incendiaire de Rome pour la beauté du geste ; puis Alcibiade qui tranche la queue du chien lui ayant coûté une fortune, toujours pour l'à-propos et la capacité à créer l'événement ; ou Charlus, le poudré élégant jouissant des fustigations qu'on lui donne, dans une maison close, de la main de commis ou de bouchers ; Dorian Gray, aussi, le cynique extravagant, collectionneurs d'objets impossibles ; Swann, enfin, le dilettante mélancolique incapable de faire aboutir ses travaux sur Vermeer, perclus de haine amoureuse devant l'aristocratie décadente et refusant de consentir à la montée des classes bourgeoises aspirant à remplacer la noblesse de particule dans ses prérogatives. Voilà l'esthète, couvert de ridicule, moqué par ceux qui le surpassent en dérisoire.

Certes, il y aurait à dire sur l'exhibitionnisme et le clinquant des pratiques confinant à l'esthétisme. Mais là encore, plutôt Loti exagérant dans l'orientalisme que S.G. Warburg réussissant dans la finance. Je préfère l'excès des fous à la pondération des sages. D'aucuns triomphent dans leurs ratages là où d'autres échouent dans leurs succès. L'esthète extériorisé n'est pas celui qui me séduit le plus. La démonstration ne me convainc pas toujours : le besoin de spectateurs, même pour avoir le plaisir de les congédier ou de montrer qu'on les ignore, reste une faiblesse à mes yeux. J'ai plus d'affection pour le sujet intériorisé, vivant, selon les préceptes de Baudelaire, devant un miroir dont il est le seul à connaître le reflet, l'image. Contre le bourgeois, l'esthète me ravira toujours, mais je lui accorderai le second plan, derrière l'artiste, plus solaire, plus solitaire, plus indépendant. Moins soucieux du regard et du jugement d'autrui. Ailleurs, sur les cimes. L'esthète est Protée quand l'artiste est Zeus.

En outre, cette figure singulière qui précède l'artiste signifie l'indécision d'une époque, ses sautillements sur place dans un moment de nihilisme : incapacité à trouver une direction ailleurs que dans l'ébauche, l'essai, la recherche ou l'esquisse. Bien sûr, dans ces tâtonnements, on peut isoler des tensions, des potentialités fortes. Mais qui valent comme des croquis pour un portrait dont l'artiste, à l'exception de tout autre, pourrait assumer la tâche. Seul l'homme de l'art est apte à conduire, d'abord sa propre personne, et c'est ce qui importe, sur des voies qui permettent d'échapper au nihilisme : il est prométhéen, veut et agit, s'impatiente des impasses et préfère se tromper d'issue que de ne pas tenter une ouverture. Et s'il est toujours quelque peu esthète, l'inverse n'est pas vrai. Brummell est séduisant, mais Goya retentissant. Nash contre Delacroix, Saint-Cricq contre Beethoven, lord Seymour contre Balzac. Le dandy est une ébauche de l'artiste, car plus désespéré. Il ne croit pas même aux traces et enjolive face à l'incurable dont, pourtant, il a une conscience extrêmement aiguë. Politesse de désespéré, il s'efface avec lui-même. Derrière lui, des fragrances bientôt dissipées. Elégance suprême. L'artiste, lui, est tellurique, le contraire des vapeurs et de la dispersion qu'elles supposent.

Faut-il préciser que le Condottiere n'a cure de l'esthète et qu'il ne fréquente d'ailleurs pas les mêmes endroits ? Là où parade le premier, le second est toujours absent. Là où brille l'un, l'autre se consume ; le dandy flambe comme un papier de soie, l'artiste brûle comme du papier d'Arménie. Fantasque le premier, léger et virevoltant avant anéantissement ; grave, sérieux et tragique le second avant accomplissement. Jamais feu follet qui crépite n'embrasera. J'aime l'artiste en incendiaire, en célébrant et officiant d'incandescence. Loin de lui *l'attitude spectaculaire* * qui sied tant à l'esthète. L'artiste est plutôt aveuglé par sa tâche, tout entier requis par le débordement qui menace. Il n'a pas souci des effets produits et son œil ne quête pas approbation comme n'importe quel mendiant asservi à son état. Sans les autres, Brummell n'est plus ; l'esthète sans public est pitoyable. Peut-être plus encore devant le public qui attend les frasques et pourrait les annoncer comme banalités ou poncifs. L'artiste, quant à lui, est incarnation de puissance, animal de trait que rien ne distrait de son sillon. Son projet l'exige tout entier. L'attitude spectaculaire caractérise l'impuissant perdu dans le capharnaüm de son temps, de son époque. Il en est le prisonnier, quoi qu'il en pense, en imaginant échapper à l'histoire dans laquelle il est enlisé. En œuvrant, l'artiste s'arrache à la contingence historique pour une grande part, avant de marquer son époque et de la faire plier à son aune. Il pose les vertus, crée un nouvel ordre, subvertit et détruit, manie l'explosif et n'a pas souci des suiveurs ou des attentistes. Si son heure doit venir, elle viendra, mais il n'est pas obsédé par cette perspective. Quand l'esthète trépigne, piaffe et veut une singularité immédiate, au risque de disparaître en fumée dans la seconde qui suit, l'artiste montre une immense patience, un calme olympien. Son propos n'est pas la trace dans une époque. Sinon de surcroît, comme un accident. L'exubérance le possède, il ne peut faire autrement que consentir aux forces qui l'habitent. Regarder le monde comme un spectacle n'est pas pensable, sa vitalité le lui interdit. Il est actif et ne saurait se satisfaire d'une passivité et d'une inactivité dolentes. Rien ne contrarie plus sa nature que l'esthétisme pessimiste et les professionnels du pire, ceux qui prétendent vivre sans cesse dans l'apocalypse, annoncent la catastrophe et voient l'enfer sur terre comme au ciel — puis n'en finissent pas de mourir. Ceux qui enseignent depuis plusieurs décennies d'écriture qu'ils sont dans l'imminence du suicide et n'en finissent pas de se pendre. Ceux qui confessent une vie quotidienne dans le jardin des supplices, au milieu des fleurs vénéneuses et des turbulences mortifères, et n'en finissent pas de succomber. Combien sont-ils à jouir du pire qui, finalement, sont de joyeux drilles et feraient mieux de nous dire pourquoi, depuis si longtemps, ils n'ont pas préféré le cyanure au cynisme ? Combien ont aménagé Sirius comme un salon bourgeois pour y faire les coquettes, annoncer la fin du monde à longueur de livre et empocher les bénéfices ? L'attitude spectaculaire, ce dandysme mondain et cet esthétisme frivole, n'a de sens que justifiée par la mort volontaire. Schopenhauer et Cioran me font rire, disons plutôt sourire. Et quelques-uns de leurs épigones de moindre envergure. En revanche, j'aime les gestes conséquents d'Otto Weininger ou de Carlo Michelstaedter qui, tous deux, se sont donné la mort. Le premier en se tirant une balle en plein cœur dans une chambre louée dans la maison où trépassa Beethoven à Vienne, et que je vis un jour de soleil éclatant ; le second en usant également du *revolver** le lendemain même où il mit un point final à ce qui devait devenir sa thèse de philosophie. Tous deux étaient âgés de vingt-trois ans. Hormis par la sanctification du suicide, l'esthétisme pessimiste n'est pas tenable passé vingt-cinq ans. A moins d'en faire un fonds de commerce.

L'attitude spectaculaire existe également en version optimiste. Elle est alors doublée d'une épaisse couche de cynisme vulgaire, et trahit presque toujours un repli sur soi nourri de l'égocentrisme le plus triomphant. L'artiste est un individualiste, l'esthète un égoïste. Le premier sait qu'il n'existe que des singularités susceptibles d'être intégrées dans des relations soumises au contrat d'affinités électives : il choisit, sélectionne, veut les rapports qu'il entretient avec autrui ; le second croit qu'il n'existe que lui-même, que le monde attendait sa venue, et qu'après lui, d'ailleurs, il aura du mal à se faire à son absence. L'esthète asservit le monde à sa propre personne, il réalise un solipsisme dans les faits, forcissant le trait de celui qui, déjà, se montre derrière toute métaphysique un tant soit peu lucide. Il contribue au pire et accélère le négatif. *Je*, dit l'un, *moi*, dit l'autre. L'esthète est un enfant gâté. Rien n'est pire que cette engeance indélicate.

Dans les deux cas de figure, l'attitude spectaculaire est schizophrénique. Elle suppose une hypertrophie du moi au détriment du monde. Le réel est aux ordres : sali, conspué, méprisé, haï, détesté dans un cas, oublié, négligé, nié dans l'autre. Or, il n'est ni détestable ni négligeable. Il est, dans toute sa plénitude tautologique, et il s'agit de s'y mouvoir avec élégance, sans trop s'y perdre, sans trop s'y attarder. Travail d'artiste. Du réel, on pourrait dire que, trop impliqué, on s'y détruit, trop éloigné, on se désintègre. L'artiste est l'homme du rapport équilibré, l'individualité capable de produire un sens de la distance, de la mesure qui permettra l'assise du fil-de-fériste. Ou du cavalier, si l'on sait se souvenir que le Condottiere est un maître de dressage, un spécialiste des assiettes assurées.

Comment s'y prendre ? Car le travail qui vise l'harmonie est le plus délicat de tous. Il requiert les vertus du musicien, celles de l'architecte aussi. D'où le souci pour la beauté. L'artiste n'est pas un fanatique de vérité. Dans le meilleur des cas, il ignore même ce qu'elle est. Dans le pire, il consent à la confondre avec la beauté. Heureux les dialecticiens, les apôtres de l'idéal ascétique, les prêtres en tout genre, les spécialistes en morale, avant tout des moralisateurs, qui savent ce qu'est la vérité ! Heureux ces riches d'esprit, ces désignés par le sort qui connaissent le vrai ! Bienheureux ces derniers qui sont les premiers, car ils ont toujours à la bouche ces notions qui, pour eux, n'ont plus de mystère. Je les envie. Pourtant, ils connaissent les Pyrénées de Blaise qui relativisent les vérités. Mais cette idée chez Nietzsche, ils n'en veulent pas. Elle ne sent plus l'encens, ils sont perdus. Alors ils ont la bouche pleine de vérités éternelles qui vont pour les Papous et les Aborigènes, qui valent pour les Pygmées et les Normaliens. Ici et ailleurs, là-bas ou là. Et c'est au nom de ces certitudes admirables qu'ils pourfendent le philosophe-artiste, trop artiste à leur goût, et pas assez philosophe. Ou pas du tout, c'est mieux. Trop contaminé par le relativisme esthétique. Un Condottiere ! Quelle idée... Un artiste ! Quelles trouvailles saugrenues, quels songes creux... Le Prêtre fait si bien l'affaire. Car la figure sacerdotale réjouit l'âme de ceux qui savent ce qu'est le vrai. Elle est pratique, a fait ses preuves et satisfait tous ceux qui s'occupent de morale derrière Epicure, Spinoza, Kant et quelques commensaux de ces banquets festifs. Le Vrai sied aux églises et à ceux qui desservent les cultes. A l'artiste, plus modestement, revient la tâche de promouvoir quelques efforts vers l'harmonie.

Pourquoi y aurait-il beauté dans *la symétrie* *, pourvoyeuse d'équilibre, plutôt que dans le désordre ? Caillois a raconté son étonnement de n'avoir pu dénombrer que quelques objets qui ne fussent pas symétriques dans la nature aussi bien que du côté des produits manufacturés. Et encore, aujourd'hui, les objets fractals découverts, les quelques trouvailles qu'il avait faites s'en trouvent presque caduques. Y aurait-il quelque mystère pour que, même au milieu de ce que l'on perçoit comme un pur chaos, on découvre ordre, sens, qui puissent presque permettre un glissement vers luxe, calme et volupté ? De façon péremptoire, j'ai envie d'imaginer que la symétrie réjouit l'esprit car elle montre un équilibre et que ce dernier est parent de la paix. Et qu'il est tout évidence que nous sommes moins souffrants dans la paix que dans le combat, dans l'ordre que dans le désordre. L'effervescence calmée apporte un bien-être qui sécurise. Puis l'on transforme cette quiétude de l'âme en vertu. Naissance des jugements de valeur : le désir d'une béatitude confondue à l'apaisement. La volonté d'une présence au monde qui soit animale, non conflictuelle, minérale, non agonistique. La morale voudrait cette harmonie. Un panthéisme réalisé, une confusion de tous les ordres en un immense accord musical — un rêve d'artiste.

Voilà donc les tâches du philosophe-artiste, du Condottiere au combat : produire une harmonie entre l'individu et le réel dans lequel il évolue, veiller à ne pas sacrifier la figure de l'artiste au profit de l'esthète amateur des positions spectaculaires. Pas de dissonances pour une musique des sphères qui lui incombe. Il évitera le plain-chant qui confond les deux instances — le texte et la musique — dans une même ligne mélodique, pour lui préférer la polyphonie et le contrepoint qui permettent une résolution des contraires dans l'enchevêtrement harmonieux des lignes qui, bien que conservant leurs singularités, n'en consentent pas moins à des épousailles de circonstance. Fi de la monodie grégorienne, il s'agit de réaliser l'avènement des formes de développement sériel. Pas d'accord résolutoire sans distribution des intervalles qui soient respectueux d'équilibres. Le Condottiere entend musiquer à partir du chaos : le désordre est son matériau, la forme son projet.

De la sculpture
ou
L'avènement des formes

Pas d'œuvre, donc, sans *maïeutique** et sans cette capacité singulière à solliciter la matière en gésine. L'artiste accouche, non pas les esprits et les figures qui préexisteraient à toute opération, mais les productions qui, pour être, nécessitent l'avènement. C'est en surgissant qu'elles connaissent la cristallisation dans l'aspect qui est leur et dans lequel elles demeureront. Minéralisation d'énergie, blocs de volonté, volumes de force : pas d'éthique sans ces actualisations dans des moments qui font sens, à savoir gestes, paroles, silences. Ce qui se révèle prend forme et consistance au moment du surgissement. La forme est la progéniture d'une opération qui a pour nom maïeutique : elle n'existe pas avant le geste qui la fonde et dont elle est consubstantielle. Etre est naître.

L'œuvre est donc le signe qui montre l'accomplissement, le passage de la puissance à l'acte. Avant les effets de la maïeutique, il n'est de singularité qu'en promesse, de façon confuse. Tout monde est précédé d'un chaos appelant le démiurge. Il en va ainsi pour la personne, son tempérament, son caractère et les formes dans lesquelles tout cela s'exprime. La potentialité est un recueil de probabilités dont quelques-unes, seulement, sont viables. La parturition révélera, sélectionnera la formule la plus heureuse ou la plus apte, sur le moment. D'où l'accession à la singularité en acte de ce qui est a priori contention, rétention, bouillonnement de richesses. Il y a mystère à constater que dans l'ensemble des probabilités, dans le registre spermatique, une seule forme rendra caduque la totalité des autres combinaisons. Ce qui advient et vit se paie de ce qui s'anéantit et disparaît. Pas de constitution d'une singularité sans la mort de tout ce qu'elle aurait pu être hors cette cristallisation particulière. Le peintre le sait qui pratique le repentir, parfois, pour élire la courbe, le volume, la forme, la couleur et déterminer ainsi un style. Dans la multitude des gestes qui, tous, correspondent à des avènements chaque fois différents, l'artiste est seul habilité à vouloir celui-ci plutôt qu'un autre. Ce qui guide alors son choix est tout simplement la grâce. Et le style est d'autant flamboyant qu'elle est sans pareille.

Pas d'œuvre digne de ce nom, donc, sans manifestation d'un *style**, sans distinction d'une manière, l'un et l'autre supposant une main particulièrement habile. L'étymologie en témoigne. Le style, par exemple, est en rapport avec le stylet, ce petit ciseau contemporain des écritures sur les surfaces molles. Un outil, le prolongement de l'âme et l'instrument de l'esprit, la médiation entre l'intérieur et l'extérieur. Le poinçon était d'os, de corne, de bois ou de métal. D'un côté, une pointe, fine, acérée ; de l'autre, un aplatissement. L'aiguille permet de tracer, d'écrire, l'extrémité inverse d'effacer. Etrange instrument qui conjugue les deux fonctions : élire, détruire, ou graver, effacer. Pas de mémoire sans possibilité d'oublier, pas de durée fixée sans l'hypothèse d'un temps lissé, revenu aux origines. Maître du temps, l'usager du stylet est un démiurge à sa façon. Il peut inscrire pour le figer dans la matière ce qui parcourt son esprit, les songes qui habitent son âme, les idées qui travaillent son système nerveux. D'aucuns dessinaient sur le sable avant d'effacer à jamais leurs traces, à moins de laisser l'eau et le vent s'en charger. L'éphémère régnait en maître et souverain incontesté. Pas de souvenir, pas de mémoire, ou du moins une capacité plus limitée à éterniser. Au bout du stylet, côté pointe, la sûreté d'une âme qui se projette, l'expression de formes élues : on grave ce qui est susceptible de durer malgré le temps, au-delà de lui. Faire naître, puis immortaliser. Il y a, dans le travail du scribe au stylet, une pratique de la maïeutique, la fabrication d'un événement à l'intersection du vouloir et du hasard. Ecrire, tracer, produire des formes qui font sens, voilà l'œuvre du Condottiere, dans sa version active, productive. En avers, complément nécessaire : le côté spatule, modalité de l'hésitation, témoignage des arabesques d'une pensée qui se cherche. Effacer, c'est espérer mieux, autrement, plus juste, moins imprécis. Lisser la surface sur laquelle sont déjà des stries, des signes, des calligraphies sculptées. Faire mourir, puis détruire. Thanatos à l'œuvre dans la matière, ou Cronos, le maître du temps qui dévore ses enfants. Le style est donc le compromis entre les deux pratiques, l'usage de la pointe et celui de la spatule, dans la perspective, là encore, d'un équilibre, d'une harmonie. Ce que veut l'homme au stylet, c'est une forme qui lui convienne, après tâtonnement, quête, recherche et, peut-être, errances. Créer un ton, c'est essayer la production d'une œuvre dans une manière sans duplication possible. Faire de sa vie une œuvre d'art suppose cette détermination, cette production. L'instrument est la volonté, le matériau, la vie quotidienne. Pas de morale sans décision farouche de structurer l'existence par le vouloir. Une éthique visant la forme n'est pensable que dans le cadre d'un volontarisme esthétique.

Quand il n'est pas l'instrument de l'écriture, le style est aussi la tige du gnomon permettant de tracer les signes d'ombre qui font sens sur la surface plane d'une pierre où sont gravés des intervalles. Graphie de la lumière : on franchit un cap dans le symbole en laissant la terre meuble, métaphore des parturitions possibles, pour l'ombre qui court selon le rythme de l'univers. Le style est l'instrument de la royauté du temps, la tige par laquelle se visualise ce qu'après Platon on peut appeler l'image mobile de l'éternité immobile. Pas de repentir possible : à l'extrémité du trait, il n'y a plus le scribe et sa possibilité de recourir à la spatule, mais le temps, impérieux et ne souffrant pas l'hésitation, l'indétermination. L'écriture fugace sur les pierres est plus proche de ce que peut être la manière dans la vie d'un homme. Inscrit dans la durée qui ne pardonne pas et ne compose pas, chacun est propriétaire d'un stylet sans extrémité qui permet d'effacer. La pointe, uniquement la pointe. Les erreurs, les fautes, les tracés imprécis ne se reprennent pas. La vie continue, les heures défilent et s'inscrivent sans état d'âme sur les cadrans solaires impassibles. Il en va de même pour nous, condamnés à ne pas trembler et à réfléchir avant de produire quelque signe que ce soit.

Enfin, le style est aussi la partie du pistil qui porte le stigmate dans une fleur. Il est immédiatement situé au sommet de l'ovaire et projette dans l'espace ce point appelant la fécondation. Lorsqu'un insecte aura pollinisé la fleur, c'est lui qui conduira la semence aux ovules. Le style est vecteur de germinations, érection au milieu des pétales. Etrange destin pour un pareil mot dont toutes les occurrences signalent la verticalité, ce qui est debout — *stare*. Il est donc modalité de ce qui se manifeste en contradiction avec l'horizontalité. Style, donc, chez l'*homo erectus* tout autant que dans le menhir. Style, toujours, dans la colonne érigée, tendue, à l'assaut du ciel et soutenant l'édifice dont elle permet l'harmonie, l'équilibre. Style, encore, lors du passage de la quadrupédie animale, à la bipédie humaine. Et l'on sait tout ce qui advint de cette position verticale : libération de la main, du cerveau, de l'intelligence, gain de cérébralité, prise de distance à l'égard de la bestialité, hominisation sous toutes ses formes, substitution de la vision à l'olfaction, de l'ouïe au toucher, spiritualisation tous azimuts. Le style est donc ce qui permet le redressement, ce qui autorise qu'on congédie l'avachissement, la tendance naturelle du réel qui échappe à la volonté. Informer singulièrement une liberté, ainsi que le veut l'artiste, c'est durcir une forme sans structure, produire une armature qui fasse volume là où sévit l'informe. Une singularité n'a de sens, n'accède à la plénitude, que verticalisée par un vouloir. Pas d'identité sans un style qui organise le chaos et maîtrise le divers. Une confusion de l'éthique et de l'esthétique n'est pensable que dans la perspective d'une manière. Faire advenir le sens, c'est aussi permettre l'avènement de l'instance qui redresse, induit des tensions, des flexions qui agiront sur lui-même et contribueront à son propre renforcement. La maïeutique produit ce genre d'effet, et plus elle forme l'œuvre, plus elle devient efficace, pertinente, judicieuse.

L'objectif est donc l'érection là où prime l'affaissement, le relâchement. Et il en va ainsi de manière absolue. En revanche, son affirmation est singulière : il est autant de voies empruntées pour une même fin que d'individus concernés. Car il est ce qui distingue, sépare, caractérise et différencie. On lui doit la particularité et la production d'une identité sans double et sans duplication possible. Du moins dans la logique d'une morale esthétique n'ayant souci que des êtres singuliers. Le style veut l'unicité. C'est pourquoi il est l'antinomie de la religion, qui relie, associe, groupe et regroupe. Le style fragmente, éclate et divise ; la religion synthétise. Elle fond, confond, mélange, universalise et généralise. Mouvement centripète contre mouvement centrifuge. Soucieuse de structurer sa propre personnalité par l'expression d'un ton qui lui soit propre, une personne visera l'homogénéité à elle-même, et non au groupe. Elle voudra l'épanouissement de sa propre nature, en totale insubordination quant au collectif. L'artiste est l'instrument de cette exigence, il se propose la fabrication d'une belle individualité à partir d'un sujet démarrant du neutre.

L'idéal renaissant est la grande composition homogène, le microcosme entendu comme macrocosme. On découvre l'infinité de l'univers et le monde clos devient une vieille lune. Copernic révolutionne, Giordano Bruno popularise : le réel est démultiplié. Et l'on entend l'homme comme une totalité, un monde à lui tout seul, alors il faut découvrir *l'individu* *. Le Condottiere devient possible. Qu'on opère donc, aujourd'hui, une révolution copernicienne qui permette de nouvelles possibilités de vie. Qu'on abandonne le modèle religieux de subsomption du particulier sous l'universel, il a eu le temps de sévir, de faire ses preuves et d'empuantir les siècles. Qu'on cesse de vouloir relier et qu'on délie, qu'on cesse de réunir et qu'on défasse. Le lien est une malédiction. Qu'on oublie le modèle mathématique et qu'on lui préfère le modèle esthétique.

Si l'individu devient la mesure de toute chose, alors qu'on n'aille pas au-delà de ce qu'il permet. L'harmonie doit viser l'existence singulière. Chaque personne n'est plus fragment d'un tout qui la dépasse, mais totalité elle-même susceptible d'être décomposée. Le style est ce qui lie le divers en l'être. Cette seule liaison est acceptable : dans l'être, et non hors de lui. Et l'on assiste à d'étranges phénomènes en vertu desquels tout geste, toute parole, tout signe, toute émanation parcellaire récapitulent la totalité de la singularité. La partie trahit le tout. C'est pourquoi il n'est pas de manifestation neutre, sans intérêt. Le moindre frémissement raconte les abîmes à qui sait écouter, entendre et comprendre. Qu'advienne la psychologie des profondeurs si ardemment désirée par Nietzsche ! Les archéologues le savent qui peuvent dater et reconstituer un ensemble à partir d'un éclat. Puis structurer le tout en vertu du style qui s'exprime dans le débris. Tout morceau d'être est un monde à chaque fois. Le style d'une personne ou d'un tempérament induit donc des objets fractals : s'ils doivent être divisés jusqu'à l'infime, c'est toujours la même structure que l'on découvrira dans leur progression. Lovée sur elle-même ou pliée, spirale ou hélice, elle se cite à satiété. Les brins qui cachent les pliures n'ont plus de mystères dès qu'on a découvert le premier secret dont tout participe. L'artiste le sait, et si l'on en voulait une preuve audible, musicale, il suffirait d'écouter les œuvres composées par Mozart dans sa jeunesse et celles qu'il laissera l'année de sa mort pour saisir l'homogénéité, le ton, l'expression du musicien. Ce qui en fait un être incomparable, sans double et immédiatement reconnaissable. Quelques mesures, et tout Mozart s'y trouve. Il en va de la sorte avec tous ceux qui ont porté à un point d'incandescence l'art dans lequel ils se sont illustrés. Le style, c'est la signature, l'identité incarnée. Il est des seings sans paraphes, sans ces traits qui soulignent, désignent et personnifient la calligraphie unique — des personnes sans personnalité, des êtres sans épaisseur, sans style et sans manière.

Où l'on retrouve le stylet du scribe, l'instrument des écritures. Et la métaphore qui sied à celle-ci : *la sculpture* *. Faut-il s'étonner que les premières traces artistiques connues à ce jour relèvent justement de cet ordre ? Pratique millénaire. Enlever de la matière, épurer, supprimer pour aller chercher, dans l'épicentre une forme qui se trouve dans le vouloir de l'homme, sinon dans son esprit, voilà l'œuvre du sculpteur, sa tâche. D'abord, le geste fut modeste, rien de monumental, tout juste des signes aujourd'hui presque impossibles à déchiffrer : des traces de griffes sur les parois murales, des forces en jeu pour arracher de la pierre. Puis des mains négatives obtenues par l'épargne dans un jeu qui vise à extraire la forme en ayant recours au découpage, en usant des membres comme d'un pochoir. L'aurignacien est tout entier dans ces ébauches. Plus précisément, l'homme du paléolithique incise l'os, grave le bois, sculpte la pierre. Le mammouth est mis à l'épreuve : mandibules, omoplates et fémurs sont tailladés, marqués, envahis de signes. Les préhistoriens imaginent même qu'en deçà des traces existaient des manifestations artistiques éphémères : dessins sur le sable, parures de plumes, gestes théâtraux qui n'ont laissé, bien sûr, aucun vestige. Déjà le jeu fugace, un art sans musée, des pratiques qui jouent la précarité et se retrouveront dans la modernité esthétique. Avant les beaux-arts qu'on enferme dans les institutions et qu'on présente dans les cages ou prisons appropriées, l'art fut certainement plus proche encore de ce qu'il devrait être aujourd'hui : une pratique de la vie quotidienne, un exercice d'existence. L'instant fut vraisemblablement investi des puissances avec lesquelles se disent les forces, les énergies, les volontés. Le spectacle, le théâtre où se mélangent le rite, le sacré, la vie symbolique. De quoi sculpter le réel puis faire de chaque seconde de l'existence le matériau digne d'attention et de souci. Ne laisser de traces que dans le souffle et le vent. Pratiquer l'évanescent.

Très vite, dans la sculpture primitive, ou ce que je considère comme telle, apparaissent des séries et plus particulièrement des cadences. Entre harmonies et équilibres déposés sur un fémur de mammouth tronqué à ses deux extrémités, le milieu laisse voir trois séries de lignes parallèles. Le préhistorien émet des hypothèses, cherche et pratique des lectures structuralistes. Il est circonspect. Mais loin des vérités scientifiques, dans la plus totale des résistances au sens, j'aime voir là le rythme, le désir d'une mesure. Un style, une manière. Quelque chose qui s'apparente à une respiration, une ponctuation biologique, physiologique. Un souffle. D'ailleurs, les spécialistes s'accordent pour faire coïncider cette période, ces signes, avec la naissance de la parole. Le langage pourrait s'entendre comme une modalité de la sculpture.

Les plasticiens d'aujourd'hui utilisent encore les matériaux, les outils et les gestes de leurs ancêtres. Le graveur recourt au brunissoir-grattoir pour polir, enlever les barbes lorsqu'il travaille la taille sèche. Réactualisant le geste préhistorique, il entaille, creuse, épargne, trace des lignes, des courbes, simule le volume et l'ombre. De même, le modeleur de terre utilise l'ébauchoir et l'estèque pour produire puis affiner ses premières formes. Ces outils rappellent le stylet et transmettent le même souci d'inscrire dans le temps, la durée, des formes appelées à transcender l'immanence, ne serait-ce que par l'illusion d'avoir contrarié le destin.

Sculpter est donc le geste emblématique du Condottiere, sa tâche. Pygmalion, bien sûr, est son dieu tutélaire, lui qui sait, par l'amour, animer la matière, aidé des dieux. Si, bien souvent, le réel pétrifie les êtres, les transforme en choses, en objets, les solidifie en les minéralisant comme des squelettes, c'est parce qu'ils s'abandonnent à eux-mêmes et consentent à s'appesantir, à s'épaissir. Il s'agit, à l'inverse, d'opérer le passage de la matière inanimée, informe, à la matière vivante, animée, mobile. Le dynamisme contre le statisme. Qu'on se souvienne, dans la mythologie judéo-chrétienne, des premières frasques de Yahvé : après avoir quelque peu déblayé le terrain et créé le ciel, la terre, la lumière, le jour, la nuit, le firmament, les animaux, et tant d'autres choses qui font encore notre bonheur, il s'enquit d'une perfection plus grande et inventa l'homme. Ce fut en informant la terre, en soufflant sur la poussière tirée du sol. De cette matière il fit encore des prouesses puisqu'il créa la femme après les bêtes des champs et, comme il est dit, les oiseaux du ciel. On sait la nature participative de la gent féminine puisque c'est la côte d'Adam qui servit de matériau — comme plus tard le fémur de mammouth...

Sculpteur en diable ce Yahvé, il façonne tout avec la terre du sol et brille dans le recyclage des ossements. Gestes étonnants puisqu'on les retrouve dès l'aurignacien, mais surtout lors du paléolithique quand les hommes, démiurges et sculpteurs à leur tour, fabriqueront les vénus les moins graciles qui soient mais les plus potelées qu'on ait jamais vues. Vénus et vulves stylisées, bâtonnets, stries, lignes, points et autres signes dans lesquels Leroi-Gourhan voit des figurations sexuelles sublimées. Il est de coutume de pointer dans la naissance de l'art une volonté de contrer la mort, de la conjurer. Rapport au statisme donc. Je pencherais volontiers, dans la plus libre des hypothèses, pour une fascination à revers : celle du dynamisme, de la germination et de ses mystères, du sexe, de la sève, de la maternité, de l'exubérance, du sang. Exorciser et emprisonner le mouvement, le fixer, le figer. Sculpter, c'est arrêter l'énergie pour la contempler, capter la vitalité pour la dompter et s'en nourrir. Les Africains, magnifiques et superbes, ont conservé ce souci et leurs sculptures contiennent la force vitale autour de laquelle s'organise la vie de la tribu ou du village. Ifé, Nok, Fang, Baoulé sont des continents magiques.

Sculpteurs, enfin, parmi les hommes naïfs — au sens étymologique —, les démiurges gnostiques, les anges des cercles inférieurs qui, un jour, eurent la vision d'un anthropos mentalement conçu, virtualité d'homme flottant dans l'encéphale intelligible de la puissance divine du premier cercle, pour le dire dans leurs mots, afin de contribuer à l'avènement de cette forme idéale ; les archontes se firent, eux aussi, sculpteurs et s'exercèrent au dur métier d'informateur de glaise. Las, bien mal leur en prit, car ils firent fiasco ! Malhabiles, débutants, improvisateurs quelque peu orgueilleux, ils ne purent accoucher que de vers se tortillant misérablement, émettant des vibrations inquiétantes et déconcertantes, une sorte de vagissements des limbes. Jambes atrophiées, rampant lamentablement dans la boue noire de leurs origines, la bouche pleine de cette terre dégoûtante, les créatures de ces démiurges d'occasion furent prises en pitié par le vrai Dieu qui rectifia les choses, se fit sculpteur hors pair, insuffla l'étincelle divine à l'origine de l'érection, de la production du style. Et l'homme vint. On sait ce qu'il advint.

Yahvé, Pygmalion, les anges gnostiques et les anonymes de la préhistoire ou de l'histoire africaine, tous ont sculpté, entre mythe et réalité, exprimant le mystère ou capturant la vie, fixant le dynamisme. Leur point commun : focaliser le vouloir sur une forme, produire une figure à partir de l'informel, organiser le chaos et décréter l'ordre, faire surgir une harmonie, découper dans le désordre pour accélérer l'avènement du sens. Travail de Titan, œuvre magique par excellence. Vasari définira cet art particulier par l'épure : supprimer le maximum de matière, enlever le trop d'immanence, pour ne laisser que le nécessaire, à savoir ce qui montre dans la plus parfaite des coïncidences ce qu'est la forme mentale, le concept. Regard idéaliste, bien sûr, tout entier marqué par le néo-platonisme d'alors et ses médiations par Marcile Ficin. Mais si l'on veut, avec

Deleuze, renverser le platonisme, comment entendre la sculpture, aujourd'hui ?

Depuis Duchamp, il s'agit d'ouvrir les fenêtres, de changer d'air et de congédier les vieilles habitudes. Pas de morale contemporaine sans prise en considération du travail de cet ingénieur du temps perdu, comme il aimait s'appeler. Pas d'éthique esthétique si l'on fait silence sur les héritiers de Dada. Qu'on n'aille pas désirer un système de valeurs nouvelles en oubliant qu'il y eut le futurisme, le surréalisme, le dadaïsme, le lettrisme, le situationnisme et tout ce qui s'ensuivit en matière d'*art contemporain* *. Depuis un demi-siècle, il y a profusion, richesses et abondance. On trouve, dans la création d'aujourd'hui, de quoi nourrir des réflexions pour une éthique nouvelle. Les beaux-arts se sont longtemps abreuvés aux sources philosophiques du siècle. Les penseurs qui ont compté ont écrit sur l'art, certes, mais les artistes qui font date n'ont pas été en reste, et ont utilisé les travaux des philosophes qui comptent. J'aime les passerelles qui conduisent de la philosophie aux beaux-arts, de la pensée à l'esthétique — et retour. Dans ces secteurs se trouvent des issues, des voies qui libèrent des impasses. Contre le nihilisme, la réflexion soucieuse d'art est grosse, riche et prometteuse. Qu'on sache interroger Tinguely et Nono, Pollock et Scelsi, Dubuffet et Cage. Ou bien, parce que vivants, actifs, travaillant encore et toujours, Kounellis, Long ou Merz qui œuvrent tous à ce qu'après Beuys on peut appeler *l'élargissement de l'art*.

Beuys, justement. Sculpteur, selon moi, jusque dans ses actions, ses performances et les traces de celles-ci. Révolutionnant le statut de l'activité en la libérant des cadres et carcans, mais illustrant aussi la grande tradition de la pratique sculpturale : informer la matière et la sommer d'accoucher de formes. D'où l'usage tout particulier qu'il fait de la cire ou de la graisse. Bien sûr, il y a la mythologie personnelle, et l'incapacité radicale à couper avec le symbolisme, donc l'expressionnisme : Beuys, l'aviateur de la Luftwaffe, abattu sur le front russe et ne devant son salut qu'aux couvertures de feutre dans lesquelles il fut roulé, les blessures couvertes de graisse ; mais aussi Beuys ouvrant tous les possibles pour le matériau, jusqu'aux moins nobles. Certes, il n'est pas le premier, mais il établit une synthèse singulière et produit un style manifeste. La graisse, donc. Pour quelles raisons ? Elles sont multiples. Le symbole, certes : elle est la matière de la richesse, de l'excès, de l'abondance, le matériau emblématique de la grossesse et de la naissance. C'est aussi le présent qu'on fait aux dieux pour leur cacher, en elle, la supercherie des os quand les hommes se réservent la viande. Et puis c'est aussi une substance magique : on prêtait, en effet, à la graisse de pendu d'étranges pouvoirs guérisseurs. Comment ne pas songer aux camps de la mort, extracteurs des graisses humaines, destructeurs des richesses symboliques, recycleurs capitalistes des matières neutralisées ? La graisse est chez Beuys le matériau plastique par excellence : elle prend facilement et délicatement les formes, on la sculpte avec un fil, un doigt, n'importe quel instrument, elle s'informe elle-même des variations de température, fond, se solidifie, durcit, en vertu des conditions atmosphériques et de leurs variations. Matériau sensible, délicat, fragile, elle vaut exactement pour signifier l'âme humaine. Sécrétion des glandes, substance de la chair, relief d'énergie pour des combustions à venir.

Plus docile que le marbre, froid et minéral, la graisse est à l'autre extrémité du règne naturel : animal, ou humain si l'on sait se souvenir que le mammifère n'est qu'une des variations sur le thème de la bestialité. Ce n'est plus Carrare et ses carrières qui fournissent le matériau, ce n'est plus le ventre de la terre qui suinte le minéral, mais le corps humain, l'animal-machine, le tréfonds des entrailles. Cavernes plus sombres, antres plus inquiétants. Du même Beuys, il faudrait dire le feutre, en fait, le poil ; la *merda* de Manzoni ; la viande de Sterbach ; les crânes de Tinguely. Mais aussi d'autres objets pour une autre sculpture : du pollen de Wolfgang Leb aux mouches de Fabrice Hybert.

Il ne s'agit plus de sculpture, prétendent ceux qui s'arrêtent à Bourdelle et tonitruent contre l'art contemporain — après en avoir annoncé la mort. Certes, la diversité des matériaux a modifié le rapport à l'objet et l'on parle plus volontiers d'*installation* pour qualifier la production de ces nouvelles formes dans l'espace. Et cette révolution autorise qu'on fasse de la singularité d'un être un objet esthétique, ou qu'on puisse mieux entendre l'injonction des philosophes antiques qui invitaient à ce que chacun sculpte sa propre statue. Les attitudes deviennent formes — comme l'enseignait l'exposition éponyme de la Kunsthalle de Berne en 1969 —, *voilà la révolution*, voilà également ce qui permet, enfin, de faire la jonction entre l'éthique et l'esthétique, dans une perspective résolument contemporaine, c'est-à-dire postchrétienne. D'ailleurs, ceux qui fustigent les avant-gardes et méprisent le travail des artistes d'aujourd'hui ont d'illustres prédécesseurs en *les douaniers* * américains qui refusèrent le droit d'entrée à la sculpture de Brancusi ayant pour titre *Oiseau dans l'espace* sous prétexte qu'elle n'était pas figurative au sens où les simples l'entendent, c'est-à-dire proche du réel jusqu'à l'imiter, le singer.

Arrêtons-nous à New York. Ces policiers qui sévissent aux frontières ont à l'heure actuelle des descendants un peu partout, y compris chez ceux qui prétendent légiférer en matière de vertus et de goût. Constantin Brancusi avait réalisé cette œuvre, moins pour montrer un oiseau en action comme l'auraient fait Benvenuto Cellini ou Rodin, que pour fixer la figure qui résulte, dans l'âme de l'artiste, à l'évocation d'un oiseau évoluant dans le ciel. Or on sait, depuis les travaux de Boccioni et des autres futuristes — Balla et Severini —, tout autant qu'avec les recherches et les trouvailles de Marey puis de Muybridge, que le mouvement ne se figure plus de façon statique, et qu'il est possible de l'exprimer autrement, après avoir fait son deuil de l'anecdotique et du descriptif. Sculpter un oiseau dans l'espace suppose qu'on ne tente pas la figuration de l'animal et du milieu dans lequel il évolue, mais qu'on aille vers la quintessence d'une dynamique, épurée, exprimée dans l'économie la plus absolue, afin qu'il ne soit question que de l'essentiel. Du moins devrait-on le savoir.

Les fonctionnaires des frontières, donc, ont refusé que l'œuvre de Brancusi fût taxée tel un objet d'art pour lui préférer une fiscalité relevant du banal produit d'exportation. S'il se fût agi d'un *ready-made*, les choses en eussent été compliquées d'autant. Qu'il est dur d'être fonctionnaire des frontières. L'artiste intenta un procès. On connaît la procédure, les délais et la célérité de ce petit monde. Il fallut des années, de 1926 à 1928, pour que le créateur obtînt satisfaction : le tribunal eut besoin de longues plaidoiries, toutes plus ridicules les unes que les autres, pour prouver, démontrer et asseoir la thèse en vertu de laquelle Brancusi était bien un artiste, que l'*Oiseau dans l'espace* était bien l'une de ses créations, et que l'on pouvait alors déduire, eu égard aux conclusions obtenues en amont, qu'il s'agissait bien d'une œuvre d'art, qu'elle n'avait pas été produite dans un but utilitaire, mais ornemental. Les policiers, forts des conclusions du tribunal, obtempérèrent. Et pour ce genre de pratique, on sait qu'ils excellent.

Les douaniers, parents proches de M. Homais, collatéraux du bourgeois, ont de la sculpture des définitions statiques qui ignorent la nature évolutive des arts et des pratiques associées. De Praxitèle à Carpeaux, les choses n'ont guère changé : il était convenu de représenter la réalité, de la figurer dans sa forme sensible ou phénoménale, pour le dire comme Kant. Mais vint Gauguin et ses formes nouvelles empruntées à l'art océanien. L'atelier des tropiques révolutionne les formes. Et plus tard, les bois sculptés des expressionnistes allemands, puis Picasso, leur maître à tous, et ses collages de matériaux qui, par leur diversité, ouvrent un incroyable champ de possibles. Alors, la sculpture classique est impossible. Elle devient académique lorsqu'elle perdure, puis sombre dans le pompier au fur et à mesure que se révèlent les potentialités nouvelles. Que les philistins se réveillent donc, notre ère est celle d'une étonnante accélération. Il y a plus de vitalité, de forces et de révolutions en ces dernières décennies qu'en des millénaires de l'époque préhistorique ou des siècles dans les temps classiques.

Dans la profusion, la richesse, la diversité, la sculpture ouvre des perspectives nouvelles en intégrant parfois des matériaux subversifs. Outre les matières informées et leur extravagance, parfois, leur usage inattendu ou l'étonnement obtenu par l'installation ou la théâtralisation, il faut également considérer l'éclatement des limites que tout cela suppose. L'ordre ancien est pulvérisé, les substances nobles disparaissent, détrônées par d'autres, souvent provocatrices. Matériaux simples, sales, vulgaires, communs, neutres, usagers, vils. Des objets sont détournés, récupérés, recyclés, détruits, travaillés, brisés, brûlés, modulés. Les agencements sont fantaisistes, élaborés, précaires, fugaces. Les desseins sont ludiques, subversifs, anecdotiques, métaphoriques. La charade, la citation, le jeu de mots, le hasard, l'association libre règnent. C'est la nef des fous, et c'est heureux. Certes, c'est plus fatigant et inquiétant qu'à l'époque où tout le monde pratiquait l'académisme, peu ou prou, mais c'est nettement plus roboratif. Bien sûr, il y a risque de se perdre, tout est possible, tout est permis et il est impossible d'éviter la confusion des registres, les mariages contre nature du *cynisme** philosophique et du cynisme vulgaire, le désamorçage de la subversion par des institutions redoutables dans l'art d'anéantir les forces asociales. Peu importe. Lorsque l'on a la chance de voir passer ainsi une telle cohorte de baladins, on ne discrédite pas la jubilation qui nous est ainsi procurée parce que quelques coupeurs de bourses s'y trouvent, mélangés à deux ou trois faussaires. Plutôt ce capharnaüm que les circuits balisés.

De la modernité
ou
Le théâtre des parts maudites

L'art contemporain, dans sa composante sculpturale, au sens large, est le lieu d'une réactualisation singulière de la geste cynique antique. Nombre d'artistes sont frères de Diogène, émules de Cratès, complices d'Hipparchia. Et comme dans celle des idées antiques, on pourrait opposer, dans l'histoire de l'art, une tradition spéculative, idéaliste, cérébrale, apollinienne pour le dire dans les catégories nietzschéennes, et une tradition instinctive, immanente, corporelle, dionysaque. Certes, les historiens vont bondir, les spécialistes aussi. Ils auront raison de préciser qu'un schéma aussi simple ne peut être que réducteur. J'y consens. Mais j'ai besoin de dégager, au moins, ces deux grandes directions. L'une est verticale, l'autre horizontale. Mon Condottiere est un artiste fonctionnant sur le mode horizontal. Qu'il pratique un certain type de sculpture devrait maintenant paraître quelque peu évident. Mais qu'il soit mieux accordé à Dionysos qu'à Apollon suppose un regard un peu plus appuyé sur les modalités d'une esthétique plus précise qui met en scène des corps, des êtres, des personnes dans des situations voulues, fabriquées à dessein. Ainsi, le Condottiere est-il familier de l'architecture de soi, de la fabrication de lui-même comme une œuvre. Il transfigure ses attitudes en formes et puise dans l'esthétique de l'existence l'esthétisation de la vie. L'art contemporain, dans sa version dionysiaque, est un laboratoire pour l'expérimentation de nouvelles façons d'être, de vivre, d'agir, de penser ou de considérer son corps, sa vie et sa singularité. Je songe aux situationnistes, aux créateurs de situations, au sens large.

Longtemps, l'art a été au service des grandes mythologies régnant effectivement sur des périodes données dans des espaces précis : l'Egypte des pharaons, la Grèce du citoyen, l'Empire romain puis chrétien. On sait l'inventaire. Il a servi les dieux, les vertus, les idéaux du moment. Presque toujours les mots d'ordre de l'idéal ascétique. Au service du pouvoir, il exprimait sa qualité. S'il avait un peu d'audace, c'était plus dans le traitement de l'information que dans le contenu de celle-ci. Si Piero della Francesca révolutionne, c'est moins dans le sujet que dans sa présentation, sa structuration en perspectives. La subversion véritable est nette avec les avant-gardes. Le futurisme en première ligne. Dada, le surréalisme suivront. Là encore Apollon et Dionysos s'opposent. L'heure du second est arrivée, plus ou moins contemporaine de Mafarka, un proche rejeton de Zarathoustra, quoi qu'en dise Marinetti. Qu'on sache mériter le basculement de l'art du côté de la révolution, au sens mathématique du terme. Qu'on saisisse qu'il n'est plus souhaitable de préférer le statisme au dynamisme. Toutes les pensées réactionnaires ou conservatrices chérissent le statique : les racines, le sol, la répétition, le piétinement, l'enracinement, l'immobilité. Elles aiment ce qui ne bouge pas, ce qui dure et anéantit la charge de nouveauté qui se trouve, inhérente, associée au temps.

Que vienne l'heure d'un art sans musée, dynamique, volontaire et soucieux de frasques et de questionnements, de chambardements. Qu'advienne une esthétique de la liberté et de l'énergie dans les incarnations les plus immanentes : la vie quotidienne, l'existence de tout un chacun. Le projet de Deleuze est toujours d'actualité : renverser le platonisme. C'était déjà celui de Nietzsche.

La version idéaliste de l'art contemporain est comme une réactualisation de la théologie négative : cacher pour mieux montrer, taire pour mieux dire, révéler pour mieux obscurcir. Plus je dis, moins je sais. Plus j'avance, plus c'est un recul que j'enregistre. Là où l'on attend l'hypostase accomplie, il n'y a que souffle, ombre et vent. Quand on quête un sens, il n'y en a pas; quand on veut s'abandonner à l'émotion, on fait fausse route, car un signe est caché, qui n'est pas vu, masqué par le péché pathétique, au sens étymologique. L'œuvre est labyrinthe, nécessite discours, elle opacifie le message et s'interpose entre l'idée et le spectateur. Toute œuvre de Buren ou de Carl André n'a de sens que par les discours qui leur préexistent. Tout comme chez Platon, le sensible n'est sensé que lorsque l'on sait qu'il participe de l'intelligible. Et que le réel perceptible n'est jamais qu'une illusion, une ombre là où la vérité est l'idée pure. Pas de présence qui ne soit le signe d'une absence, plus importante que l'incarnation qui est censée y mener. Pas de matière sans une idée qui la soutient, qui la justifie. Sa raréfaction, qui n'est pas sans un certain dédain pour le réel concret, va jusqu'à la quasi-disparition de la trace. Le jeu linguistique permet même d'économiser le signifié au profit du pur et simple signifiant. Restent des mots qu'une syntaxe n'est pas même tenue d'organiser pour qu'ils fassent sens. Le projet vise le néant, l'anéantissement et la disparition du sensible. Or, pour les besoins de la cause productive esthétique, le geste n'est pas porté et la trace, même extrêmement minimale, est là pour rappeler qu'au bord du gouffre, on est toujours prudemment à côté du vide, un pas en deçà. Mais d'idée pure, il n'y en a pas. Sauf pour les mystiques idéalistes. Il faut toujours un support, même réduit au maximum, pour accéder aux concepts. Car ces derniers s'évaporent s'ils n'ont pas de matière qui les induise. Ces pratiques esthétiques sont agréables pour l'esprit, jubilatoires pour la réflexion. Et, malgré la volonté affirmée de la plupart des artistes qui ne veulent pas qu'on parle de beauté devant leurs créations, il est de ces œuvres qui ne manquent pas de produire des effets rétiniens et hédonistes. Daniel Buren n'est pas sans avoir soulevé récemment le paradoxe.

Et puis il y a un art moins fasciné par le nihilisme et la maigreur, moins sous-tendu par une éthique de l'étique. Loin des abîmes et du goût pour le dieu invisible, il se soucie plutôt de part maudite, d'ombres, et de profusions. L'énergie est son partenaire, il vise l'expansion plutôt que l'épuisement. Son mouvement est centripète, au contraire de l'autre versant qui est centrifuge. *L'art minimal**, par exemple, pratique la spirale en direction du centre, il veut même l'épicentre ; *le body-art**, quant à lui, effectue le trajet inverse et vise la sortie, toujours au-delà de ce que permettent les connaissances sur les mystères du labyrinthe. Le premier veut l'extinction, mais laisse des traces, le second laisse des traces, mais qui ne durent pas, s'évanouissent et finiraient par disparaître définitivement si les artistes n'y palliaient par la photographie ou la vidéo. Evidemment, le Condottiere est un homme des parts maudites et des trajets centripètes, un adepte de Dionysos bien qu'il n'ait pas de haine pour Apollon. L'art qu'il entend pratiquer est parent du théâtre. La scène artistique, l'espace esthétique sont des lieux miniatures pour des expériences qui ne sont pas purement ni simplement reproductibles dans le réel, telles quelles, mais qui, néanmoins, peuvent se nourrir des incidences qu'il aura pu produire. La zone où sont pratiquées les actions de l'artiste enseigne sur ce que peuvent être des transfigurations appliquées au domaine de l'existence singulière et de la vie quotidienne. Les nouvelles possibilités de biographie sont ainsi déterminées, du moins, elles sont essayées, testées, expérimentées dans des conditions défaites des obligations sociales, donc éthiques, religieuses, métaphysiques. Là encore, ce sont des pratiques que j'assimile à la sculpture : les corps, le temps, les gestes, les mots, les actions, l'espace, le réel tout entier sont considérés comme des matériaux dont il faut extraire des formes. L'instrument de cette opération est le vouloir de l'artiste. La volonté du sujet vaut comme stylet destiné à produire une œuvre.

Où sont les ancêtres de ces *situations construites* * comme des œuvres d'art ? Partout, si l'on veut bien imaginer que les gestes qui constituent ce genre de pratiques esthétiques ont dû être contemporains des hommes préoccupés de leur rapport au sens. En tous lieux et en toutes époques. Certes. On trouverait, dans l'histoire, un nombre incalculable de faits répondant à cette définition. Hérodote, Plutarque,

Aulu-Gelle donneraient d'amples informations, tout autant que les sagas germaniques, les mythologies de toutes provenances, les romans de Proust, les chansons de geste. Et la liste est longue sans aucun doute. En revanche, si l'on cherche moins des signes diffus, divers et épars qu'une synthèse de ceux-là, il est plus facile de penser à quelques moments historiques. Les naumachies pratiquées dans le Colisée, par exemple, et les scènes de désert faisant suite à des combats nautiques, avant de laisser place à des jungles simulées. Ou les fêtes romaines somptueuses avec dépenses inconsidérées. Ainsi des spectacles organisés dans le Grand Cirque pendant lesquels défilaient dix mille animaux exotiques promis aux luttes qui en supprimeraient la moitié, ou autant de gladiateurs sacrifiés sur une période de huit jours. Plus tard, pendant la Renaissance, le Bernin ressuscite les naumachies. D'autres, tels Alberti, Vinci, Buonarotti, ont contribué à de magnifiques fêtes destinées à subsumer le réel sous l'ordre de l'imaginaire actualisé. Les spectacles exprimaient les vertus d'alors et vantaient les mérites des princes du moment. Le ravissement était de rigueur. Et l'on pourrait continuer à pointer, dans l'histoire, des moments exceptionnels où le réel a été transfiguré par l'imagination, dépassé par le phantasme incarné. Disons Grimod de La Reynière invitant au banquet de ses funérailles et découvrant la supercherie au moment où se terminait le dîner. Les repas futuristes où tous les sens étaient sollicités dans les synesthésies les plus extravagantes. Les actions subversives menées par les surréalistes. Mais tout cela est métaphorique. Je n'aime pas les dimensions sociales ou institutionnelles de ces fêtes ou de ces actions intempestives. Elles me plaisent dans la charge de poésie qu'elles véhiculent, mais elles ne me séduisent pas entièrement à cause de leur caractère trop collectif, pas assez individuel.

La situation construite m'intéresse quand elle obéit à un maximum de spontanéité et qu'elle relève plus de l'invention immédiate que de la décision préméditée. Elle me ravit lorsqu'elle est la production isolée d'un être singulier. Dans l'idée que je me fais du constructeur de situation, du sculpteur de moments existentiels, j'aime me souvenir de Johannes Baader qui annonce la bonne nouvelle du salut par Dada dans la cathédrale de Berlin. Nous sommes en novembre 1918, et l'on ne pouvait guère espérer mieux après l'armistice que l'on sait. J'ai, présente à l'esprit, une autre scène d'église, mais elle est moins drôle : elle met en scène Adenauer et Schumann dans un même sanctuaire, mais à Strasbourg. Les pénitents vont présenter leur projet d'Europe au Conseil. Les prières de ces deux-là s'adressent à une vierge couronnée de douze étoiles. C'est à ce couvre-chef singulier et à la couleur mariale que l'on doit le bricolage du drapeau de la communauté européenne. C'était en 1955 et la preuve était faite que Dada n'avait pas sauvé le monde. Mais contre les deux acolytes précités j'ai une affection toute particulière pour Marcel Duchamp qui, en 1919, s'était fait raser le cuir chevelu de façon qu'une tonsure apparût en forme d'étoile filante. Et l'on sait que les comètes annoncent des catastrophes nationales. En la matière, rien ne devait manquer dans le siècle.

Dans l'immédiat après-guerre, ce sont les *situationnistes* * qui formulent théoriquement le principe de la construction de situation. Il s'agit de mettre en forme, dans la vie quotidienne, sous ses modalités les plus simples, la confusion de l'éthique et de l'esthétique. A cet effet, il fallait promouvoir l'éphémère, l'unique, l'œuvre gratuite et la dépense pure. Hors le marché, invendables, impossibles à récupérer par les institutions, le geste, la situation, *le moment construit* trahissaient un rapport singulier au temps : loin de leur métamorphose en marchandise, en valeur d'échange, ils étaient pris pour ce qu'ils étaient : un prétexte à exercices ludiques tout entiers soumis à l'aléatoire, au caprice, contre l'investissement, l'intérêt ou la capitalisation. Se réapproprier le temps, puis l'espace. Car les situationnistes entendaient voir autrement l'architecture et l'urbanisme, ces façons singulières de sculpter des formes à habiter ou à parcourir, pour y vivre différemment. Dans la logique voulue par Debord et ses comparses, le *Kaîros* avait toute son importance : faire, au bon moment, le geste qui subvertisse l'ordre des choses de la façon la plus expansive qui soit. Le projet avoué est une réactualisation des pratiques dadaïstes radicales. Dans cet ordre d'idée, le rapport entre l'acteur et le spectateur se devait d'être modifié. On sait, en effet, toute l'importance accordée par les avant-gardes à celui qui regarde ou assiste : il est transformé en acteur et la passivité d'un consommateur face à un producteur d'œuvre, ou d'art, n'est pas pensable dans une logique dadaïste. Contre la division des tâches en maître-qui-sait-et-qui-montre et esclave-qui-ignore-et-regarde, la subversion a consisté à donner au spectateur un rôle créateur. A son tour artiste, il est le démiurge de la situation. Par lui, elle peut advenir. Ou pas. Les situationnistes voulaient diminuer le nombre des spectateurs, le réduire à son minimum, jusqu'à extinction si possible, tout en augmentant le nombre de ce qu'ils appelaient les *viveurs*, les pratiquants. Le désir devient le moteur de l'action et il génère une interactivité, une dynamique animant le réel d'un flux poétique. Sculpteurs d'opportunités donc, ou modeleurs des formes prises par les relations entre les individualités. La matière de ces artistes-là est la richesse humaine, la diversité du réel dans ses modalités, la potentialité de sujets conséquents, inventifs — leur propre destin enfin réapproprié après les aliénations consécutives aux religions qui interdisent toute éthique esthétique. Or, dans cette affaire, il n'est pas de matériaux nouveaux ni de nouvelles matières à informer, mais seulement des pratiques situationnistes. Elles supposent des détournements au profit du dessein esthétique : user du réel tel qu'il est pour en faire une autre instance, transfigurée.

Pendant ce temps, outre-Atlantique, Allan Kaprow fait se rencontrer des pratiques singulières et le mot qui les désigne : le *happening**. Il entend mélanger l'art, la vie quotidienne, le monde de tous les jours et soi-même. Volontairement, les catégories deviennent floues, les limites imprécises entre la vie et l'art, l'éthique et l'esthétique. Pour en finir avec une conception classique et académique de la création, il s'agit de promouvoir l'expérimentation. Le modèle transcendant, imité de la théologie, renvoyant à une verticalité dont le sommet est occupé par l'artiste et abandonné au profit de schémas immanents : tout un chacun, en fonction des qualités qui sont les siennes, et relativement à l'épaisseur qui le caractérise, est promu artiste, parce que expérimentateur. Le philosophe-artiste de Nietzsche n'est pas loin, lui qui est d'abord un inventeur, puis un tentateur, enfin un essayeur de nouvelles combinaisons existentielles. Au Black Mountain College où s'affinent les définitions du *happening* et des pratiques ainsi désignées, Kaprow crée *un atelier d'expérimentation en art de la personne vivante*. Laboratoire des nouvelles formes de vie souhaitées pour réaliser un gai savoir. Confiance absolue dans l'instant, l'invention, l'instinct, le désir ; refus des prédéterminations, des projets, des desseins : l'inversion des valeurs vise la subsomption de l'universel sous le particulier, l'information totale du principe de réalité par le principe de plaisir. Anti-hégelien à souhait, le *happening* est primauté du caprice, primeur de la fantaisie, négation de la dialectique et de ses mouvements épiphaniques. Il exprime les larmes, le rire, l'étonnement, la volte. Toute une pathétique à l'œuvre qui sied au Condottiere, cet artiste de lui-même.

L'évolution de cette esthétique du geste ira vers une radicalisation. Après John Cage et les frasques de Fluxus, on parlera d'*Event* pour caractériser des actions brèves, voulues comme distinctes, mais intégrées toutefois dans la vie quotidienne la plus élémentaire. Chaque moment d'une existence banale se charge d'une densité artistique : cligner de l'œil, boire un verre d'eau, fermer une porte. Enfin, tout instantané exprime au mieux le caractère transitoire des choses, la nature *idiote* *, pour le dire comme Clément Rosset, du réel : sans double, sans duplication possible, unique. L'aléatoire est magnifié, puis l'ironie et sa charge subversive. L'esprit du mouvement est radicalement libertaire, il attaque les structures classiques pour leur préférer une métaphysique jouxtant le nihilisme. Proche du négatif absolu, elle décongestionne les lieux où se manifestent habituellement les artistes pour en inventer de nouveaux, les multiplier, décloisonner. Hors le musée, l'atelier, les institutions, les galeries, l'art est authentiquement dans la rue, avec les impasses, aussi, que cela suppose. Mais qu'importe, il fallait la radicalité pour de nouvelles potentialités. Pas de renaissances sans révolutions, pas de positivités sans une négativité à l'œuvre. Certes, il y eut profusion, excès, licence. Mais au profit d'une table rase permettant d'autres audaces, une architectonique novatrice. Toutes les *performances** manifesteront une diversité des modalités : les actions, parfois, médiocres, visaient l'expression d'une fin toujours louable dans laquelle il s'agissait d'affirmer la primauté et l'excellence de l'acte créateur ou la qualité de l'expression libre, hors contraintes sociales. Jeu avec le *Kaîros*, jubilation des vitalités débordantes, cultes faustiens de l'énergie, de l'acte, virtuosité, pratique conductrice et mise en forme d'un style, sculpture du temps, art de soi, construction de situations subversives, les performances récapitulent les soucis du Condottiere. Elles magnifient une maïeutique en quête d'accouchements qui la dépassent : découvrir en sollicitant l'avènement, faire en se faisant. Sculpter sa propre statue, désirer la vie transfigurée et insuffler de l'esthétique dans l'éthique.

Les artistes de *l'Actionnisme viennois** et ceux du Body-Art sont les parents de ces pratiques théâtrales : ils manifestent, dans cette seconde moitié du siècle, une étrange réactualisation de la geste cynique antique. Derrière ces hommes et ces femmes qui érigent la subversion en méthode généralisée, je ne peux m'empêcher de voir, d'entendre et de surprendre les pratiques kuniques dont je crois qu'elles sont toujours remèdes et pharmacopées contre le nihilisme de notre époque et son avachissement dans le cynisme vulgaire. Diogène revisité contre les bourgeois pour donner forme, épaisseur et consistance à cette figure du Condottiere dont j'aimerais qu'elle permette les retrouvailles du sujet avec lui-même. Pour un au-delà de l'aliénation, une catharsis est nécessaire, une libération des énergies et des forces.

Que veulent ces artistes d'un genre particulier ? Un *théâtre de la cruauté** qui permette le réveil des nerfs et des cœurs, la sollicitation des sensibilités les plus riches dans un système nerveux. L'action poussée à bout, voilà ce qui définissait la cruauté chez Artaud. En aucun cas celle-ci n'a pu concerner le sang, la souffrance ou des pratiques quelque peu sadiques. *Morsure concrète,* écrivait Artaud, convulsions et secousses brutales pour raviver l'entendement et l'informer, car c'est à la peau que s'adresse la cruauté. Le corps et l'âme sont indissolublement liés, la connaissance de l'un se fait par l'autre. Et en voulant concerner la chair, les nerfs, Artaud entend avaliser la rupture de l'assujettissement de l'intelligence au langage. Plus fine, plus approfondie, plus sûre, la sensibilité est sollicitée par la magie et les rites. Il faut libérer les rêves, les obsessions érotiques, transfigurer les fascinations pour le crime, laisser libre cours aux chimères, vouloir l'utopie et soumettre la vie à cet idéal d'un ailleurs situé entre l'imaginaire et les événements. Ce tourbillon appelé à dévorer les ténèbres est révélateur des possibilités d'un corps qui peut ainsi devenir signe. Exorcisme et spectacle total. Voilà les linéaments d'une pratique que développeront les actionnistes viennois. Puis, derrière eux, les artistes qui impliqueront directement leurs corps dans des performances qui inquiètent, déstabilisent, concernent.

Au centre du théâtre de la cruauté se trouve donc le Condottiere, artiste et acteur, auteur et voyeur du spectacle qu'il donne avec lui-même. Sa dialectique oscille entre exhibition et voyeurisme, entre complaisance pour le signe extériorisé et inquiétude pour l'intérieur qui informe. Son geste est créateur d'un espace magique, comme chaque fois qu'il doit être question de décision, de concrétisation d'un vouloir. Le volontarisme esthétique qu'il pratique ainsi est expérimental : chaque situation construite est productrice d'un style qui, en retour, donne consistance à l'ensemble. L'édifice se bâtit dans le temps. Le miroir dont Baudelaire parle est nécessaire : vivre avec devant soi l'image de l'effet produit pour, éventuellement, corriger les imperfections, les fiascos ou les ébauches. L'art que pratique le Condottiere est mise en scène, sculpture des situations, des faits et gestes. En vertu du principe selon lequel le fragment exprime le tout, la partie signifie l'ensemble, le Condottiere dote chaque instant de densité. Tout fait sens et rien n'est innocent. Panofsky à montré combien des éléments apparemment épars pouvaient signifier la même chose, comment, par exemple, la cathédrale et son architecture renvoyaient explicitement à la pensée scolastique et à la construction des sommes théologiques. Cette théorie singulière des correspondances permet d'établir une liaison, un tissage entre l'expérimentation esthétique des années 1960-1970 et la possibilité d'une nouvelle éthique, enfin postchrétienne. Un réseau de fils ténus associe, dans une même communauté de destin, des figures relevant de domaines éclatés. Une morale contemporaine et des pratiques artistiques qui coïncident dans le temps peuvent donc livrer quelques points de convergence. Le Condottiere a le souci architectural de jeter les ponts durables entre des géographies pour l'instant séparées. Evitant la dérive des continents éthiques et esthétiques, il peut solidifier une arche qui associe les deux terres magiques. J'y vois la définition de la modernité.

Où sont ces artistes ? Dans les sentiers pratiqués par les cyniques historiques. Actions, *happening*, *event*, performances, donc, pour ces ancêtres familiers du Cynosarge. Ainsi de l'ascèse personnelle comme nécessaire à la fabrication d'une identité : les cyniques veulent une voie courte, mais escarpée, elle est exigeante, mais conduit rapidement aux destinations qu'on se propose. Au contraire des stoïciens, partisans de la voie longue, mais moins rude. Dans les exercices préconisés par les philosophes de l'Antiquité, il y a des pratiques exigeantes : endurer le froid extrême, la chaleur, les conditions brutales d'une vie dehors, supporter la privation de nourriture et de boisson.

Les artistes du body-art français et de l'actionnisme viennois ont illustré, dans leurs pratiques esthétiques, le cynique propos antique en mettant le corps en demeure d'exprimer du sens par la souffrance, la blessure, la cicatrice : ingestion de viande avariée, chairs tailladées, lait répandu sur le sol et lapé à la façon des animaux, équilibre instable pratiqué métaphoriquement sur des rebords de fenêtre à plusieurs mètres au-dessus du sol chez Gina Pane ; fabrication de *boudin humain* * dans le dessein de parodier une célébration religieuse, travestissements mimétiques dans l'intention de jouer, par l'icône, la relation incestueuse — chez Michel Journiac ; sacrifices d'animaux, théâtralisation païenne de pratiques orgiaques, paganisme tellurique, bachique ou sanguinaire — chez Hermann Nitsch; exhibitionnisme sexuel, anal et génital, défécations publiques, ondinisme — chez Gunther Bruss; simulations sodomites, scénographies de la cruauté, éviscérations et évirations cathartiques — chez Rudolf Schwarzkogler. Les années 1965-1975 voient fleurir ces pratiques symptomatiques qui magnifient la subversion esthétique.

En effet, sur le mode du paradoxe, tous ces artistes transfigurent l'éthique artistique en modifiant la nature des supports esthétiques : ils proposent un retour à l'immanence et envisagent la chair, le corps, comme la matière par excellence. Par-delà les siècles, le souci moderne vise la surface primitive : la peau. Puis les entrailles, les muscles, le sang et les substances corporelles. La sculpture de soi fait sens. Ce que veulent ces artistes, c'est inscrire le vouloir dans l'organisme, plier le corps selon la ligne d'une volonté expérimentale. Les situations esthétiques sont à entendre comme des essais, sur le mode infinitésimal et minimal — sinon conceptuel pour le dire dans la terminologie des arts plastiques —, de pratiques inaugurales visant l'essai de nouvelles façons d'envisager le corps. La gestion des parts maudites se fait sur le mode théâtral, architectural et sculptural. La radicalité de ces tentatives se veut inquiétante, au sens étymologique, pourvoyeuse d'interrogations sur le mode dialectique. Pour en finir avec les supports classiques, morts, statiques, figés, les artistes du body-art ou de l'actionnisme viennois illustrent la modernité esthétique que caractérise très précisément l'ouverture totale aux matières, aux forces, aux formes, aux styles.

La catharsis, la sublimation, le jeu, la provocation, la tragédie sont joués comme des variations sur le thème kunique en période contemporaine. D'où la possibilité de lire ces pratiques comme moments négatifs d'une dialectique dont la synthèse proposerait le solaire là où règnent les ténèbres. La mise en scène des parts maudites vise le surgissement d'une volonté de jouissance. Le nocturne avec lequel ces artistes jouent appelle des aurores qui n'ont pas encore lui. La qualité de ces lumières qu'ils inventent renseigne sur celle de ces crépuscules à venir.

En inaugurant ces peintures pariétales modernes dont les peaux sont des palimpsestes, les auteurs d'actions corporelles rendent possible l'émergence du soi comme entité susceptible d'information esthétique. Donc éthique. Ils signalent une modernité que définirait le débordement de l'art dans la vie : avec eux se disent les vies esthétiques et l'esthétisation de la vie, l'existence artiste et l'art de l'existence. Leur pratique est une *Aufhebung* (dépassement-conservation) de la définition classique de la sculpture : produire des formes, structurer un chaos, exprimer une force en acte. Dans le moment dialectique qui est le leur, après que le chameau a disparu, avant que l'enfant apparaisse — pour le dire comme Nietzsche —, la catharsis convoque le pire. Les références de ces artistes oscillent de *La Légende dorée* à Georges Bataille, ce qui n'est pas sans étonner. On sait les relations qui impliquent pareillement les mystiques et les prostituées, les couvents et les bordels. On n'ignore pas l'étroite parenté du rire et des larmes, des extases et des orgasmes. Jaculations oratoires et éjaculations sont parentes. La prière est une modalité de la physiologie.

Mais la sexualité, chez Bataille, est trop liée à la mort, trop noire, comme chez Sade. Je la préfère solaire, lumineuse et moins soucieuse de revanche à l'égard du christianisme. Body-art et actionnisme viennois sont un moment nécessaire dans un mouvement que j'imagine se déplaçant vers de nouvelles acceptions des notions de parts moins maudites que ténébreuses et d'une sculpture moins de la matière morte que de l'énergie vivante. Que doit-on aux artistes du corps transfiguré ? Le geste sculptant le corps, le vouloir produisant des situations, des attitudes qui deviennent formes, l'action transformée en spectacle, la vie domptée en figure, la virtuosité exprimée en instants quintessenciés, le *kaîros* saisi dans sa densité. De quoi dire la nécessité, lorsque l'on entend sculpter son propre moi, de mettre en œuvre une maïeutique visant la production d'une œuvre, l'émergence d'un style, une architecture de soi. Artiste, ai-je écrit du Condottiere. Voit-on quels sont ses ateliers ?

Économique

PRINCIPES POUR UNE ÉTHIQUE DISPENDIEUSE

« L'état esthétique ne se manifeste que chez les natures capables d'éprouver cette surabondance de vigueur physique qui permet d'abandonner du sien. »

NIETZSCHE,
La Volonté de Puissance.

De la prodigalité
ou
L'excédent somptuaire

La prodigalité est une vertu d'artiste. Elle me fascine autant que l'avarice et l'économie me dégoûtent. D'ailleurs on pourrait définir le bourgeois comme l'être radicalement incapable de dépenser, sinon détruit par le regret ou travaillé par le remords. La résipiscence l'abîme dès qu'il se sépare de ses ducats et il ne connaît d'autre façon de se rédimer qu'en retournant au travail, encore et toujours. Accumuler, dit-il, thésauriser, avoir et posséder : il n'a de cesse de mettre en tas, de confectionner des trésors et de calculer dividendes ou bénéfices. Son âme est celle d'un comptable, il rêve, la nuit, de cahiers de comptes et de magots, de portefeuilles d'actions et de richesses qui rapportent.

Je n'ai que dédain pour la parabole des talents et le fils prodigue me plaît surtout tant qu'il dilapide. L'usurier, le banquier, le gérant, l'économe sont des figures compassées de la bourgeoisie qui se définit par ce qu'elle a — puisqu'elle n'est rien d'autre que ce qu'elle possède. Mais il se fait que nous vivons dans une ère essentiellement dominée par ceux-là. Je rêve pour cette engeance d'une géographie parente des lieux utopiques de Thomas More où l'or servirait à la fabrication des vases de nuit, à celle des chaînes avec lesquelles on entrave les esclaves.

Que n'a triomphé Lénine annonçant que la victoire de la révolution bolchevique serait totale le jour où, couvrant l'ensemble de la planète, elle permettrait, selon ses désirs, de construire des *urinoirs publics en or** dans les rues des plus grandes villes du monde !

L'heure est venue du triomphe, déjà pressenti par Baudelaire, de l'argent des bourgeois sur l'imagination des poètes. Avec l'amateur des paradis artificiels, conspuons l'époque qui permet aux riches de s'offrir du poète rôti à chacun de leurs déjeuners. Pour autant, ne sacrifions pas aux vieilles lunes des lendemains qui chantent et révolutions pour des avenirs radieux. Loin des désirs d'apocalypses devenues vraies, contentons-nous de chérir les figures de la *dépense**, celles qui jubilent en pratiquant l'éthique dispendieuse, celles qui rencontrent, dans leurs ascendances, le fils prodigue quand il n'est pas encore repentant.

Dante me fatigue avec ses leçons perpétuelles, lui qui voue les prodigues aux travaux de Sisyphe, sans cesse soumis à la charge d'énormes poids qu'il s'agit toujours de déplacer. Occupés à ces tâches ingrates, les pécheurs insulteront et recevront aussi leur part d'outrages. Les plus modérés dans la dépense n'auront de perspective que dans le purgatoire où ils expieront, couchés, immobiles, pieds et poings liés, la face enfouie dans la terre qu'ils ont été coupables de trop célébrer. Nietzsche a donc bien raison d'inviter à aimer la terre et rien d'autre. J'espère que dans les contrées infernales, le fou de Béatrice est en train de cuire à feu doux, ou de croupir dans une soupe glauque dont il avait le secret, pour avoir détourné les hommes de ce qui donne un prix à la vie. Car il faut être prodigue, et même dispendieux avec la prodigalité.

Il y a un profond amour du désordre chez celui qui préfère la dépense à l'épargne, une volonté délibérée d'élire Dionysos contre Apollon, là encore. Dissiper, consommer et consumer, dilapider, gaspiller ont à voir avec la démesure, la force qui cherche à déborder, la fête. Le don n'épuise pas la richesse qui le permet, car, dans cette logique de l'expansion, en forme de génération spontanée, la dépense est immédiatement suivie d'une nouvelle disponibilité pour un nouveau don. Le déploiement et la dissipation instaurent un rapport au temps éminemment singulier : l'instant suffit à la consumation, il acquiert de la sorte une densité ignorée en d'autres occasions. Là où il coule, sagement chronologique, sans variations d'intensité, complice du bourgeois pour lequel il est la condition de possibilité de l'argent, il n'est que durée mesurable, quantité appréciable. En revanche, dans la dilapidation, il est l'occasion de moments intenses, gonflés de sens. Des pics et des cimes. La qualité de l'émotion est sans pareille, l'éternité tout entière semble avoir pris place dans le fragment de temps qui s'est détaché en coïncidence avec le geste. Point contre ligne, brûlure contre vieille indifférence — le dispendieux est un artiste du temps.

L'éthique de la dépense est centripète, elle suppose l'éclatement et la production de fragments, le divers et le multiple. Ce sont ces densités matérialisées, cristallisées qui font les points, mais l'ensemble de la démarche est dynamique. Elle suppose une volonté de mouvement, un consentement aux flux et aux fleuves. D'où l'héraclitéisme du dispendieux qui veut et aime la mobilité, qui sollicite la circulation dans le dessein de produire des opportunités pour une plus grande probabilité de dépenses. Il n'ignore pas l'inscription de son existence dans une perspective dialectique. Au-delà de l'ontologie ou de la métaphysique, il sait n'avoir pour seul capital que sa vie, qu'elle ne durera pas éternellement, que déjà elle est comptée, dès à présent limitée. Et, fort de ce savoir, il a d'autant d'enthousiasme qu'il apprécie l'extrême valeur de ce qui ne dure pas. La mort donne le prix, elle fixe le sens.

Nomade en diable, l'homme de la dépense jubile dans la circulation, le flux, mais il expérimente, en même temps, que son plaisir est consubstantiel au mouvement qui le permet. C'est moins dans la nature de la dépense que dans le fait d'avoir effectivement dilapidé que réside la quintessence de la jubilation. Le feu qui consume ne vise pas la cendre, mais l'énergie dégagée, la royauté de la lumière qui embrase. La fournaise comme ambiance, l'éclat comme mode d'apparition. Ce que veut le prodigue, c'est la métamorphose de sa propre existence en territoire permettant l'expérimentation pour des myriades d'actualisations. Le probable devient effectif et réel par la dépense qui est mode de révélation.

L'antithèse de l'artiste dispendieux est donc le bourgeois, indéfectiblement parménidien quant à lui. L'enracinement le ravit, il aime croupir sur place, entretenir racines et radicelles. A quelque chose près, il se ferait lecteur de Deleuze et arroserait à ravir les rhizomes lui permettant les seuls mouvements dont il soit capable : ceux du végétal qui se meut de façon sommaire seulement pour atteindre la nourriture à portée de bulbe. D'un côté, l'animal qui étend son territoire et parcourt les contrées, de l'autre le légume vissé au lieu qui l'a produit. Sédentaire éternel, il développe une fierté du lignage, de l'ascendance, un culte de l'arbre généalogique. Les valeurs qu'il enseigne et chérit sont celles qui légitiment son goût pour le sol. Et parce qu'elles lui permettent de justifier le repli sur soi, il en fait justement les seuls points de repère possibles. Tradition, fidélité, coutumes et habitudes il lui faut des variations sur le thème de la répétition. Quand il a des velléités politiques, il se retrouve du côté des promoteurs du sang, du sol, de la race et de l'enracinement. Habiter, bâtir, vivre au pays. Demeurer dans les contrées qui furent celles de ses parents et de ses maîtres, ne jamais vouloir d'autres vertus, d'autres valeurs : il veut être un demeuré. Et il y parvient.

Sage, il administre ses biens, sa vie, son existence en économe, comme un propriétaire éternel de biens immortels. Les années qui lui sont comptées, son corps qui ne durera pas dans l'efficacité qui est la sienne avant les premiers signes de faiblesse, le temps qui n'est pas indéfiniment extensible, chaque seconde — il les considère tel un capital amorphe, inaccessible aux affres. Le bourgeois vit comme s'il ne devait jamais mourir, comme s'il avait été élu, contre tous, pour une vie éternelle. L'*Un parménidien** lui sied, il en a fait le modèle de ses biens : hors le temps, hors l'espace, en repos, fini, ignorant la passion, le mouvement, indivisible, éternel, sphérique parce que forme parfaite inaccessible à des modifications qui viendraient de l'extérieur. Sans naissance et sans mort, immobile et en repos, toujours semblable à lui-même et connaissant la plénitude, il *est*, dans la plus insolente façon d'exister. Le bourgeois a de la chance, car il est dans un rapport ontologique avec ses biens et il ne le sait même pas. Sa pulsion essentielle est bovaryque, c'est par elle qu'il peut, de la sorte, persévérer dans son être, encore qu'il commette une erreur d'appréciation en imaginant qu'il dure, tel un éon. Son ardeur est tout entière dans la volonté de se considérer autre que ce qu'il est. Là où triomphe Héraclite, il veut Parménide ; là où la mort, le tragique et l'entropie sévissent, il persiste à voir l'éternité, l'innocence et la néguentropie. L'argent, l'or, les richesses et les biens matériels pour le bourgeois qui sacrifie à l'avoir comme à Dieu contre le rire, la dépense, la passion et l'existence fulgurante pour l'artiste. Le premier croit être en ayant, le second est en dépensant.

Pour construire de l'immobilité, la générer, le bourgeois dispose de moyens, d'instances et d'instruments. Il met en avant des vertus, leur associe des logiques et assure leurs promotions dans des lieux où fonctionnent de redoutables machines à produire des domestiques. Ainsi du Travail, de la Famille et de la Patrie qui installent en un atelier, une usine, un lieu fixe, un sol, qui asservissent, des corps et des âmes, des vitalités et des libertés à des postes où il s'agit, avant tout, d'obéir. Le but étant l'immobilisation, le culte de la reproduction, la généalogie d'habitudes. Contre ces entreprises destinées à geler le fleuve héraclitéen, l'artiste veut l'oisiveté, le célibat et la désertion. Sa figure de prédilection est *le Rebelle* *, car il hait tout ce qui clôt, enferme, assigne à résidence.

La volonté esthétique vise l'œuvre ouverte : sa nature suppose qu'elle est nouvelle à chaque considération dont elle fait l'objet. Jamais terminée, toujours en mouvement, obéissant à sans cesse plus de sollicitations, elle ne se fige à aucun moment. Elle est, comme le fleuve du philosophe d'Ephèse, un flux, une coulée déterminée par la dynamique. Toute appréhension la visant est immanquablement imparfaite, fragmentaire. L'économie d'une pareille production n'est redevable, là encore, que du concept de dépense. Il s'agit de mesurer les quantités et leurs circulations : quantités d'énergies, de forces, de vitalités, de puissances. L'œuvre ouverte qu'est l'existence du Condottiere permet qu'on suive, sans possibilité de fixer définitivement, le destin des grandeurs d'excitation afin d'en obtenir une cartographie. Du moins, un essai de simulation des traces et des trajets dans le dessein d'obtenir un cliché de superpositions, de cristallisations, ne valant que pour un temps donné dans un moment donné. Indicatives, les topographies montrent les sens, les intensités, les déplacements. On peut y lire également les tendances — charge, décharge, économie, dépense, épargne, gaspillage. Ce souci d'une économique nouvelle suppose la permanence de la notion d'administration, ou de bon emploi d'une quantité particulière, en l'occurrence de forces menaçant débordement. En d'autres temps, Xénophon aussi bien qu'Aristote dirent ce que leur science économique entretenait comme relations avec la domesticité, l'art de la maison. Depuis Freud et Bataille, on ne peut plus ignorer l'extension de la discipline, les aurores qu'elle autorise et les sorties de labyrinthe qu'on devrait pouvoir lui imputer. Economie généralisée contre économie restreinte, économie libidinale contre économie des richesses matérielles, il s'agit de tâcher de suivre à leurs traces les dépenses excessives, car là est le signe manifeste de la vitalité expansive.

L'œuvre ouverte suppose la richesse et la profusion du tempérament. Elle est impensable, chez un individu, hors la santé, l'excès et l'abondance. Le don et la prodigalité signalent la constitution de celui dont ils émanent. Si l'ennui peut se définir comme une volonté sans objet, on peut se douter que le Condottiere ignore cette perspective : l'ouverture de l'œuvre à laquelle il travaille suppose, au contraire, le labeur et le souci esthétique perpétuels. Pour l'invention de nouvelles possibilités de vie, pour magnifier l'instant et construire des situations où le débordement soit manifeste et magnifique, il s'agit de consentir à la force qui appelle exutoire. Alors s'offrent les perspectives en abondance, les probabilités se multiplient et les voies susceptibles d'être empruntées par l'excès sont de plus en plus nombreuses. L'existence devient la trace laissée par le signe élu : la preuve que, parmi les combinaisons possibles, celle-ci, plutôt que celle-là, aura triomphé et emporté l'énergie dans cette forme, et non une autre. D'où l'excellence du triomphe manifeste dans l'élection d'un trajet au beau milieu d'un labyrinthe. La vie se résume à la collection de ces traits vainqueurs. Une éthique volontariste, qui plus est dispendieuse, entend augmenter les chances de cristallisations heureuses. L'hédonisme comme fin est indissociable du projet de dépense, celui-ci n'étant qu'un moyen.

Dans la vieille logique du Même et de l'Autre, qu'on pourrait dire réactualisée par celle qui oppose Répétition et Différence, le dispendieux, on s'en doute, est du côté de l'Autre et de la Différence. Pas de Condottiere sans une passion de Conquistador. L'artiste aime les découvertes de nouveaux continents, il a la passion des mondes inconnus sur lesquels installer, pour qui veut, et jamais contre ceux qui s'y trouveraient déjà, une façon différente de vivre, de regarder autrui et de l'intégrer dans ses projets. Des territoires sans hystéries permettraient un souci hédoniste. Le bourgeois n'y aurait plus sens, du moins ceux qui visent l'accumulation, l'immobilité et le repli sur eux. Quoi qu'il en soit, jamais un sédentaire ne découvrira terres d'ailleurs. C'est la tâche des nomades qui vont et viennent, expérimentent et jubilent de l'œuvre qu'ils pratiquent. Le poids de l'or alourdit les immobiles, et, en retour, transforme ces richesses-là en chaînes. Le pérégrin n'est entravé par rien qui l'encombre, son destin est libre de toute fantaisie, ses caprices ne sont pas condamnés à demeurer lettres mortes. Son aire est celle de l'ontologie, science nouvelle, art de l'être. Aussi est-il familier des poètes, des philosophes, des saints, des génies et des héros qui ont tous en commun une irrépressible soif d'être leur faisant sacrifier toute obsession de l'avoir. La beauté, la sagesse, le savoir, l'extase, l'ivresse, le pouvoir sur soi, l'art de dompter et de façonner les parts maudites, voilà les obsessions de ceux qui méprisent le bourgeois. L'artiste œuvre pour un absolu uxorien.

La volonté dispendieuse exige le goût de l'aléatoire, telles les œuvres de John Cage. Confiance aveugle en ce qui doit arriver, savoir radical et quelque peu oriental : on n'évite pas la nécessité et il vaut mieux la vouloir, aller à son devant. L'impondérable, parce qu'il est certain, fait partie des combinatoires : il est le jeu entre les éléments sans lequel soit la friction condamnerait absolument tout mouvement, soit l'emballement, bien que contraire, produirait les mêmes effets. Le hasard permet l'imperceptible avec lequel se fait toujours l'essentiel. L'habileté avec le *kaîros* n'est d'ailleurs pensable que dans les vibrations rendues possibles par l'aléatoire. Le sens surgit souvent des interstices, des millimètres qui séparent les situations les unes des autres, des poussières qui dansent par-delà la raison et le langage, bien au-delà, même, de ce qui est immédiatement perceptible. Le hasard, c'est le regard dans cette direction, à ce moment, plutôt que dans une autre ; c'est une présence, à cet endroit, et pas ailleurs, en cet instant, et à nul autre moment ; c'est un silence trop long quand on attend la fulgurance d'une réponse qui ne viendra pas et laissera ouverte toute hypothèse. En tout cas, l'aléatoire manifeste la facticité et la contingence avec lesquelles il faut compter, en partenaires impossibles à congédier.

J'aime me souvenir que l'étymologie arabe de hasard désigne, sous le mot, le jeu de dés, dont on sait, depuis Mallarmé, que jamais il n'abolira... le hasard. Il est l'accidentel, la négation des causalités bien simples qui voudraient montrer un réel limpide ou transparent. J'y vois la rencontre chaotique et plaisante de tous les déterminismes qui se développent, comme serpent au premier soleil. L'aléatoire montre la toute-puissance du désordre au sein du monde, et au beau milieu de nous-mêmes — mondes parmi le monde. Anarchie joyeuse, ivresse et jubilation. Pas d'œuvre ouverte sans cette poétique de l'indétermination avec laquelle il faut composer. La variation est libre, nous en sommes plus ou moins responsables, mais le thème est imposé. L'artiste est complice des forces qui jouent, il est devant elles comme le dompteur face à l'énergie qui sourd de l'animal : incapable, métaphysiquement, d'en faire l'économie, mais aussi, et surtout, redevable d'une performance de maîtrise, de domination.

Qui peut échouer. Au risque, alors, de l'emporter. Rien n'est jamais joué, le danger est toujours là. Et c'est tant mieux.

Le nomade est un familier de ce que les surréalistes appelaient *le hasard objectif**. Promenades en pure perte, errance et confiance : le merveilleux ne manque jamais de réjouir qui sait attendre. Farcesque, d'ailleurs, il est le plus rutilant quand on l'attend le moins. Ne jamais guetter attentivement : c'est l'assurance d'enfouir les potentialités sous de l'angoisse ou de l'aveuglement. Mais abandonner plutôt son âme aux mouvements légers du hasard, solliciter l'événement par une bienveillance lointaine, très lointaine. Ne pas consentir aux tensions, aux nœuds, aux tiraillements. Bien plutôt œuvrer au relâchement, au nomadisme innocent et naïf. Les combinatoires sont trop nombreuses pour qu'il n'y ait pas, bien vite, surprise et ravissement. Dépenser le temps, le gaspiller et l'abandonner sans compter. Les révolutions sont toujours induites par des quantités infinitésimales. Peu, mais ce qu'il faut. Pas de transvaluations sans ironie du sort. De longues et courageuses ardeurs ont pu être sanctionnées d'un grand vide ontologique quand une disponibilité, toute faite de dépense en pure perte, suffit à combler des abîmes. Ainsi se mêlent éthique et esthétique : la vie poétique n'est rien d'autre, mise à disposition de soi aux millions de faits qui trouent le réel en permanence. Myriades en retour, profusion en paiement.

Rien n'est plus réjouissant que l'imprévu — qui toujours glace le bourgeois. Une éthique dispendieuse suppose qu'on se mette en état de grâce à l'égard de la vie qui nous entoure. Modulation, en fait, de l'*Amor fati** nietzschéen : mais sans la charge d'amour obligé ou nécessaire. Il s'agit moins d'aimer son destin que de le laisser œuvrer pour nous avant qu'on ne regroupe ses forces pour induire le mouvement. Pareil au virtuose des arts martiaux, le Condottiere utilise les puissances destinées à le déstabiliser pour construire son équilibre. Tout risque potentiel devient une richesse nouvelle ; tout inconvénient possible doit être transformé en avantage réel. La bête de proie sort de son sommeil pour mettre en œuvre un geste définitif : usage du réel, confiance en l'aléatoire, maîtrise du Kaîros, aboutissement du guet. Ainsi peuvent commencer les dépenses.

L'éthique dispendieuse est, de la sorte, quelque peu thaumaturgique quand celle du bourgeois est thanatopraxique : l'une fait des miracles, exprime le suc de l'existence, porte le réel à son point d'incandescence ; l'autre se contente d'embaumer, de momifier la vie comme un cadavre menaçant décomposition. La première est une maïeutique visant l'épiphanie du merveilleux, la seconde un perpétuel service funèbre au service des euthanasies et extinctions de vitalités. Volonté de jouissance contre idéal ascétique. Et dans le dessein de permettre l'avènement de l'excellence, l'instant se trouve privilégié. Moment pointu qui éclipse le passé et le futur au profit de son seul empire, il absorbe les vibrations de la dépense pour s'en gorger, s'en nourrir. A la croisée du temps et de l'éternité, *l'instant* * est la catégorie temporelle des extases, de ce qu'ailleurs j'ai appelé des *hapax existentiels* *, des moments à partir desquels basculent les existences. Bien qu'inscrit dans une chronologie, parce qu'il n'est pas pensable sans commencement, développement et fin, l'instant est la modalité suprême de la durée extatique. Il pulvérise la dialectique linéaire et la lecture que font les Occidentaux au profit d'un modèle impressionniste où les touches n'entretiendraient qu'une relation chaotique — à moins que, là encore, il n'y ait l'ordre des objets fractals, dépli, pli et repli sur de perpétuelles et récurrentes formes du caractère ou du tempérament. Et s'il fallait une figuration musicale à cette philosophie de l'instant bordé de vide, perdu entre deux longs silences, parce que lourds et irradiant des blancheurs déjà chez Debussy, c'est dans la série des six *Bagatelles pour quatuor à cordes opus 9* de Webern qu'on les trouverait. La troisième, par exemple, dure 21 secondes. Son ami Schönberg aimera cette capacité à concentrer une odyssée dans un simple geste presque sobre, cette prouesse consistant à ramener l'expansif par essence à une expression aussi fugitive qu'un souffle doucement exhalé. Peu de temps pour livrer un monde tout entier, voilà la force de l'instant, voilà son sens. La capacité à générer ces Pentecôtes esthétiques montre quelles victoires sur le temps est susceptible de produire le dispendieux tout entier tendu vers la multiplication de ces instants. La combustion de soi dans une célérité redoutable introduit l'éternité, du moins l'illusion qu'on en a, dans le registre des possibles. Pas de dépense sans jeu avec le temps, sans aspiration à sa maîtrise ludique. Je songe aussi à Héraclite, encore et toujours, pour lequel le temps est un enfant qui joue. Royauté de l'enfant.

A quoi, ou à qui, pourrait bien ressembler une figure emblématique du dispendieux ? Quelqu'un qui soit l'archétype de la dépense pure, totale ? Une individualité ayant illustré le gaspillage, la profusion sans souci d'autre chose que l'excès ? Il n'y aurait que l'embarras du choix en feuilletant l'histoire de l'Antiquité. Mais sans conteste, surclassant Néron ou Tibère, Caligula ou Othon, il faut s'arrêter sur *Héliogabale* *, adorateur du soleil et intercesseur de son énergie brutale sur terre. L'Empereur est utile pour voir la dépense pure à l'œuvre, une dépense sans limites, sans souci éthique, sans dessein moral. Un peu comme Sade, en ce qu'il permet de mieux penser la question des valeurs. Imaginons Héliogabale comme une hypothèse susceptible de montrer les traces de l'excès, ses formes et ses incarnations.

Né sur un berceau de sperme, mort dans des latrines, étouffé dans les matières fécales, il vivra comme on naît — du moins le sait-on depuis la formulation de saint Augustin : *inter faeces et urinas*. Evoluant dans le stupre et l'infamie, directement demandeur de l'énergie qui embrase les volcans, le soleil, ou déchaîne raz de marée et tremblements de terre, il est lui-même instrument de l'orgie qu'il appelle de tous ses vœux. Qu'on tâche donc de le suivre, cet anarchiste couronné, comme le désigne Artaud, pour essayer de saisir à quoi ressemble une dépense presque exclusivement tournée vers la destruction, le ravage, le versant négatif. J'ai, quant à moi, plus souci d'Eros que de Thanatos et m'inquiète d'un gaspillage qui n'ait pas l'hédonisme pour fin. J'y reviendrai...

Héliogabale est l'homme des décharges. Ses consumations sont toutes folies et confinent à la pure et simple pulsion de mort en acte. Chez lui, le sexe est œuvre funèbre, le sperme, liquide mortifère jamais loin du sang. Son arrivée à Rome est mise en scène, spectacle politique et jeu avec l'énergie. La procession qui l'accompagne est riche d'un immense char constitué, vraisemblablement, d'une carcasse de baleine dans laquelle trône un redoutable phallus de dix tonnes. Trois cents taureaux tractent l'engin et, pour plus d'ardeur, sont sollicités par une meute d'hyènes en furie à la tête du cortège. Turquie, Macédoine, Grèce, Balkans, Autriche : le phallus pénètre l'Europe avant de s'installer au centre de la capitale de l'Empire, mausolée d'un genre nouveau qui, en l'occurrence, surclasse celui de la place Rouge. Partout sur le trajet, ce ne sont que danseuses nues, musiciens en nombre et danseurs châtrés qui ont offert leur membre à la divinité. Les sexes sont tannés, exhibés sur des piques d'or, accrochés sur des arceaux en métal noble. Profusion de pierres précieuses, de riches tissus et de parfums rares, bien sûr. Tout est unique, exceptionnel. Au sens étymologique, extraordinaire. Tout au long du voyage, l'Empereur fait montre de largesses : cadeaux, dons, nourritures, argent, femmes. D'autres avaient fait dans l'encens, l'or et la myrrhe. Le défilé enchante, ravit et séduit. Il s'agit de montrer la capacité à l'abondance, la volonté de dépense et l'ouverture d'une ère de chance.

Et Rome se fait passive à l'arrivée du phallus monumental. Fi des rostres qui expriment la grandeur militaire de la ville ! Fi des temples qui montrent la piété de la cité ! Fi des bâtiments, des édifices, des constructions qui témoignent de la grandeur de la capitale ! Fi du Sénat, fierté politique des citoyens ! Il n'y a vertu que du cirque et de l'amphithéâtre. Du pain et des jeux, du sexe et du sang, de la mort et de la débauche. L'Empire agonise. Héliogabale, nouvel Empereur, interroge les sénateurs sur leurs pratiques sexuelles : invertis ou pédérastes ? Sodomites ou zoophiles ? Puis il les remplace par des femmes, gynophile militant. Dans les lieux de culte, il insulte aux divinités, met à mal l'ensemble des pratiques liturgiques pour promouvoir le seul Hélios, soutenu plus fermement et plus radicalement que par Julien, qu'on dira l'apostat, quelque temps plus tard. Pour montrer l'exemple, il se prostitue. Puis il élève l'un de ses danseurs au grade de chef de la garde prétorienne. Quand il fabrique son gouvernement, il fait de la grosseur du membre de ses ministres le critère sélectif. Que ne dure ce mode électif dans notre République si riche en petites vertus ! Enfin, il nomme des préfets, dans les villes de l'Empire, qui ont spécialement pour mission de corrompre la jeunesse. L'éphèbe n'a pas quinze ans, il sait qu'on détruit en touchant les symboles, en attaquant les points forts : la Politique, la Religion, les Mœurs.

Le sexe et le sang connaissent une période d'épousailles effrénées. Bataille a dit combien l'érotisme était approbation de la vie jusque dans la mort ; Héliogabale en active le principe. D'abord, il déflore une gardienne du feu en public alors qu'on destine à l'enterrement vif celles qui étaient suspectées de vie sexuelle, car on exigeait d'elles une virginité avérée ; ensuite, il vend son propre corps et prend ceux qui passent à sa portée, sans aucun autre souci que sa pure jouissance ; enfin, il force des hommes à sacrifier au culte solaire en les contraignant à la castration. Du haut des murailles des bâtiments publics, il fait jeter des sacs entiers de membres sectionnés. Les dépenses qu'il ordonne sont sauvages, elles ignorent toute mesure : Héliogabale, comme Sade en son œuvre, montre l'impossibilité d'un excès sans aucune limite. A cette aune, tous les dictateurs du siècle ont mesuré leurs actions. Et il n'en résulta que barbarie. *Toute dépense sans soutènement éthique est inacceptable.* Et dans mon esprit, pas d'éthique hors l'hédonisme.

Lorsqu'il œuvre ailleurs, dans le registre musical, théâtral ou alimentaire, l'anarchiste couronné montre autrement la dépense. On y voit plus facilement les traces laissées par le gaspillage, ses formes. Ainsi des banquets plantureux : poissons cuits dans des sauces azur, filets rôtis d'ours, sangliers farcis de boudins et autres charcuteries, fromages frais préparés au vin cuit, escargots, œufs en capuchon, raves, moutardes, cumins au vinaigre, jambons en sauce, pâtés de grives remplis de raisins secs et de noix, coings hérissés d'épines pour ressembler à des oursins, tétines et *vulves de truie** farcies, bosses de chameau, oies grasses et divers aliments en trompe l'œil, en l'occurrence des poissons fabriqués avec de la viande, des palombes avec du lard, des tourterelles avec du jambon. Du vin, bien sûr, dans lequel nagent des huîtres et des pétoncles, ou que l'on a allongé de miel, de parfums. Le festin est dépense par la quantité, la qualité, la rareté, l'abondance et la durée. Toutes vertus visées par une éthique dispendieuse. On retrouvera ces constantes en plusieurs moments de l'Histoire, dont, récemment chez Daniel Spoerri auquel on doit, dans les années 1970, l'appellation *Eat art** pour qualifier une pratique esthétique particulière définie par l'aléatoire, l'ouverture, la manducation, le hasard, en un mot la gastronomie[1]. Dans les banquets organisés par ces

1. C'est le sujet de mon prochain livre.

artistes, on mangera du pain vert véronèse, du poulet bleu des mers du Sud, des architectures-sculptures en sucre (paysages-meringues, cakes-garages ou gâteaux-jardins). L'aliment est investi d'une charge symbolique, d'un pouvoir de richesse à partir desquels il est possible de mettre en scène une consommation qui est appropriation par destruction, intégration par ingestion. Manger, c'est dépenser ; manger grandement, c'est dépenser grandement.

Un autre exemple de débauche gastronomique montre la dépense à l'œuvre, à savoir les combats substitutifs chez Charles Fourier qui pensait qu'on pouvait faire de la gastronomie la guerre poursuivie par d'autres moyens. Ainsi économisait-il le sang versé par l'analogon de banquets agoniques. Il s'agit de déterminer de nouvelles politiques par le goût en opposant des clans sous la forme de joutes dont les plats sont l'enjeu. Omelettes soufflées ou fouettées, petits pâtés, vol-au-vent et caves redoutables : cent mille bouteilles de vin mousseux de la côte du Tigre, quarante mille volailles daubées d'une façon nouvelle, autant d'omelettes, cent mille punchs d'ordre mixte selon les Conciles de Siam et Philadelphie. Par ailleurs, pour remplacer les canonnades et les odeurs de poudre, du moins les risques réellement encourus, Fourier propose qu'on débouche trois cent mille bouteilles de champagne pour n'avoir affaire qu'à ce type d'explosion conviviale. Une autre façon de faire de la diplomatie...

Quoi qu'il en soit, l'intermède alimentaire permet de voir l'intérêt d'une dépense médiatisée par la culture, en l'occurrence l'éthique. Héliogabale déchaîne la part maudite, mais ne sait, ni ne veut — donc ne peut — la contenir. On ne sollicite pas la dépense sans réveiller des monstres qui, lâchés seuls et sans retenue aucune, finissent, tôt ou tard, par produire des ravages. L'Empereur a libéré la furie qui l'a emporté. A sortir de sa tanière une pareille bête, il y a intérêt à connaître la nécessité d'une limite, d'une contention. Sous peine de ravages indicibles. Les morales de l'idéal ascétique n'entendent pas domestiquer l'animal, car le risque est toujours grand d'avoir à souffrir de ses foucades : elles préfèrent purement et simplement l'abattre, le tuer. *Perinde ac cadaver*, voilà la seule façon. En revanche, la morale hédoniste vise la maîtrise et ne souhaite absolument pas l'éradication de la part maudite. Sans volonté éthique et morale de poser règles et limites, lois et devoirs, la dépense est immonde : Héliogabale ou Sade la montrent sans protection, sans filet. Leur monde est invivable. Tous deux sont des extrémités sans bornes, des figures de l'autophagie, des promesses de néant. Le nihilisme doit être dépassé. Seule une éthique hédoniste, qui laisse une place à autrui, montre laquelle, et en organise les conditions de possibilité, peut se permettre d'en appeler à la dépense. Sans cela, il n'est que destins infernaux.

En tous lieux et en toutes époques, la dépense a pris des formes culturelles, voire cultuelles. Elles ont permis de voir en acte une dépense structurée par une volonté et contenue par des habitus sociaux, religieux, politiques. La civilisation, d'ailleurs, pourrait être lue comme une pure et simple histoire de ces excès mis en moules, configurés. Chateaubriand, par exemple, a conservé, pour le flétrir, le souvenir de Plautien qui accompagna le mariage de sa fille avec le fils aîné de l'Empereur d'une mutilation de cent Romains libres, pour fêter l'événement; Le Clézio a montré dans le détail ce qu'étaient les pratiques religieuses des Mexicains qui élisaient un jeune homme exceptionnellement beau, lui offraient une année magnifique, dispendieuse et jubilatoire, avant de le sacrifier pour obtenir un cœur sanguinolent et battant de ses derniers rythmes, destiné au soleil afin qu'il se régénère; les ethnologues ont rapporté qu'en Afrique, aujourd'hui, plus particulièrement en Casamance, cette région riche du Sénégal, on sacrifie entre cinquante et deux cents bovins pour fêter une circoncision ou cinq cents chèvres pour une initiation aux mystères de la royauté; en Inde, depuis l'indépendance, on enregistre une recrudescence des suicides de veuves, après le décès de leur époux — *la sati* — sur des bûchers où elles offrent leur existence en une dépense radicale; au Japon, des serviteurs fidèles se font emmurer vivants dans les piliers des ponts qu'utilise le convoi mortuaire emportant la dépouille de leur maître à la tombe — ils sont les *Hitobashira*; l'Europe, il y a peu, et la France jubilait alors, a mis en œuvre une débauche de moyens pour détruire cent mille Irakiens, au moins, prétextant en finir avec la dictature d'un seul homme qui, pourtant sévit toujours, en dépit du carnage. Sur tous les continents, les sacrifices ont existé, sous forme rituelle, en des modulations diverses, mais tous ont montré la dépense à l'œuvre, la nécessité d'un excès pour installer un équilibre, obtenir une harmonie avec le réel. Certes, on a jugé, condamné et apprécié. Mais a-t-on regardé comme Caillois ou Bataille ont pu le faire, cherchant le sens de ces gaspillages? La conduite ostentatoire vise la mise en forme de flux qui, sinon, emporteraient soit l'individu qui les pratique, soit les civilisations qui les abritent. Dépenser, c'est éviter que la consumation ne détruise l'organisme générateur de la prodigalité. C'est ainsi économiser de plus grands gâchis. Sous forme paradoxale, le dispendieux évite de perdre plus qu'il ne donne. Qu'on se souvienne *des Horaces et des Curiaces* *, ils expriment au mieux ce qu'une perte choisie, élue, permet d'éviter comme déroute. Ils disent en quoi dépenser c'est économiser.

L'histoire, telle qu'elle est racontée par Tite-Live, fait apparaître le contrat, le langage, donc la civilisation, au sein de cette violence qu'il s'agit de contenir. Albains et Romains pourraient bien, s'ils faisaient l'économie du dialogue, payer le prix fort d'une guerre totale, sans merci. De part et d'autre, les pertes seraient immenses, incommensurables : guerriers valeureux, soldats de la troupe, hommes d'élite, braves et courageux. Les deux peuples, par ailleurs, sont parents par le sang troyen. Le conflit opposerait des membres d'une même famille. Qui plus est, la faiblesse qui ressortirait de cette guerre ferait le jeu de l'Etrurie qui n'attend que cette saignée mutuelle pour mettre d'accord les protagonistes et jouer les plaideurs de l'huître. L'intérêt veut donc l'épargne. Mais celle-ci faisant fi des blessures d'honneur, des différends pour lesquels on se prépare au combat, il faut un *modus vivendi*. On en doit la formulation à l'Albain Mettius : que chaque peuple délègue des représentants, forme agonique de l'analogon, et qu'ils s'opposent en un combat singulier. Les vainqueurs emporteront les leurs derrière eux dans le succès. Mais qu'il soit laissé aux triplés le soin de guerroyer. Car le *singulier hasard*, écrira le mémorialiste, veut qu'au sein du peuple d'Albe et du peuple de Rome il y ait trois frères jumeaux d'égales forces et d'âges identiques. Avant le choc des armes, les autorités se rencontrent et décident des modalités de l'opération : le gagnant soumet le perdant, totalement, absolument. Un contrat est passé, le texte précise qu'il s'agit là du plus ancien traité dont on ait conservé trace et souvenir. En quelque sorte, la fondation du contrat social : la cession de son pouvoir en retour d'un ordre, la volonté de faire taire la violence et la brutalité devant les termes écrits d'un engagement. Le tout scellé par un recours ordonné à la force, au combat. L'origine de la loi apparaît comme une gestion de la force. L'économie d'une grande dépense visant, par une plus petite, la généalogie de la morale.

Le roi adoube les combattants, il les investit d'un pouvoir symbolique de représentation et les envoie sur le terrain. Le serment fait force de loi, la parole donnée est irréversible. Puis, pour donner forme à l'engagement côté peuple, le fécial — le juriste spécialisé en formules qui consacrent et valident la guerre — l'invite à massacrer les Romains s'ils ne tiennent pas leurs promesses. Afin de fixer la décision, il abat un porc d'un seul coup de pierre, énonçant qu'il en irait ainsi des rivaux s'ils venaient à faillir. Cochon qui s'en dédit !

Le combat s'engage. Bravoure, vaillance, effroi, courage, bien sûr. Puis blessures. Très vite le sang coule. Les trois Albains sont blessés ; deux Romains meurent. Où l'on voit que trois faiblesses sont moins efficaces qu'une seule force quand elle est associée à la ruse : le dernier des Horaces, qui combat pour Rome, s'enfuit. Son repli est stratégique : dans le recul qu'il maîtrise, il isole les Curiaces, diversement affaiblis. Ainsi provoque-t-il trois combats, tous isolés dans l'espace, donc dans le temps. La victoire lui est facile : à chaque choc, c'est un homme fort contre un homme faible. Le dernier duel oppose un Horace souverain, venant de triompher de deux soldats, au dernier Curiace, défait par le sort. L'issue est fatale, Rome triomphe. On enterra les morts, puis on honora le contrat.

La leçon de l'histoire rapportée par Tite-Live est qu'on n'évite pas la dépense, mais qu'on peut la moduler. Il en va de la morale, de la civilisation et du rôle du langage, de l'écoute, du souci. Pas de vie sans excès, pas d'excès sans mouvement vers la démesure. Le travail de qui se préoccupe de valeurs consiste à dire jusqu'où la prodigalité peut être pratiquée, voire revendiquée. Au-delà de quelles limites elle devient dangereuse, en deçà desquelles elle est la condition de possibilité d'une éthique élaborée hors le christianisme. Héliogabale n'est pas pensable ; Marc Aurèle a fait son temps. Que vienne une figure esthétique susceptible de supplanter ces deux caricatures. Elle ne saurait émerger sans une puissante ligne de force hédoniste.

Or, la jubilation suppose la volonté de jouissance, et pour soi et pour autrui. En même temps. La simultanéité, d'ailleurs, rend l'entreprise difficile, aléatoire, toujours en œuvre, mobile. Kaîros, instant propice, hasard objectif, œuvre ouverte, héraclitéisme dispendieux, j'ai déjà dit ce qu'il fallait de points de repère pour tenter de penser quelque peu l'entreprise éthique. Pour continuer, je dois ajouter que les instances font défaut qui permettraient de plus rigoureuses cartographies. Trop mobile, cette morale est plus dynamique dans le temps que susceptible de statisme dans la théorie. Elle est essentiellement pragmatique. L'acte qu'elle légitime suppose le ravissement de soi aussi bien que d'autrui : je dois vouloir ma jubilation et celle de l'autre. L'affaire est simple lorsqu'il y a coïncidence d'intérêt et que ma satisfaction n'a pas à se repaître de la souffrance d'autrui, de sa négation ou de négligence à son endroit. J'aurai à revenir sur la conception que je me fais des cercles éthiques puis de l'élection dans l'intersubjectivité et son fonctionnement. Qu'on me permette seulement, dès à présent, d'affirmer que je ne conçois l'éthique dispendieuse que lorsque la dépense est tournée dans le sens hédonique. A charge pour moi d'en préciser les modalités plus avant. Dirigée vers l'élégance, la beauté, le style, la noblesse, la tenue, la grandeur, la dépense est un principe d'extrême qualité. Elle est une puissance architectonique remarquable et redoutable. Une arme pour défricher, un outil pour construire, un matériau pour bâtir.

De la magnificence
ou
La preuve de l'abondance

Loin des dépenses associées au négatif, à la destruction, loin des inféodations à Thanatos, aux mariages avec la mort, il existe des dépenses de jubilation, des excès visant la positivité, la construction, l'élaboration. La vie. Elles veulent dilapider l'excès dans le dessein de laisser des traces, pas dans le but de réaliser le nihilisme. Pas de sacrifices, de sang et de larmes ; pas de cœurs arrachés, de bétail égorgé, de soldats massacrés, de corps mutilés, de vies gâchées ; une prodigalité en art, en beaux gestes, en excellence, en intentions délicates et vertus esthétiques.

Où sont-ils ces hommes magnifiques capables de pratiquer les dépenses les plus joyeuses ? Où sont ces êtres d'exception qui soumettent le réel à leurs volontés lumineuses ? Du côté de la grâce, derrière les sourires énigmatiques des *kouroi* de l'époque hellénistique, dans la délicatesse de l'aède ayant fait du loisir un art ou dans le souvenir des peaux qui sont aujourd'hui marbre et que Praxitèle a éternisées. De toute façon, chez ceux qui ont eu la fulgurance du rapace et la légèreté des écumes de mer. Des artistes de l'existence, des poètes de la vie. Pour voir de plus près ces singularités souveraines et triomphantes, il faut dire quelques mots de *l'évergétisme* *.

Qui peut être dit évergète ? Les riches qui prennent en charge les dépenses publiques de la cité pour en soulager, ou en dispenser, ceux qui auraient du mal à en assumer les obligations. Les nantis peu soucieux de justice ou de charité, mais décidés à libérer ceux qui peinent, déjà, au labeur visant la pure et simple reproduction des forces de travail. Certes, il y a dans le geste de ces hommes-là parfois des arrière-pensées. Ainsi, un désir de préparer une carrière politique, une volonté de prendre date avec les citoyens d'un lieu qui élit ses représentants pour l'exercice de la démocratie. L'exhibition vise alors la campagne du candidat en lice. Mais après tout, est-il moyen plus démonstratif, et immédiatement efficace, que la dépense visant le bien public, la satisfaction du plus grand nombre ? Leur sécurité, leur tranquillité ou la puissance de leur cité ? Dans cet esprit, l'évergétisme est contribution à l'émergence d'une grandeur pour le groupe qui est aussi bénéfice pour ceux qui le constituent. L'intérêt du particulier coïncidant avec l'intérêt général n'est pas condamnable, car la lucidité oblige à savoir que nous n'agissons tous, les uns les autres, sans exception, que mus par l'amour-propre et l'intérêt. Lorsque le bénéfice du citoyen passe par celui de la cité, il n'y a qu'à se réjouir qu'une pareille arithmétique soit possible.

Exemples : les fêtes publiques, à Athènes, pouvaient faire l'objet de magnificences particulières, de grandeurs toutes voulues par ces individualités d'exception. De même, le paiement des fonctions dans la cité. La démocratie n'est pas sans prix, sans coûts qu'il s'agit de supporter. *La boulé, l'ecclésia* et autres lieux du pouvoir politique supposent budgets, crédits de fonctionnement comme on dirait aujourd'hui. Et l'administration grecque est lourde, déjà. Les prytanes, pour siéger, reçoivent une indemnité en argent, l'assemblée du peuple, le conseil, les archontes, les maîtres des jeux, les amphictyons — les députés —, les magistrats, tous fonctionnaient à la drachme ou aux frais réels. Obole par-ci, mine par-là, les Grecs ont vraiment bien inventé notre démocratie. De même, pour des fêtes moins politiques, les coûts étaient importants : les panathénées, tous les quatre ans, permettaient une authentique débauche en hommes, argent, vêtements, processions, machineries de théâtre, sacrifices d'animaux, processions militaires ; les anthestéries et les grandes dionysies, fêtes des fleurs et du vin où les dithyrambes se mélangeaient aux chœurs tragiques, les prestations de comédiens aux banquets grandioses. Et d'autres manifestations festives, encore, grevaient les budgets des cités. Aussi, des particuliers se sont-ils illustrés dans le don, la générosité, pour prendre à leur charge les frais de ces moments dispendieux. C'est vraisemblablement à eux que songe Aristote lorsqu'il fait le portrait, si sublime, du Magnifique, de l'homme capable de *magnificence**. Ces pages sont parmi les plus belles, à mon goût, de l'éthique aristotélicienne. Elles montrent l'incarnation de la noblesse, l'une des formes qu'elle peut prendre dans le cadre d'une logique dispendieuse.

Coutumier des dépenses d'apparat, le magnifique est un homme de l'excès et du débordement visant la réjouissance. On pourrait rétorquer qu'il n'est pas de geste pur et qu'un acte gratuit, au sens gidien, ne saurait exister. Ne serait-ce que parce que, déjà, et au-delà du pur et simple paradoxe, la gratuité est un prix, l'absence d'intérêt un intérêt.

Du moins un objectif. Aussi, ces dépenses visent-elles la satisfaction de celui qui donne, forgeant de lui, à ses yeux d'abord, et peut-être également aux yeux d'autrui, une image plaisante à voir ou à montrer. La dépense produit donc, en l'occurrence du plaisir pris à soi-même, à sa propre compagnie. Le narcissisme comme motivation du magnifique n'est pas loin. Mais qu'il n'en soit rien conclu d'un point de vue moral, il n'est dans ce constat que regard porté sur un mécanisme, loin de tout jugement. Le dispendieux aime le rôle qu'il joue, il est baudelairien. Toute morale est intéressée, même l'hypothèse irréaliste d'un geste moral par moralité n'éviterait pas le détour par la jubilation de l'acteur se sachant moral et jouissant de cette coïncidence avec la loi. Les moralistes du Grand Siècle ont assez disséqué les passions de l'âme pour donner à l'amour-propre, à l'intérêt, à l'amour de soi toute la place qui convient dans une éthique digne de ce nom : le centre. Elles sont des axes sans lesquels rien ne se cristallise. La solidification d'une moralité se fait par la prise en considération cynique, parce que lucide, de ces instances motrices. Qu'on voie donc, sous la peau du magnifique, les frémissements de plaisir qui le saisissent lorsqu'il se répand en gestes généreux. Donner, c'est jouir, dépenser, c'est jubiler, car il y a dans cette pratique toute l'exhibition de l'excès qui fascine là où, parfois, le strict nécessaire fait défaut. Ainsi de l'énergie, de la force, du caractère, du tempérament ou de la virilité qui débordent et séduisent par leur puissance. La magnificence est la preuve de l'abondance. Et seuls les pauvres stigmatisent les richesses qui leur font défaut en matière d'être. Où l'on retrouve le rire nietzschéen, preuve de l'existence de gisements de prodigalité, et, parents de l'éclat, la fête, les jeux, l'opéra. Par ailleurs, plus la dépense est grande, plus elle signale et désigne l'importance des lieux d'où elle provient. L'étendue des quantités de force n'est perceptible que par la qualité des signes émis. Le geste magnifique révèle la nature et les richesses de celui qui le met en œuvre.

Je songe au soleil pour une métaphore de la magnificence, car la libération de son énergie sous forme de lumière et de chaleur n'entame en rien sa capacité à produire encore et toujours les mêmes forces dans les mêmes formes. Ce qui est donné dans la dépense n'est en rien retranché d'un capital qui s'amenuiserait. L'excès n'est pas écoulement dans le sens de l'amoindrissement ou de l'appauvrissement. Voire, à l'inverse, il rendrait plutôt possible un accroissement des potentialités. Sous le signe du paradoxe, on pourrait dire que le don augmente sa richesse. La prodigalité aurait pour corrélat l'ajout de forces aux forces. Le principe de son fonctionnement serait l'autoengendrement, son modèle, la mitose ou la méiose : la division est la condition de possibilité de l'addition. La section, l'amputation induiraient la construction, l'élaboration. A l'inverse, le bourgeois qui donne s'appauvrit, car il ne plonge que dans des richesses factices. Ce dont il se défait le prive définitivement, d'où son obsession au travail qui lui permettra la réfection de son capital, la reconstitution de ses avoirs perdus. Une fois encore se retrouvent, pour s'opposer, le thaumaturge et le thanatopracteur, le fabricant de miracles — donner pour augmenter — et le spécialiste de l'entropie — dépenser et s'appauvrir. Le soleil contre la neige

Fort de cette étrange dialectique, on pourrait conclure que par les effets il est possible d'accéder aux causes puis d'en pénétrer les structures. Autrement dit, en scrutant les relations qui existent entre le don et l'incapacité à donner à nouveau, le bourgeois transparaît ; en revanche, si l'opération engagée permet d'envisager une dépense et une plus grande capacité à la prodigalité, un enrichissement, nous voilà vraisemblablement en présence d'un artiste, d'un Condottiere déployant son énergie par pure jubilation, par jouissance de soi. La santé du dispendieux est manifeste, elle est signifiée par un rayonnement, parent du je-ne-sais-quoi déjà vu parmi les voies d'accès au Condottiere. Et cette vitalité fait des obligés, donc des envieux, sinon des haineux.

En effet, les logiques du *potlatch* * sont connues et l'on sait que le don appelle un contre-don, que la dépense de l'un nécessite, en retour, celle de l'autre, dans des formes équivalentes. D'où l'avantage pris par le magnifique dans la création d'un obligé en la personne qui fait l'objet du présent. La prodigalité appauvrit autrui qui, pourtant, paraît s'enrichir en acceptant le bénéfice de la dépense. En vertu de ces principes d'équivalence, il est possible d'imaginer l'éthique fonctionnant ouvertement sur ce registre de la prestation agonistique, et plus particulièrement une morale de la jubilation. Faire jouir appellerait ostensiblement une intention idoine, voire la réalisation d'un hédonisme généralisé où la volonté de jouissance vaudrait, pour autrui, comme une invitation à ce qu'on la pratique pour moi, en retour. Jouir pour réjouir et se réjouir. Ceux qui se refuseraient l'effet dialectique se condamneraient à la macération, au ressentiment, ou plus particulièrement à la petitesse, à la mesquinerie. L'obligé du dispendieux peut s'acquitter de sa dette en produisant à son tour de nouvelles dépenses. La magnificence est un moteur hédonique. Sauf pour les médiocres. C'est pourquoi elle est également un principe sélectif : elle opère un tri, net, entre ceux qui surenchérissent et ceux qui abdiquent. D'un côté, les logiques du déploiement, héraclitéennes, de l'autre, celles du repli, parménidiennes. Le magnifique contraint à la détermination, il ne laisse pas indifférent et oblige tout un chacun à choisir son camp. Ce qui, d'ailleurs, est l'immédiate conséquence du geste prodigue. De la sorte, l'éthique dispendieuse, loin d'être une morale sans obligation ni sanction, trouve son succès, ou son échec, dans l'immédiateté la plus redoutable. Elle fonctionne dans la plus totale des clartés, *hic et nunc*. S'il y a embrayage sur le terrain des actes, il s'ensuit une profusion, une série de dépenses motivées par l'instinct combatif. Le réel est transfiguré en terrain de joutes pour faire triompher toujours plus de dépenses. Le magnifique est celui qui gagne, c'est-à-dire qui anéantit les réponses qu'on peut lui faire en retour. Rendant impossibles les contre-dons éthiques, il emporte la mise avec une légère avance sur autrui. C'est dans cette infime distance que pourra s'enraciner l'excellence. Laissant derrière lui les moins magnifiques, parce que plus épuisés que lui, même légèrement, il fonde sa solitude rayonnante sur un gain : il a conquis la puissance sur lui-même, donc sur le réel. La belle âme est le produit final, épuré, dégraissé, de ce combat hédonique.

Où fut-elle, cette belle âme, dans les temps passés ? A quoi ont bien pu ressembler ces magnifiques si, d'aventure, ils ont existé en Occident ? Il conviendrait d'écrire l'histoire dans cette perspective et de considérer quelques destins magiques. Et l'on y verrait des hommes batailler avec le destin, l'histoire, le réel, la matière. Des artistes, des philosophes, des génies, des inventeurs, des héros. Des découvreurs de nouveaux continents relativement à leurs domaines. Ce seraient des hommes illustrant l'antique combat entre la fatalité et la grâce. Quelques-uns pourraient constituer un panthéon. Un prochain livre n'ignorera pas le sujet... Mais avant cela, je songe à François Ier ou Laurent le Magnifique. François Ier, parce qu'il dispense les libéralités les plus précieuses qu'un siècle puisse espérer. Le modèle italien lui sied, il veut donner à ses actions, à ses gestes et à ses projets des dimensions d'exception. Et il y parviendra. On le voit encourager et financer les expéditions et explorations de Cartier ou Verrazano ; il entretient à sa cour Vinci, Cellini et le Primatice qu'il a fait venir d'Italie ; il demande à des architectes de construire Chambord, Saint-Germain-en-Laye. La grandeur l'anime, et il s'en donne les moyens. Dans ce combat dispendieux, c'est le sort de la France qui se joue, et, par là même, celui de Charles Quint, en face de lui. Par ailleurs, Laurent le Magnifique m'intéresse pour les mêmes raisons. Lui aussi est un virtuose de la politique, un artiste de l'action. Ses fêtes destinées à impressionner la puissance lombarde ont laissé des traces. Poète déclarant sa flamme, par vers interposés, à une femme déjà mariée à qui il fait l'honneur de dépenses royales à Florence en 1468, il est commanditaire des œuvres les plus rares pour imposer son rang. S'il faut un étendard flamboyant, c'est Verrocchio qui en fait la peinture ; s'il faut un orfèvre pour ciseler les armures des chevaux et des hommes, c'est

Pollaiuolo qui est mis à contribution. Or, argent, pierres précieuses, vêtements et harnachements fabuleux, sonneries de cloches à la volée, tournois, bals et banquets, le maître d'œuvre est décidé de sacrifier à la démesure. Il s'agit presque de fêter la fête, de consentir à ce que la vie permet de plus jubilatoire. Ces deux-là, hommes de la Renaissance, ont manifesté, dans leur temps, et avec les moyens qui étaient les leurs, ce que les évergètes de l'Antiquité grecque avaient déjà montré : une volonté de grandeur pour imposer un rang, une geste dispendieuse pour sélectionner une place dans l'Histoire. Leurs situations à la tête d'un pays rendait possibles ces pratiques sur de pareilles échelles. Qu'il soit permis de décalquer le modèle sur des registres différents en temps et en conditions: L'histoire ne manque pas de grandes figures capables de vouloir le rang, l'honneur, l'excellence, la place la plus digne dans un concert des nations. Pareils soucis font rire les médiocres qui œuvrent en politique ou président aux destinées de la nation, à quelque niveau que ce soit. Ils sont tous fils de bourgeois et ignorent qu'on peut être artiste...

Sur des terrains moins politiques ou historiques, mais plus singuliers, plus intimes et individuels, en l'occurrence l'éthique des particuliers, il est possible de vouloir pareilles magnificences, du moins de tendre vers des morales hédonistes et dispendieuses. Dans l'analyse qu'il fait de la notion de magnificence, et songeant toujours aux grands hommes dans la cité grecque, Aristote soumet la vertu au principe de grandeur : pas d'individualité magnifique sans un grand projet, ni de grands projets. Or l'idée de grandeur fait peur, aujourd'hui, en vertu de la vulgate démocratique qui préfère la médiocrité assurée pour tout le monde plutôt qu'un ordre permettant *l'excellence* *, donc justifiant son opposé, la petitesse. Car la crainte est grande, et de toute façon vérifiée, d'un afflux du côté des petits en même temps que d'une pénurie du côté des grands. A ce prix, on évite les deux extrémités, mais il n'est pire excès que celui du milieu. Tous les projets sont insipides, toutes les existences semblables, l'unidimensionnel est la rançon de la gloire médiocre. Le capitalisme a contribué à cet effacement de tout souci de noblesse. Son objectif est la rentabilité, l'efficacité est son dessein. Et, en la matière, il n'y a aucune place pour des vertus telles la grandeur ou l'excellence. Pourtant, elles sont agoniques et montrent la dépense à l'œuvre, elles excitent le mouvement et sollicitent les richesses — dont l'accès est libre pour qui veut. Elles rencontrent des ennemis partout : le christianisme crie au péché d'orgueil et préfère l'humilité ; l'aristocratie du sang, épuisée sur ses arbres généalogiques, hurle au péché républicain ou démocratique, à la confiscation ou au détournement par la racaille et les roturiers ; les capitalistes, sanglés dans leurs avoirs, y voient péché de naïveté, innocence de rêveur ou fumée de philosophe ; les marxistes les condamnent parce que contraires à leur religion de l'égalitarisme ; les démocrates communiant dans l'humanisme centriste y décèlent un péché féodal et craignent le retour aux monarchies capétiennes qui les feraient valets, eux qui sont dans les ors et brocarts. Tous vantent les mérites de leurs catéchismes, aucun n'entend penser hors vieilles lunes ces vertus qui dispenseraient de sacrifier à la vulgarité, à la médiocrité, à la décadence et à toutes les déchéances associées. Un peu de grandeur n'a jamais nui, que je sache. En tout cas, certainement moins que beaucoup de domesticité. Or, les vertus d'esclaves ont le vent en poupe.

La magnificence est donc consubstantielle à la grandeur, puis à la capacité à distinguer, manifester un goût. Rien n'est plus insupportable que cette incapacité au jugement propre qui sévit aujourd'hui. Le magnifique est un artiste en fait de dépense, il sait quels objets sont appréciables et lesquels sont négligeables. N'attendant aucune leçon d'un autre que lui-même, il est autonome, c'est-à-dire qu'il est à lui-même sa propre loi. Sans pour autant faire de son caprice un ordre, il avisera du bien-fondé de son action avant la dépense. Le jugement de goût est ce qui autorise l'entreprise dispendieuse. Car les fins qu'elle vise sont esthétiques : la beauté, certes, mais aussi toutes les variations sur ce thème, c'est-à-dire l'élégance, la grâce, la manière, le style et, bien sûr, la grandeur et l'excellence. Or, il ne saurait être question de capacité à élire des fins, à déterminer des desseins, sans faculté d'en saisir, a priori, les formes et les structures, sans en connaître à plus forte raison l'existence. Ce que d'aucuns vont même jusqu'à ignorer. Le Condottière est un esthéticien soucieux des signes qui désignent une belle forme. Pas d'investissement, de comptes et projets de rentabiliser, mais une farouche détermination à dégager de beaux effets, des résultats élégants, à viser le convenable, l'équilibre et l'harmonie.

La magnificence suppose également la manière, au sens où les artistes emploient le terme : la façon de pratiquer, le style dans l'expression, le mode spécifique d'action. C'est ce qui demeure malgré le temps et ses usages. De sorte qu'on peut en faire ce qui permet l'éternité dans l'instant, ce qui concentre le tempérament dans une forme et la rend radicalement incapable d'être autre que ce qu'elle est. La manière est la révélation, dans ses modes aussi bien que dans ses genres. En matière d'éthique dispendieuse, elle est la façon de parvenir à une fin, et plus particulièrement, ce qui fait l'épaisseur, l'identité de celle-ci. A l'opposé du machiavélien pour lequel peu importent les moyens, pourvu que les fins triomphent, le magnifique accorde autant d'importance au trajet qu'au but, au chemin qu'au havre. Car il n'y a pas de voie d'accès médiocre qui conduise à l'excellence. Seule la schizophrénie peut justifier d'une artificielle dissociation des fins et des moyens. Les deux s'éclairent ou s'assombrissent mutuellement suivant leurs qualités intrinsèques. Une belle fin suppose de beaux moyens, tout sculpteur de soi le sait. La manière de parvenir à un but fait d'ailleurs partie de ce but. Les leçons d'Héraclite supposent, dans leurs extensions, une connaissance de la nature dialectique du réel. Pas de point sans ancrage qui ne soit non plus une borne pour un nouvel amarrage. Toute fragilité dans un moment implique une mise à mal de l'ensemble du procès. La dignité visée suppose la dignité pratiquée.

Dans toutes ses œuvres, le Condottiere fait du solipsisme une évidence assumée. Le style que supposent la grandeur, le goût et la manière induit une immense solitude. Loin des chaleurs grégaires, il est seul, désespérément seul. Les autres, les modes, les habitudes ne lui servent pas de modèles. Le psittacisme le dégoûte. Plutôt se tromper seul qu'avoir raison en groupe. Dans le projet de l'artiste se manifeste un isolement que décuplent le temps et les pratiques dispendieuses. Le pathos de la distance induit des distances pathétiques. Et le doute peut parfois surgir, inopiné, puissant et ravageur. Sans s'annoncer et crier gare. C'est le prix à payer de la dépense. Car on connaît l'ivresse et l'étourdissement à donner, à libérer l'excès et ne jamais baisser la garde. Pas d'éthique sans lucidité permanente, sans œil avisé et vertu de soldat au guet. La morale esthétique est mobile, sans cesse à construire, d'où les fatigues, parfois, les échecs, les piétinements et les pas effectués sur place. Quand il ne s'agit pas de mouvements en arrière. Qu'on se souvienne d'Hercule, qu'on vit parfois aux pieds d'Omphale. Pour autant, il ne s'agit pas d'abdiquer. La magnificence est la production d'une lutte engageant un individu solitaire et le réel tout entier. Parfois le solipsiste s'effondre, pratique des fautes de goût, tremble dans la manière ou, en matière de grandeur, ne réussit que de petits bonds. Qu'importe. Le gain n'est pas toujours assuré, le principal, c'est la tension, le vouloir. La magnificence n'exclut pas, quant à soi, la magnanimité, ce qui ne veut pas dire le contentement de soi et l'auto-absolution. Au contraire. Sûr de devoir s'engager dans ce qui advient mieux que n'a été l'engagement dans ce qu'il fut, le Condottiere sait qu'il n'y a d'œuvre accomplie que par la mort. En attendant, l'ouverture suppose toutes péripéties possibles. La faiblesse une fois n'interdit pas la magnificence une autre fois. Hercule le magnifique l'expérimenta à son heure.

*Magnanime** avec lui-même, l'artiste soucieux de dépense l'est également avec autrui. Dans le cas de figure où il triomphe par dépassement dans le don et fabrication d'autrui comme d'un obligé, le Condottiere n'use ni n'abuse de la situation. Sachant qu'il pourrait triompher avec effusion, il préfère toutefois se satisfaire du for intérieur. D'abord pour éviter une humiliation, qu'il y aurait inélégance à infliger, ensuite, et surtout, pour se contenter tout simplement de la satisfaction de soi qui sied à l'homme d'honneur. Miroir, encore et toujours. Epargner quand on peut détruire est la marque et le signe d'une force supérieure à celle qui aurait accompagné l'accomplissement. Une force qui se contient dépasse celle qui n'obéit qu'à elle-même, et de la sorte, se transforme aussitôt en violence. L'esthétique et la force ne se contredisent pas, au contraire. En revanche, il y a mauvais mariage entre la délicatesse, qui définit le projet esthétique en éthique, et la violence entendue comme puissance dont l'usage montre la faiblesse de qui en est l'objet. Ce qui entraîne cette indifférence de comportement qui ferme le visage et le corps du meilleur devant le moins bon, une impassibilité fabriquée évitant d'ajouter de l'amertume au constat déjà fait par le perdant de son infériorité sur tel geste, tel acte, tel propos ou tel fait. Au-delà de la blessure au premier sang qui décide de la fin d'un duel, il n'y a que barbarie à laquelle ne peut consentir le magnifique sans devenir immédiatement un rustre.

Du temps
ou
Le désir d'éternité

Dans les qualités nécessaires à la magnanimité, il ne faut pas oublier le talent pour l'oubli, dépense du trop, consumation de l'excès négatif. Il est la condition de possibilité de toute intersubjectivité, car la rancune exigerait la rupture totale, tôt ou tard, avec qui que ce soit. De même pour le *ressentiment* *. En effet, il n'est pas d'individualité exclusivement douée de qualités et dépourvue de tout défaut. Un jour ou l'autre, il n'est plus possible d'éviter l'effet des faiblesses d'autrui — qui, de son côté, n'évite pas non plus les nôtres. Aussi doit-on se résigner, un tant soit peu, aux frasques et douleurs qui nous viennent des négligences de l'autre, et manifester, autant que faire se peut, de la longanimité. Si la somme des déplaisirs dépasse celle des plaisirs que l'on doit à son partenaire éthique, il faut tout simplement envisager une rupture. Oublier définitivement. Avant cela, lorsque le résultat de l'arithmétique est en faveur de plus de grâce que d'indélicatesses, il s'agit d'œuvrer activement dans le sens de l'oubli. Non pas faire comme si rien n'avait jamais existé de ce qui a été dit ou fait, tu ou oublié, mais agir en tâchant de ne pas prendre en considération le pire que nous ayons à déplorer. Eviter les parasites, les interférences, et désirer une communication dans le registre clair, de part et d'autre. Oublier, c'est dépenser totalement, épuiser son compte, apurer. Imaginons, par ailleurs, une existence où la capacité d'oublier n'ait pas sa place : sans cesse nous vivrions dans le souvenir des douleurs, des peines, des tristesses, des tragédies, des impérities et des ombres les plus noires. Au lieu de cela, tout simplement parce qu'il y a plus de satisfaction à l'oubli qu'au ressentiment, il faut vouloir la paix. A défaut de ne pouvoir la réaliser, qu'on veuille une indifférence totale, un oubli, non plus des dommages eux-mêmes, mais des personnes qui en auront été la cause. Il en va de cette ascèse comme d'une catharsis, une purification des pesanteurs et des lourdeurs qui nous habitent. Lorsque des zones maléfiques s'installent dans les replis de l'âme, il n'est d'autre médecine que la purgation, la dépense des mauvaises humeurs, comme par une saignée éthique.

Là encore, il ne saurait être question de pardon au nom de l'amour du prochain. Au contraire, l'oubli se fait au nom d'un principe d'équilibre qui satisfait l'harmonie avec soi-même. Afin d'éviter les perturbations et les effets défavorables des douleurs qui travaillent un corps habité par le désir de vengeance, l'amnésie provoquée lave les ciels couverts et lourds de nuages. Elle active la santé au détriment des pulsions mortifères et des passions morbides. Le négatif attaque, détruit, travaille la chair et l'âme au plus profond, au point de paralyser toute capacité à l'action, à la réflexion. Requis par le ressentiment, le sujet n'existe plus que dans l'espoir d'une vengeance, il veut opposer la violence au souvenir du désagrément et entretient, pour ce faire, la bête qui croupit en lui. La mort est à l'œuvre, en chacun, sous de multiples formes. Rancœur et rancune sont parmi les plus actives, les plus redoutables. L'homme de l'animosité entretenue est laid, vulgaire dans son ardeur à cultiver les pulsions destructrices.

Pendant le temps que dure l'auto-empoisonnement de soi, l'incapacité à dépenser chez l'homme ainsi concerné, il y a rumination, satisfaction à croupir dans un état qui rapproche de la bête et éloigne de la culture. Car la réflexion a son utilité dans ces cas de figure : elle permet de saisir le point de douleur dans son enflure, dans son moment d'infection, dans le dessein de soigner, d'opérer et de purifier afin de recouvrer la santé, la paix. L'homme du ressentiment macère dans son incapacité à consumer le mal, à l'exprimer pour expier. Incontestablement, la rancune se nourrit de la sève masochiste et de la puissance qu'a cette pulsion à détruire, massacrer et mettre à mal les équilibres précaires installés au creux de la chair. Dans l'auto-engendrement de la mort que suppose ce jeu avec Thanatos, l'homme de rancœur est le contraire du dispendieux : il garde, conserve, chérit presque ce capital de douleur qu'il porte en lui.

La vengeance différée que veut l'amer est signe de petitesse, parce que de faiblesse. En effet, dans le projet qu'il a d'être violent, demain, il avoue son incapacité à l'être ici et maintenant, immédiatement. Peut-être est-ce d'ailleurs dans ce constat plus ou moins conscient de son impuissance qu'il puise des raisons supplémentaires d'entretenir son ressentiment. C'est pourquoi cette passion glauque est une qualité d'esclave, le signe distinctif du domestique confiné dans des hypothèses d'action et impuissant devant elles. Il est le révélateur de la position qu'un sujet occupe dans une échelle des forces : là où jouent la fermeture, le repli, le négatif, la haine de soi et du monde, le masochisme, l'autoflagellation. En un mot, l'absence de talent pour la dépense. Economisée, cette pulsion désœuvrante travaille le corps et l'âme dans le sens d'un amoindrissement, d'un dessèchement. Refoulée, elle génère toutes les pathologies qui font le bonheur des psychanalystes. En découle la nécessité, mise en évidence par Freud, d'une dépense sous forme de sublimation par exemple, ou toute autre figure résultant des rapports dynamiques entre les instances psychiques, pourvu qu'il en émane un compromis permettant l'éviction ou le contrôle des forces du ressentiment. Bien sûr, dans la logique freudienne, on ne choisit pas soit l'entropie dans la conversion psychique, soit l'élection d'une rhétorique en appelant à la condensation et au déplacement, soit l'investissement objectal dans un leurre de substitution, ou toute issue susceptible d'en finir avec la pulsion morbide. Mais qu'à défaut d'un succès assuré ou d'une lutte de toute évidence victorieuse d'emblée, on oppose la détermination et la volonté d'une liquidation du ressentiment. Travailler à l'oubli finit par conduire, l'usure aidant, à un état de stabilité qu'aura rendu possible la catharsis. Qu'on fasse totalement l'économie des traces et que toute blessure se défasse dans l'absence de cicatrice est impensable, certainement. Au moins le masochisme n'aura-t-il pas triomphé sans ennemi déclaré.

Le ressentiment n'est pas acceptable parce qu'il gâche l'existence, parce qu'il induit du déplaisir et de la douleur, parce qu'il est économie et thésaurisation du négatif. Son fonctionnement suppose du désordre et du chaos triomphants dans le corps : parts maudites appelées à des ravages et à des subsomptions du réel aux pulsions de mort. L'hédonisme du dispendieux oblige à la dépense de ces forces noires, car il vise une pleine et entière disposition de soi-même. Toute entrave à sa souveraineté, à sa liberté et à son autonomie est pourvoyeuse de statisme avec soi-même : narcissisme négateur, nihilisme en acte, épuisement radical. La capacité à l'oubli libère et rend léger, elle rend disponible pour soi. C'est moins pour autrui que pour sa propre sauvegarde qu'il faut œuvrer à la destruction de la rancune. La dépense, ici, vise la restauration de la souveraineté. Alors sont possibles les actions de la pleine jouissance de soi. Débarrassé de ce qui détruit de l'intérieur, le sujet dispose de toute latitude pour un déploiement sur le réel. A cet effet, il tâchera de se libérer également des pesanteurs venues de l'extérieur. Cerné par le dedans et contraint par le dehors, l'individu est un point de jonction entre ces deux forces. Son équilibre suppose la réduction des effets venus de part et d'autre ; ni troublé par l'âme, ni inquiété par le monde, il lui faut vouloir la maîtrise du temps. Le ressentiment est incapacité à se défaire du passé, il corrompt le présent et compromet l'avenir ; la volonté d'*otium* est désir d'investir pleinement l'instant, de réduire le réel à cette forme qui d'ailleurs est la seule modalité possible du temps. Pas de souveraineté sans royauté expérimentée sur le temps. Nietzsche aimait l'innocence du devenir, il s'agit d'adhérer à ce vouloir d'un temps léger qui soit moins redevable du passé, donc de la nostalgie, et du futur, donc de l'illusion, que celui dans lequel la domesticité nous fait vivre. A ce prix, toute richesse sera débordante, toute dépense deviendra magnifique.

Le temps est le capital le plus précieux, l'usage

qu'on en fait la pratique la plus sérieuse. Pas de duplication, pas de répétition, chaque seconde est unique et ne se répétera pas. L'éternel retour se fait sur le mode de l'universel, jamais du particulier : la douleur reviendra, la peine, la joie, la tristesse, l'amour et l'amitié se représenteront, le mensonge, l'hypocrisie et le déni, la haine et la mort n'auront de cesse de sévir, encore et encore. Mais les moments d'incarnation subjectifs et singuliers n'auront qu'une seule et définitive occurrence. Ce sont des hapax, et là réside toute leur préciosité. Les gestes amicaux, les paroles haineuses, les oublis mensongers, les hystéries amoureuses ou les amnésies voulues par l'inconscient exigeront un temps, un lieu. En surveillant de baignade avisé qu'il était, Héraclite l'avait affirmé sans ambages : jamais on ne descend deux fois dans le même fleuve. Et si dix fois le nageur s'ébroue en jubilation aquatique, ce sont dix variations sur le thème hydraulique. La cellule de base est bien la même — les plaisirs de l'eau —, mais le travail d'improvisation est sans cesse différent. D'où l'extrême densité dont chaque instant est capable. D'où, en même temps, l'incommensurabilité de la perte lorsqu'il y a gâchis. Le temps nous est compté, la mort attend et gagnera de toute façon. Qu'on sache faire du temps un outil pour polir et faire briller son existence.

L'éthique dispendieuse pourrait avoir la *musique* * comme métaphore : art du temps, de l'énergie mise en forme et modalité sonore du réel, elle s'impose, dans la durée mesurée, au profit d'une durée vécue, ressentie. Le matériau brut qu'est le temps absolu disparaît au profit d'un temps relatif, soumis au vouloir du compositeur et visant l'effet ontologique sur l'auditeur. La musique est l'instance des minutes éternelles, de ce qui n'advient qu'une seule fois dans des circonstances à chaque fois nouvelles. Toute écoute est soumise à de nouvelles ambiances, toutes générées par le mouvement du temps qui passe : située dans un flux, à un moment précis de cet écoulement, l'interprétation met en exergue une émotion, une passion, une idée, ou des forces plus obscures qui se travestissent pour ne s'offrir que dans les effets produits — ravissements, extases, transports, émotions physiques, ébranlements psychiques. De même, le projet dispendieux en matière de temps visant la coïncidence de soi avec le présent, on peut filer, là aussi, la métaphore musicale. Le concert, la mélodie, la phrase d'une sonate ou l'impressionnante machine de l'opéra produisent des temps concentrés, des instants denses, des exacerbations de la durée expérimentée par un corps mélomane. Dans l'audition, il y a une relation avec le temps pur, quintessencié, qui conduit à une réconciliation de l'homme avec lui-même, puis avec le monde. Facteur panthéiste, elle confond les parties et le tout, les singularités et le réel dans lequel elles évoluent. *Evasion dans l'immanence,* écrivait Jankélévitch. La musique dispense de la matérialité et de l'épaisseur qui alourdissent l'existence, elle offre à profusion, au contraire, des occasions de légèreté et de fusion avec l'éther. Elle est la cristallisation auditive, culturelle et intellectuelle des bruits qui passent en avant du monde dont la dimension sonore disparaît tout entière sous la composition et son interprétation. Elle agit de même avec le temps qu'elle transfigure et place loin devant toutes les autres modalités possibles de la durée : la musique invite à un déplacement du côté de l'éthique, là où il s'agit de promouvoir de nouvelles façons de penser et vivre les instants dont se compose, *in fine*, toute existence. Dans cet esprit, la question ultime de la morale se réduit à l'emploi du temps — tout comme Euterpe est élection d'une façon de construire de nouvelles durées.

Dans la gestion dispendieuse du temps, il faut avant tout congédier au maximum l'habitude. Celle qui détermine le chien de Pavlov, celle qui oppose le clabaudeur domestique de La Fontaine, rompu à la répétition et à l'obéissance, au loup perpétuellement devant sa liberté — et les angoisses qu'elle suppose. Le Condottiere dépensera donc son capital d'existence avec toute l'élégance requise, avec toute la grandeur dont il est capable. Car l'habitude, qui est force de mort, doit être supplantée par ce que Ferdinand Alquié appelle *le désir d'éternité* *, la volonté de faire de tout acte une médiation entre le temps et ce dont il participe. L'habitude est empoisonnement du présent par le passé. En cela, elle est aussi entrave puisqu'elle suppose qu'on ne sache pas aborder le lendemain autrement que sous l'éclairage de ce qui fut déjà et qu'on souhaite réactualiser. Elle détruit les potentialités de l'instant au profit de la répétition qui vise l'immobilité. Là encore Parménide s'oppose à Héraclite. Sinon Apollon à Dionysos. Car les divinités grecques, les symboles de l'ordre et de la mesure, signifient également pour *l'emploi du temps* * et la dépense libre de celui-ci. D'un côté sa mise en forme dans des activités régulières, répétitives et habituelles ; de l'autre, l'invention, l'imagination et la création d'occasions qui permettent l'émergence de durées magnifiques. L'économie contre la dépense.

Qu'on sache se souvenir que l'emploi du temps,

qui est volonté de faire alterner dans des blocs de durée mesurés et calibrés, la liberté et la nécessité, le travail et le loisir, est un auxiliaire du principe de réalité, contre le principe de plaisir, bien sûr. Et ce dans tous les cas de figure. Il est l'arithmétique en vertu de laquelle se décident la dépendance et l'indépendance, l'ouvrable et le férié, le labeur et la vacance. Côtés nocturnes et côtés diurnes. Hivers sans soleil et nuits brèves de l'été. Les rythmes d'une civilisation ignorent ceux, circadiens, des individualités. Bien mieux, ils les détruisent, les réduisent à néant au profit du seul ordre social devenu économie. Le temps bourgeois est productif, facteur d'accumulation pour la reproduction. Il suppose la mécanisation de la journée. Celui du dispendieux est jubilatoire, principe de consumation et auxiliaire d'invention. Il induit une transmutation des valeurs à l'issue de laquelle l'individu n'est plus au service du temps, mais, au contraire, le temps au service de l'individu. Il lui obéit et subit sa loi, ses caprices.

Il faut se souvenir que l'emploi du temps apollinien est l'auxilaire des machines à briser l'individu. Et d'abord de l'Eglise, à laquelle on doit la scansion de la journée ou de l'année en périodes vouées au culte. Pacôme, le premier, dans la Haute-Egypte du IVe siècle de notre ère, puis saint Benoît qui, avec sa règle, sévissant toujours dans les monastères bénédictins, détermine sept services de jour à partir d'un découpage en laudes, prime, tierce, sexte, none, vêpres, complies et matines. Les heures canoniques sont des produits de l'ordre monastique. Elles deviendront vite des instruments redoutables dans les mains des représentants du pouvoir bourgeois et capitaliste. Le but étant toujours de prévoir au maximum de façon à ne laisser aucune place possible pour le hasard, l'inattendu, l'improvisation, l'inhabituel, l'invention — le mal. Les cadences industrielles se feront sur le modèle liturgique : augmentation effrénée du temps consacré à la production — de prières, de contemplation puis de richesses, de biens matériels —, diminution de celui qui échoit à la liberté individuelle. L'apollinisme en matière de temps permet de distribuer les activités : prier, travailler, commercer, échanger. L'individu plie, ploie et disparaît sous le poids de l'ordre temporel, qui est ainsi un poids spirituel. Le calendrier fonctionne de même sur de plus longues périodes : il est à l'année ce que l'emploi du temps est à la journée. Son but est le même : asservir les singularités à la nécessité dominante. Soumettre les forces chaotiques à l'ordre social.

L'horloge naîtra de ces volontés de pulvériser le principe de plaisir au profit du principe de réalité. Son étymologie rappelle la fonction d'annonce des heures de prière et de recueillement. La mesure du temps en permet la régulation, l'économie. Son calcul entraîne un accroissement des pratiques arithmétiques et mathématiques. L'apprentissage des nombres, la mesure pratiquée par les moines favorisent l'aptitude au calcul des marchands. Apollon au clocher, c'est Dionysos pourchassé. Le Condottiere, parce que dispendieux, ignore les horloges : c'est lui qui décide de ses rythmes. Au temps apollinien des autres, il oppose le sien, dionysien : contre le temps mesuré par les autres, il veut un temps vécu par lui. Là encore, il s'agit d'inverser les valeurs et de réaliser une révolution copernicienne : la mesure ne doit plus conditionner la présence, mais l'inverse : la présence conditionne la mesure.

Enfin, la mesure du temps n'est pensable que par

les fonctionnaires du Styx. Dans l'absolu, lorsqu'il n'est plus question du vouloir de la singularité. Elle suppose le travail et son corrélat, la mort — qui est achèvement sans appel de la durée impartie. Toute mesure est tragique, elle suppose la gestion d'un capital épuisable. L'homme soumis à l'emploi du temps qu'il n'a pas souhaité, désiré, voulu, est une machine dans un monde de machines. Instrumentalisé, il est aux ordres des producteurs de cadence, qui sont par là même les maîtres du réel. Et le *jeu* * est libre disposition de son temps. Aussi, une morale dispendieuse est-elle immanquablement une éthique ludique où le temps, stérile, improductif au sens bourgeois du terme, s'oppose au travail et se dirige vers le luxe. Libre, volontaire, spontané, le jeu est turbulence, épanouissement insouciant, fantaisie incontrôlée et, surtout, prééminence de l'instant. Où l'on retrouve le désir d'éternité qui veut la seconde comme une quintessence, un concentré. Dans le vouloir ludique, et seulement là, se trouve magnifié le principe de dépense. Quelle est la place d'autrui dans ce jeu avec le temps, donc avec la mort ?

Pathétique

GÉOGRAPHIE DES CERCLES ÉTHIQUES

« Les morales ne sont pas autre chose que le langage symbolique des passions. »

NIETZSCHE,
Fragments posthumes.

De l'hédonisme
ou
L'utilitarisme jubilatoire

Toute relation à autrui est médiatisée par une passion et l'on n'échappe pas, dans l'hypothèse d'une morale nouvelle, à une pathétique singulière. Le temps est venu d'en finir avec la barbarie qui consiste à éradiquer purement et simplement les passions partout où elles se trouvent pour vider l'homme de sa substance et le transformer en cadavre avant l'heure. *Perinde ac cadaver*, disent-ils, tous, depuis que triomphe l'idéal ascétique sous toutes ses formes. « Haro sur les passions », « haine à l'enthousiasme » — dont l'étymologie nous rappelle qu'il est transport vers les cimes — et « mort à la vie », enseignent toutes les éthiques du renoncement et de la négation. Mieux vaut la paix dans un corps déserté par la vie que la guerre dans un organisme fouaillé par l'énergie. Autant mourir tout de suite, et souhaiter la rigidité des morts.

Une éthique affirmative veut les parts animales en l'homme jusqu'à l'acceptable. Elle entend solliciter ces forces autant que faire se peut dans des limites qu'il s'agira de trouver. Soucieuse de dépense, elle vise l'efflorescence, puis l'épanouissement de ces zones confinées dans l'ombre, maltraitées parce que discréditées a priori. *La part maudite** n'est haïssable qu'au-delà d'un seuil, quand elle génère des dangers qu'on ne contient plus, lorsqu'elle emporte tout avec elle et se met au service du négatif, de la destruction et des œuvres de mort. Ailleurs, en relation avec la construction, la vie et le positif, les instincts, passions, pulsions, les forces sont des vertus à l'aide desquelles se font et se défont les relations humaines dans la perspective d'une dynamique coïncidant avec le mouvement de la vie.

Toute la question éthique réside dans la détermination des limites : à partir de quel moment ces puissances magnifiques risquent-elles de basculer du côté sombre ? Au-delà de quelles bornes sont-elles intolérables ? L'hédonisme permet une réponse. Disons-le d'une première manière, indicative, avant de préciser plus avant : tout est acceptable qui procure de la jouissance, tout est condamnable qui génère de la souffrance. En vertu du mouvement naturel, et universel, qui pousse les hommes à rechercher le plaisir, à aller vers lui, à le désirer en même temps qu'à fuir le déplaisir, à s'éloigner de la douleur, de la souffrance et des peines, il s'agit de réaliser une intersubjectivité contractuelle dans laquelle les sujets consentent, l'un et l'autre, à une algèbre des plaisirs qui s'instruise des parts maudites. Le langage, les signes, les gestes permettent de dire, et se dire, quelles jouissances on vise, pour soi et pour autrui, quels projets on a pour l'autre dans cette logique, tout en attendant signes de relations éthiques : il n'est aucun bien absolu, ni aucun mal absolu, mais des jugements relatifs, des appréciations qui ressortissent de chaque sujet, en vertu de son histoire personnelle et de son tempérament. Toutefois, il existe un assez large consensus sur les notions de plaisir et de déplaisir : sans trop tergiverser, savoir ce que tel ou tel aime ou déteste, veut ou refuse, ne serait-ce qu'en interrogeant son propre désir, est dans les limites du possible. Les satisfactions sont multiples, mais elles empruntent toujours le même chemin. Dans cette logique, la jouissance désirée par l'un doit impérativement être mise en perspective avec celle d'autrui. Un plaisir personnel, sans l'autre, peut vite devenir un plaisir malgré l'autre, contre lui. L'hédonisme est souci de jubilation pour soi *en même temps* que pour autrui. Le contrat éthique réside dans ce mouvement qui oscille de soi à l'autre. L'égocentrisme ou l'égoïsme n'entendent que la voix de la jouissance personnelle : mon plaisir, et lui seul. L'hédonisme est dynamique et considère qu'il n'est pas de volupté possible sans considération de l'autre. Non par amour du prochain, mais par intérêt bien compris, car autrui est l'ensemble de l'humanité à laquelle je retranche ma propre personne, ce que tout un chacun expérimente. Aussi, tous sont autrui pour moi, mais je suis autrui pour tous les autres. Et ce que je pratique en direction de l'autre se trouve, dans une perspective eudémoniste, mis en œuvre dans ma direction. La jouissance que je donne rencontre, sur son trajet, la jouissance qu'on me donne. Théoriquement. Lorsqu'il y a défaut de symétrie, il y a défaut d'éthique, manquement à la règle hédoniste, et basculement dans l'égocentrisme.

Une pathétique est donc une esthétique des passions, une poétique des parts maudites. Au-delà des peaux qui jamais ne se pénètrent mais sont condamnées aux surfaces, aux ductilités superficielles, elle vise l'âme pour toucher l'autre derrière l'apparence, en son tréfonds. Chaque signe émis en direction d'autrui est tentative d'entamer toujours un peu plus le solipsisme en créant les conditions d'une illusion d'intersubjectivité. Car on ne quitte jamais son ombre. Mais cette chimère suffit pour qu'on se sente moins hanté par les effets de ce que Sade appelait *l'isolisme**.

Entre les êtres circulent donc des signes, des traits presque imperceptibles sur un visage, une esquisse de sourire, un regard soutenu et qui fouille, un silence appuyé, une rigidité dans le corps, une souplesse dans l'âme, un filet métallique dans la voix, loin de ce qui se dit, mais tout entier dans la façon, la manière, une volupté dans le geste, une intention empressée et mille autres passions transformées en informations. Toutes elles exigent la sagacité, la célérité et l'esprit de finesse. Pas d'éthique possible sans ces vertus nécessaires au décodage fulgurant. L'hédonisme n'est possible qu'aux âmes déjà souples, légères et tendues. En cela, il est aristocratique et sélectif. De même est-il impur, si l'on veut bien entendre par là qu'il est une morale soumise à des intérêts.

En effet, l'hédonisme est un utilitarisme, au sens anglo-saxon du terme, un calcul d'intérêt qui permet des bénéfices de part et d'autre : supplément d'âme, augmentations de voluptés, thésaurisation de jouissances, capital jubilatoire et dividendes en matière d'être. Il est morale nécessitant un calcul permanent visant à déterminer, sans cesse, les conditions de possibilité du maximum de plaisir pour soi et pour autrui. Jouir et faire jouir, tout en sachant qu'il est une variété importante de modulations sur ce sujet et qu'il existe des plaisirs indirects obtenus par le fait de donner de la jouissance, tout autant que des plaisirs directs résultant de satisfactions reçues.

Même les thuriféraires de la morale pure invitant à l'action motivée par le seul respect de la loi parce qu'elle est loi, savent l'inanité d'une pareille proposition et son caractère exclusivement théorique, utopique. Il n'est guère facile d'éviter le plaisir, donc l'impureté — s'il faut définir celle-ci comme produit résultant d'un mélange —, car lorsque l'on se détermine à la moralité pour seulement coïncider avec la loi, il en résulte toujours une satisfaction, celle d'avoir été héroïque en étant moral. L'utilitarisme est la règle, il est incompressible. Autant le vouloir puisqu'il est manifeste, surtout lorsque l'on entend le congédier.

L'intérêt est moteur essentiel, il guide tous nos gestes. De sorte que l'action est une forme de boucle qui, partant de soi, est condamnée à revenir vers soi. Elle veut la satisfaction et ne cesse d'être reliée au sujet qui la met en œuvre. L'égoïsme suppose un mouvement circulaire intégrant autrui dans une perspective d'instrumentalisation pure dans laquelle la jouissance de soi exclut celle de l'autre ; l'hédonisme est une même figure, mais qui inclut l'altérité dans le dessein de la satisfaire également. D'une part, l'utilitarisme vulgaire, d'autre part, l'utilitarisme hédoniste. Dans ce dernier, l'utilité consiste en la satisfaction des désirs, en la réalisation des plaisirs d'un sujet impliqué dans une relation éthique. Mais sait-on si simplement ce que sont, pour l'autre, voire pour soi-même, désirs et plaisirs ? Quid de l'appétence ?

Cet obscur objet résiste, vit comme l'anguille et se meut tel un courant d'air. Imaginer tout un chacun lucide sur ses parts maudites, c'est sacrifier à l'illusion, bien sûr. Car il y a l'écran de la subjectivité, les affres de l'inconscient, les jeux du déni, les tricheries du déplacement. Puis le paradoxe d'un point aveugle, d'autant plus impossible à éclairer qu'il absorbe la lumière. Et se nourrit de ces clartés dont il fait des zones d'ombres, toujours plus épaisses et selon des logiques toujours plus obscures. L'appétence est donc tension, mouvement vers, ou dans la direction de. Mais quelles contrées vise-t-elle ? Des pays changeants, des géographies trompeuses, nimbées de brouillards qui rendent périlleux les accès. Escarpements, roches déchirées, images relevant de l'illusion d'optique, réfractions mensongères, tout désigne le danger et l'impossibilité du havre. Le désir se masque, se cache, et recourt aux ruses de la raison, il se montre d'autant qu'il entend se cacher, il met en avant avec vigueur pour mieux protéger ce qui le travaille derrière l'écran. De celui de l'autre autant que du sien propre, on est réduit à la conjecture, à l'hypothèse. Il faut supposer, supputer, imaginer, car il est habile et triomphe dans les métamorphoses, faisant de l'être qu'il habite un terrain de jeux, une surface ou un volume pour ses expérimentations.

Ainsi, brutalisé par la culture, trituré par la civilisation, agit-il parfois contre lui-même, il pratique l'autophagie la plus radicale et concentre tous ses efforts dans le sens d'une destruction de ses forces ; de même pour le plaisir que d'aucuns finissent par trouver dans la négation, la rétention, la contention. L'œuvre de l'idéal ascétique est parachevée lorsque le désir et le plaisir sont mis au service de la pulsion de mort dirigée contre soi-même. On finit par désirer ne plus avoir de désir et par avoir du plaisir à n'en plus avoir. Eloge de l'extinction, triomphe de la mort. Paradoxalement, à mettre l'appétence au service de ces causes dépravées, on obtiendra une satisfaction, un temps, payée d'une frustration, le reste de l'existence. Vouloir le non-vouloir, éteindre et se faire accueillant aux entreprises de mort en soi-même conduit à une définition spécieuse de l'eudémonisme à partir du plaisir négatif : on en arrive à considérer le bonheur comme l'absence de malheur, la santé comme absence de maladie ou le plaisir comme absence de désir. L'existence apparaît en creux, vidée et triomphant sur le mode du désert qui toujours avance. Victoire des petits desseins et de l'idéologie funèbre, de faux plaisirs et de succès mesquins. L'hédonisme n'est pas soucieux du plaisir négatif, il est volontarisme esthétique dirigé vers des plaisirs positifs en vertu desquels le bonheur, la santé, apparaissent sur le mode de l'affirmation, de la vitalité débordante et de la pratique dispendieuse. Contre l'économie centrifuge visant l'anéantissement dans un point animé par la mort, il faut vouloir une dépense centripète qui tende à une expansion vers un monde nourri d'énergie, de vie et de forces.

Le plaisir négatif n'est pensable que dans l'hypothèse où il génère un plaisir plus grand qu'une satisfaction positive dont les conséquences, sous forme paradoxale, ruineraient le bénéfice jubilatoire dans un coût pénible. Ne pas jouir est une jouissance quand jubiler se serait ensuivi d'une souffrance qu'il est possible de contourner. Logique utilitariste, là encore. Et uniquement dans cette perspective, on peut préférer le plaisir négatif. Où il est faisable de retrouver le principe subtil qui permet, parfois, de faire de l'économie une dépense supérieure, sublimée. Eviter les souffrances, les peines, les douleurs est une obligation hédoniste, et le négatif n'est pas consubstantiel au désir, le plaisir ne coïncide pas intrinsèquement avec le désagrément, comme aiment à le faire croire les tenants de la morale ascétique. En revanche, dans l'hypothèse où se confirme la confusion du genre jubilatoire et des promesses de blessure, et seulement dans ce cas, il faut préférer le renoncement, pourvoyeur de plus grandes satisfactions que la persévérance dans l'entreprise négative.

Qu'on sache donc préférer Eros à Thanatos, les pulsions de vie aux pulsions de mort. Qu'on élise plutôt le positif, l'enchantement et la joie contre le négatif, le désespoir et la mélancolie. L'hédonisme est une chance pour la vie, une voie d'accès à l'affirmation. Mais que faire du masochiste dont le plaisir consiste à jubiler de son incapacité à jouir autrement qu'en illustrant les logiques de l'idéal ascétique ? Emblème de la perversion de cette barbarie, prototype du dépravé dans l'ordre esthétique, il peut faire la joie de son semblable, soucieux de trouver des raisons de souffrir encore pour mieux jouir, et ce dans la meilleure des hypothèses. Qu'il contracte avec des sujets consentants à ses entreprises négatives. Et, alors, rien d'inquiétant ou d'anormal. En revanche, lorsqu'il s'inscrit dans la perspective de l'hédonisme vulgaire, visant sa pure et simple satisfaction, fût-ce au prix de la négation d'autrui, alors il s'agit de le circonscrire, soit en l'évitant, soit en le rejetant aux bords extrêmes des cercles éthiques qu'autour de soi on aura généré sur le mode acoustique et concentrique. Au plus loin de soi, il sera tenu à distance par une force qui contiendra ses velléités d'inclure un sujet non consentant dans ses entreprises négatives. Il en va ainsi pour le sadique visant les mêmes fins en déplaçant son objectif de soi à l'autre et pour lequel le plaisir consiste à nier celui d'autrui, puis à lui destiner une douleur. Il est l'impérieux qui se contente de jouir en oubliant qu'autrui est, en même temps, un sujet dont on doit vouloir la jubilation. Dans ce cas de figure et dans cet ordre d'idée, il y a manquement à l'hédonisme. Limité au registre éthique, il y a nécessité d'exclure de son propre monde ces figures incarnées de la mort par une pratique aristocratique visant l'anéantissement formel d'un tel sujet ; en revanche, sur un terrain politique, donc juridique et social, il appert qu'un supplément d'action s'impose — cela relevant d'un autre ordre, le politique.

On qualifie un être de sadique ou de masochiste lorsque, chez lui, priment ces tendances. Toutefois, il faut savoir qu'en tant que composantes et parties structurant un ensemble, elles désignent ce qui œuvre chez tout un chacun, à des hauteurs moindres. Aucun être ne fait l'économie de ces pulsions de mort dirigées, tour à tour, et selon les circonstances, contre lui ou contre les autres. L'éthique hédoniste est tentative de circonscrire ces parts maudites inacceptables. Effectivement, elles méritent la destruction, la mise hors d'état de nuire, dans la mesure du possible. En dehors de ces cas de figure, elles sont forces à dompter et non pulsions à détruire.

Tout a été dit par Freud sur le rôle castrateur de la civilisation en matière de désir et sur ses effets, en retour, dans la morale. Une éthique est le produit d'un renoncement à la sauvagerie absolue des instincts, mais, parfois, elle agit avec une sévérité qui entraîne des ravages supérieurs à ce qu'elle combat. Certains désirs innocents sont puissamment contrariés, puis associés à des camisoles morales tels la culpabilité, l'angoisse, la faute, le péché, l'interdit, la peur. L'incapacité d'échapper à des complexes, à des caractères ou à des tempéraments est due à des castrations engendrées par la mise en œuvre de morales mortifères. Ce que les neuro-biologistes appellent le faisceau de la récompense est conditionné par l'apprentissage, l'imprégnation consubstantiels à l'entreprise éducative qui donne sens, forme et prolongement à la théorie éthique. Pas de morale sans éducation : l'éthique est prévention ; au politique échoit la charge de la répression, du moins de la gestion sociale des passions. Une pathétique s'amorce sur le registre individuel, elle se prolonge sur le terrain collectif sous la forme d'une idéologie sociale. Mais c'est une autre histoire...

L'intersubjectivité la plus immédiate, défaite des pesanteurs sociales, hors la famille, le travail, la patrie, la société et autres machines vivant des affects singuliers, peut être dite hédoniste lorsqu'elle installe le souci du plaisir de l'autre, conjointement au nôtre, au point d'acmé de sa tension. Volonté de jouissance, donc, là où triomphent habituellement ressentiment et ardeur à éteindre l'énergie. Et si l'on sait que les instances idéologiques produisent des distorsions à partir desquelles il est possible d'enregistrer des manquements à l'hédonisme, il nous faut malgré tout constater que le négatif n'est pas seulement un pur produit du social, des morales du renoncement, mais qu'il est aussi une conséquence de la nature humaine. Car l'existence ne précède pas l'essence, et l'on peut parler, en vertu de ce que l'anthropologie enseigne, de lois naturelles et universelles régissant les comportements. A la question : qu'est-ce que l'homme ? il serait malvenu de se contenter de répondre : la résultante de contradictions engendrées par le social, la forme prise par une idéologie historiquement datée, l'épiphénomène s'illusionnant sur lui-même et vagissant dans un univers complexe de structures ou autres définitions qui renvoient à une antériorité, à une perception de l'homme comme effet ou conséquence, objet manufacturé par des puissances plus fortes que lui. N'en déplaise aux amateurs d'illusions, aux *bovaryques* * et métaphysiciens qui enjolivent l'évidence : l'homme est un animal n'ayant pas encore achevé son évolution. Il est imparfait dans l'état qui est le sien et, pour le dire comme Nietzsche, il est appelé à être dépassé.

Quel animal, rétorquera-t-on ? Babouin ou lamantin ? Saurien ou batracien ? Un peu tout, et plus encore. Il y eut des vipères lubriques et des hyènes dactylographes, des ânes bâtés et des chevaux de retour, des chiens domestiques et des lions fatigués. Des rats de bibliothèque, des maquereaux, des morues et des grues. Des bipèdes sans plumes et des poissons masturbateurs. Des poules mouillées, des canards boiteux, des cochons qui sommeillent. Des acéphales, beaucoup, des invertébrés, en nombre, des carnassiers, quelques-uns, des migrateurs, parfois. Animaux castrés, croisements singuliers, ruminants pacifiés, sans parler des animalcules, si proliférants. Bêtes à cornes ou à sang froid, vermiformes ou amphibies. L'inventaire suffit. Il n'est aucun homme qui n'ait été tour à tour, ou en même temps, ce qui est pire, un peu toute cette basse-cour. Les traces témoignent. Les scientifiques le montrent assez depuis Darwin qui fait descendre l'homme du singe et non du ciel. Les mêmes cris d'orfraie — encore le bestiaire — accueillent les révélations toujours plus précises issues du monde des laboratoires : honte à ceux qui rabaissent l'homme, l'animalisent ! Haro sur Laborit et Changeux, J.-P. Vincent et Ruffié. Pourtant, ce sont eux qui permettent qu'on sache que les moralistes de toujours avaient raison et que, de Horace à Chamfort, de Juvénal à La Rochefoucauld, on n'a cessé de montrer quel type de bête était l'homme. Sur tous les continents, à toutes les époques, sous tous les cieux, dans tous les régimes, sous la foudre de Jéhovah ou de Mahomet, l'homme est le même dans son fonds : un animal qui veut l'empire. Une anthropologie digne de ce nom le confirmera, il faut faire avec cet ange mâtiné de bête. La morale doit partir de cet homme-là, non d'un être idéalisé, informe et tout structuré artificiellement de théorie. Au milieu de chacun, comme en un chaudron perpétuel, cuisent les parts maudites.

Pour continuer dans la métaphore bestiale, il est à craindre qu'en matière de ménagerie, il faille se préparer à un zoo fabuleux : le basilic et l'hydre, la harpie et la coquecigrue, la tarasque et la vouivre. Des créatures qui tuent, boivent le sang, se nourrissent de la vie des autres. L'homme est un animal frappeur, enseigne Schopenhauer qui s'y connaît, la morale est l'art d'en faire un animal policé, faisant violence à sa violence pour faire ainsi émerger la force. Avant la maîtrise, ce qui apparaît des relations entre l'homme et le monde est du registre de l'instrumentalisation : le réel sous toutes ses formes est transformé en objet à l'usage de son empire. Violence, agressivité, domination, les hommes subissent le poids de l'immense solitude métaphysique inscrite dans leur chair et transforment leur angoisse en instruments de destruction. Miné par la pulsion de mort qui le ravage et vise la possession totale, l'individu est débordé par Thanatos qui, hors civilisation, a le champ libre. Fourberie, hypocrisie, méchancetés, vilenies, faussetés, chaque moment du négatif est incarné, tour à tour, dans toute vie quotidienne qui n'est pas contenue par un projet éthique. Informé par le solipsisme auquel il est métaphysiquement condamné, l'homme naturel accélère, sous forme paradoxale, la détresse qui est la sienne en la durcissant et en lui faisant générer en cascade la somme des maux qu'il inflige. Ainsi, objet lui-même, parce que objet de lui-même, il veut autrui comme une chose.

Or, on n'échappe pas à l'instrumentalisation du monde et de ce qui le constitue, en l'occurrence les autres hommes et l'ensemble des fragments du réel. La morale n'a pas à vouloir la fin de cet état de fait, dû à la nécessité, mais elle peut, partant de ce qui est, notamment ce désir d'empire brutal, modifier les modalités de cet utilitarisme vulgaire. Puisqu'il est impossible d'éviter qu'autrui soit objet pour moi, qu'au moins il soit crédité d'une jubilation en tant qu'instrument. Si je dois être une chose pour l'autre, qu'à défaut, je sois un prétexte qui jouisse. L'utilitarisme philosophique, l'hédonisme, veut le calcul des jubilations dans le dessein d'un maximum de bénéfices pour l'un et l'autre.

Quels sont les moteurs de l'action impérieuse et égoïste ? La conservation de soi, la défense de soi, l'exacerbation de soi. En un mot, l'affirmation et ses modes. Or, éviter la satisfaction de soi relève de la gageure. L'humilité ? diront les amateurs de compassion. L'amour du prochain ? renchériront les spécialistes en componction. Tous deux formes exacerbées de l'orgueil et de l'amour de soi. Bienheureux les simples d'esprit qui ne verront pas qu'ils se nient pour mieux s'affirmer, qu'ils se perdent pour mieux se retrouver, qu'ils renoncent pour mieux s'imposer. Familiers des ruses de la raison, ils font des victimes sacrifiées les prétextes sublimes à leurs propres jubilations : le crucifié, le malheureux, l'humilié et l'offensé fournissent d'aimables occasions pour pratiquer l'héroïsme chrétien. En retour, d'avoir été capable d'autant de grandeur dans l'abnégation fournit matière à autosatisfaction. Et tant mieux, car, au moins, dans cette odyssée où les intérêts s'affrontent, les égoïsmes et les amours-propres aussi, chacun trouve son compte à l'affliction : celui qui donne, parce qu'il trouve de la sorte une occasion de s'aimer, d'être fier et content de lui, du devoir accompli, celui qui reçoit, parce que sa peine a été entamée, diminuée, partagée. Qu'on n'aille pas chercher une seule action contredisant cette loi : aucune n'est désintéressée. Tant que durera l'amour-propre, il en ira ainsi. Et cette passion disparaîtra en même temps que le dernier homme.

Comment fonctionne-t-elle ? Quelles sont ses habitudes ? Et, en premier lieu, quelle est-elle ? *L'amour-propre* * est ce qui reste d'animal en l'homme malgré des siècles de domestication éthique. C'est le reliquat naturel après des millénaires de civilisation et de culture. Le reste insécable, gisant au fond de l'homme, dont c'est l'éternelle damnation. Impossible à éradiquer, il est la mémoire et la trace des jungles, des forêts, et des périls dont notre espèce procède. Son fonctionnement est simple : tout ce qui lui résiste doit périr, volatilisé, anéanti ou, plus subtilement, intégré, digéré, assimilé. Il est une puissance dotée d'une formidable propension à l'expansion aveugle, un flot, un flux ou un raz de marée emportant tout sur son passage. L'objectif étant l'empire sur le monde, le triomphe du moi sur le réel. Ses habitudes ? L'imprévisibilité doublée de la certitude qu'il est partout, tout le temps, tapi, coi, en arrêt, prêt à bondir pour lacérer, déchiqueter. Animal embusqué, imprévisible dans le moment qu'il choisira, mais toujours attendu parce que inévitable.

Féroce, l'amour-propre est aussi gourmand de lucidité, dont il se repaît. Avec lui disparaissent les facultés de clairvoyance au profit d'un aveuglement sur son propre compte, et sur celui d'autrui. Le bovarysme est tout entier sorti armé de la cuisse de l'amour-propre : illusion sur soi qu'on imagine angélique, épargné par le négatif ; illusion sur autrui qu'on pense emblématique du pire. Le bon sens voudrait pourtant qu'on fasse de soi le terrain privilégié d'observations et d'expérimentations pour déduire une anthropologie valable comme a priori à toute éthique. Qui n'a jamais désiré le décès d'un autre, moins aimé, mal aimé, ou pas aimé du tout, en forme de remplacement à la disparition d'un être cher qui nous semblait indispensable ? Qui, non plus, n'a préféré le trépas d'un homme par lui inconnu en lieu et place de son animal domestique par lui aimé ? Qui n'a jubilé d'être épargné par les souffrances dans lesquelles autrui, même aimé, se morfond, prenant plaisir à sa divine ataraxie ? Qui n'a désiré se défaire de ses misères en les souhaitant à n'importe qui, pourvu qu'elles ne soient plus siennes ? Qui n'a ressenti une once d'amertume se mélanger au plaisir, qu'on croyait pur, pris avec autrui à l'annonce de l'un de ses succès ? Est-ce ainsi que les hommes vivent ? Ou n'y a-t-il là que cyniques vues de l'esprit ? Amour-propre, là encore, qui nous fait préférer notre bien-être, fût-ce au prix de la douleur d'autrui, pire, qui nous transforme en bête de proie quand il s'agit tout simplement de défendre un petit avantage.

Comme les reliefs d'un repas fossilisé, minéralisé, ces échos de la préhistoire sont pour toujours dans l'appareil nerveux. Système limbique, hippocampe ou archicortex, nerf pneumogastrique, grands et petits splanchiques, hypothalamus, paléothalamus — voilà où siège l'âme, voilà les lieux où s'inscrivent les furies ancestrales, ce sont les mêmes dans lesquels se déposent, en couches qui calcifient peu à peu, les formes issues de la domestication de l'homme. Lieux de mémoire des angoisses contemporaines du quaternaire, mais aussi matière offerte aux inscriptions successives de la civilisation. La morale est affaire de sélection et de dressage du système nerveux. Jamais elle ne réduira l'amour-propre, reliquat des chaos traversés, mais elle pourra mieux construire à partir de lui, passion primitive nous rappelant sans cesse notre procession vers toujours plus de forme et de sens.

Par ailleurs, il ne faut pas mésestimer son rôle dans la conservation de soi, c'est-à-dire quel fonctionnement prophylactique elle peut aussi avoir. Devant la prédation, face aux dangers, elle est la passion qui permet de résister, d'opposer une vitalité plus grande aux forces de mort qui l'assaillent. L'amour-propre est principe de survie. Au service de la pulsion de vie, elle est redevable d'autant d'œuvres magnifiques qu'elle est responsable de dégâts lorsqu'elle est soumise à la pulsion de mort. En tant qu'instrument pur, elle est innocente, neutre. Ce sont les fins qu'elle poursuit qui en font une force positive ou négative. Dans l'ordre hédoniste, l'amour-propre peut même se mettre au service des jubilations les plus accomplies. Quoi qu'il en soit, il n'est pas facile d'opérer une distinction radicale entre une version acceptable et une autre, inacceptable, de cette passion impérieuse. Avers et revers de la même médaille, elles sont indissociables. Les perspectives changeant sur l'objet, on se contentera de la savoir pulsion primitive, au sens étymologique, c'est-à-dire à partir de laquelle toutes se constituent, voire se structurent pour produire un tempérament ou un caractère. L'homme se définirait alors comme le lieu, l'épicentre, de cet étrange combat dont surgissent les lignes de force à partir desquelles se cristallise une identité.

Du sublime
ou
L'esthétique généralisée

Que faire de cette forme encore informe ? De ce trait d'union entre l'animal et ce qui dépasse l'homme ? Nietzsche dirait qu'après le chameau et le lion est venu le temps de l'enfant. L'éthique transfigure et se fait l'instrument d'une dialectique par laquelle se dépasse ce qui ne saurait suffire. Encore dans les limbes et toujours très animal, l'homme aspire à plus de grandeur, à un arrachement qui ferait de son terreau d'origine un vieux désert à laisser derrière soi. Une morale est un principe par lequel on réalise une transcendance, une ascension vers des cimes dans le but de réaliser une métamorphose. Toute éthique est volonté de conversion : elle veut la mue, un autre lieu, plus haut, loin des ménageries, plus près d'un ciel déserté par les dieux et dans lequel il y a place pour un homme doté d'une nouvelle virilité [1].

Le principe sélectif d'une éthique exigeante est *le sublime* * qui définit moins la grandeur que ce qui y conduit. Il est donc consubstantiel à la dialectique ascendante, au mouvement d'élévation. L'aboutisse-

1. J'entends la virilité comme ce qui définit l'humain dans l'homme. Il va de soi que, rédigé à la première personne, ce livre est écrit dans le genre masculin. Mais il peut tout autant être lu dans le genre féminin. Tout dépendra du lecteur.

ment importe moins que le chemin dont le tracé suppose une avancée sans cesse reconduite : le temps se confond au progrès, la durée permet une dynamique visant l'amélioration. Requis par le chaos qui sourd en elle, par le désordre des passions négatives qui procèdent de l'amour-propre, le sujet en quête de fabrication de soi sur le principe de la belle individualité se sait en situation d'infériorité par rapport à l'idéal vers lequel il est en poussée. Ce qu'est l'individu englué dans les boues de l'égocentrisme constitue une position de départ — nécessité impérieuse pour envisager une traduction du sublime sans le domaine éthique — par l'arrachement, contre l'enracinement, par la loi morale contre les impératifs naturels, l'entreprise dialectique peut être envisagée. Le sublime qualifie l'opération qui autorise le mouvement vers un degré supérieur, la progression et le passage à un palier nouveau. En matière de sculpture de soi, le sublime est le travail patient qui désintègre l'informe au profit de la forme appelée à envahir de plus en plus la matière brute jusqu'à la production d'une figure. Il est parent de la démiurgie et révélateur d'une méthode, d'un cheminement, d'une façon de procéder pour entreprendre et réaliser les métamorphoses.

Le sujet sublime est quelque peu alchimiste, car il lutte contre des violences pour en faire des forces, il transforme l'incohérence des flux qui parcourent le corps en énergies ou structurent et charpentent des caractères, des tempéraments. Et l'on retrouve à l'œuvre une sorte de Prométhée, une figure faustienne à la vitalité débordante, inspirée d'Hercule et pratiquant la virtuosité. Artiste capable de maïeutique, producteur d'une forme qui révèle un style, sculpteur et architecte des tensions et des poussées, il veut l'ordre là même où triomphe le désordre. Sur la ligne d'horizon qu'il vise en sachant pourtant bien qu'elle ne doit valoir que comme un point de repère, une étoile du berger, on trouve la beauté, statique, immobile et confinée dans l'irradiation — idéal de la raison dont la seule justification est qu'il rend possible la structuration d'un projet. La beauté subjugue, ravit et enthousiasme. Sa parenté avec le pathétique est indéniable. Le sublime suppose un accès d'une fascinante célérité à cet ordre. Il est fulgurant. Là où la beauté est quiétude dont l'existence suffit à congédier les vibrations qui conduisent à elle, le sublime est élévation qui s'enrichit d'elle-même et grossit des passions qui la rendent possible.

En matière d'éthique, une geste est sublime lorsqu'elle impose sans détour la souveraineté, le caractère unique, suprême et magistral. Efficace et infaillible, elle emporte les suffrages d'autorité, en faisant immédiatement l'unanimité. Est sublime l'empire triomphant dans la majesté d'une énergie qui rayonne. De même, la maîtrise démonstrative, sûre d'elle, qui fait leçon et école. Ou ce après quoi tout est remis en cause, transformé, modifié : une révolution, un changement de points de repère, un cap nouveau dans des courses lancées sur tous les océans possibles. Dans l'histoire des idées, des formes, de la littérature, de la musique, des beaux-arts, peuvent être qualifiés de sublimes la puissance, la douceur, les couleurs, la force, la douleur, le pathétique, la cadence, le rythme, l'insouciance, le tragique, l'allégresse, les natures homériques, l'intempestivité, l'insolence baudelairienne, les cathédrales, les conquêtes, la forme symphonique, la technique, le picaresque, le baroque. Sublimes également, dans l'ordre éthique, l'individualité resplendissante, le spectacle d'une belle âme en acte, le geste élégant, la dépense magnifique, la volonté dispendieuse, l'excellence et la douceur réconciliée avec la force, la singularité rebelle et souveraine. Sublimes, enfin, jusqu'aux traces magnifiques laissées par les tensions dirigées vers une fin remarquable, mais toutefois en deçà de l'accomplissement, dans le fragment, l'ébauche, le projet, la tentative qui caractérisent les entreprises interrompues par la mort — symphonies inachevées, mouvements de quatuor en plan, blocs de marbre un peu plus qu'équarris, romans abandonnés, cathédrales à peine sorties de terre, existence foudroyée. Toute potentialité non accomplie, n'ayant pas eu la chance de connaître l'acte, effraie par la fragilité soudainement montrée face à l'impitoyable efficacité du temps. De sorte que le sublime s'en dégage comme d'une gangue.

Une existence est sublime lorsqu'elle infléchit, à quelque degré que ce soit, l'histoire universelle, ou plus que particulière : lorsque la singularité informe son temps, quand, si souvent, c'est l'inverse et que les individus ne sont que des caricatures de ce que l'époque produit. En conséquence, plus le général est induit par un particulier, plus on peut dire sublime le premier moteur. Aussi faut-il montrer le grand homme moins comme la production d'une époque en quête d'une forme, d'une incarnation, que l'instance qui modèle son temps en vertu de sa puissance prométhéenne. Notre siècle répugne à aborder le rôle et l'importance des individualités singulières dans l'histoire, il préfère, à l'inverse, anéantir les puissances particulières sous la considération que seule vaudrait l'Histoire, pourvoyeuse de destins individuels. Le critère du sublime pourrait donc être entendu comme la capacité à informer le réel : tout dépendrait du degré d'information et de l'étendue du réel concerné. A cette aune, nombre de ceux qui semblent aujourd'hui grands apparaîtraient pour ce qu'ils sont véritablement : des animalcules déjà entrevus dans la ménagerie anthropologique.

Toute sculpture de soi qui coïncide avec celle du monde peut être dite sublime. Moindre est la coïncidence, moindre est la sublimité. En voilà assez pour distinguer les génies et les exceptions dans une époque. C'est suffisant, également, pour déterminer, à l'opposé, le nombre, la quantité et la qualité de ceux qui singent la grandeur dans les marigots. Entre les deux moments de cet étirement de l'humanité s'installe tout un chacun, plus ou moins proche du sublime ou du grotesque, c'est selon.

L'enthousiasme est contemporain du sublime, il accompagne le transport, éclaire la dialectique ascendante, suppose un sublimé entre l'admiration et l'étonnement. D'une manière métaphorique, on pourrait dire qu'il fait trace comme la foudre déchirant le ciel obscur et épais dans un paysage de Giorgione : il est une béance, une ouverture de lumière pratiquée dans un espace saturé de nuit. De même, l'enthousiasme illumine l'existence, instruisant le réel par une pathétique dont le premier effet est de congédier l'intraitable mélancolie qui nous habite. Par lui advient une durée spécifique, nourrie du temps et grosse de lui. La vie se durcit, devient dense et se découvre suffisamment riche pour rendre possibles des pratiques dispendieuses. Jamais peut-être ailleurs que dans un pareil moment on n'expérimente la nature du temps. L'enthousiasme et le sublime montrent, dans l'ordre phénoménal, à quoi pourrait bien ressembler l'éternité, du moins l'impérissable. On peut même imaginer que toute généalogie du sentiment d'éternité est à rechercher dans l'expérimentation du sublime. En quoi les hommes qui tendent à cet absolu en matière d'éthique réaliseraient le dessein grec de se rendre pareils aux dieux.

Les romantiques ont fait du sublime un sujet de prédilection. Ils exacerberont celui qui peut se trouver dans la nature : les blocs de pierre éclairés par un soleil froid, vide de chaleur ; la banquise éclatée, ouverte, dans laquelle s'enfonce une épave ; un paysage ravagé, déserté, sans âme qui vive ; une contrée sèche, sans végétation, hantée seulement par le vent, aride ; des rochers privés de lumière sous un ciel orageux ; une chute d'eau gigantesque ; un océan tumultueux promettant des naufrages ; un tonnerre assourdissant l'espace. Songeons aux paysages peints par Friedrich dont les personnages apparaissent seulement de dos, ou lointains, parce que absorbés par la magnificence et la sublimité du spectacle. Le sublime dans la nature est avant tout ce qui, par sa grandeur, rapetisse ce qui n'est pas lui : il sert de point de comparaison pour un réel qui trouve ainsi ses marques, ses mesures, ses véritables dimensions. Il est facteur de proportions par lesquelles s'établissent les jugements. L'homme est d'autant conscient de ses limites, de ses facultés ou de ses moyens qu'il est dans un paysage sublime où les montagnes et les glaciers, par leur hauteur, les lacs par leur profondeur noire ici, ou leur bleu pur là, trahissent une force incarnée dans les éléments. Pour qui connaît les paysages de Sils Maria, voire ceux de la côte ligure, il est de toute évidence que la sublimité du lieu n'est pas pour rien dans la généalogie de Zarathoustra.

Mais qu'en est-il du sublime hors le minéral, le végétal et l'animal ? Plus particulièrement dans l'ordre humain ? Il peut être dans l'intersubjectivité, et précisément dans les modalités linguistiques du rapport à autrui. Ainsi du sublime dans la rhétorique, les effets de langage tels que les analyses de Longin. Le philosophe examine les moyens par lesquels on s'assure, par le verbe parlé ou écrit, le maximum d'effet sur autrui pourvu qu'il en aille de la capacité à subjuguer. Effet redoutable et puissant, le sublime est un travail de l'âme. De sorte qu'il peut tout aussi bien caractériser l'inspiration qu'on peut comparer au jet du pneuma divin, le torrent de la passion, la transe et le délire, la folie de corybantes et bacchantes, la violence qui déséquilibre, le choc qui plonge dans l'extase, l'agilité, la souplesse, la détente et la vitalité, la foudre, aussi, qui disperse tout, et violemment, sur-le-champ. Toute forme dionysiaque qui met en péril l'ordre apollinien. Le sublime est l'auxiliaire du pathétique, en l'occurrence, via le langage, la parole.

Les effets du sublime sont physiologiques : c'est le corps qui enregistre cet enthousiasme, qui subit les assauts du spectacle dynamique. Les analyses de Burke vont en ce sens et s'appuient presque sur un hédonisme sensualiste pour rendre compte des modalités de la passion. Le sublime a partie liée avec le plaisir et la douleur entendus soit comme la détente et le relâchement des fibres, soit comme la tension et la contraction des nerfs. D'un côté, une tendance à l'abandon, à l'oubli de soi et de sa conscience au profit d'une béatitude première, qu'on pourrait même dire primitive ; de l'autre, un ressaisissement, une remobilisation des forces qui structurent la présence au monde. Le sublime est un facteur de décomposition de la conscience qui se fond au monde, ou, pour l'exprimer autrement, qui ne fonctionne plus comme extérieure à l'objet qu'elle appréhende. Confondue à ce qu'elle vise, elle pratique une *Aufhebung* — suppression/conservation/dépassement — de la chose visée. En même temps, le sublime, en une sorte d'effet de retour, modifie l'être qui l'éprouve : l'enthousiasme, inducteur dynamique, conduit à une vibration qui, elle aussi, et à son tour, entretient et fortifie la passion qui donne le mouvement. En connaissant le sublime, le sujet se fait sublime, s'expérimente comme tel. Ce qui justifie les frissons, les échines parcourues de frémissements ou les tremblements, les modifications physiologiques qui peuvent aller jusqu'à des ébranlements plus impressionnants suivis de convulsions, d'extases, de pertes de connaissance. Qu'on songe à ce que les psychiatres appellent *le syndrome de Stendhal** — qui le ressentit au sortir d'un spectacle éprouvant spirituellement en l'église santa Croce à Florence, tant les richesses esthétiques étaient stupéfiantes. Sans imaginer des ébranlements vécus en de pareilles extrémités, on peut expérimenter le sublime sur le mode d'un ravissement, d'une légère interdiction, d'un mouvement d'arrêt. L'intelligence se fige dans un constat, l'esprit fonctionne en même temps à vive allure, et la conscience conclut à l'évidence du ravissement. Des actions humaines peuvent déclencher pareilles sensations, des comportements, des gestes, des intentions, des déclarations aussi, des œuvres, toutes formes relevant de l'activité humaine et de son génie.

Sublimes, dans cet ordre d'idées, la douleur d'Achille devant le cadavre de Patrocle, à cause de la fidélité ; le tyrannicide mis en acte par Charlotte Corday, par sa détermination froide et l'énergie païenne à l'œuvre ; l'œuvre de Balzac, celle de Gaudi, ou de Wagner par leur parenté avec le travail des Titans ; les derniers héros portés par notre siècle et leurs gestes magnifiques dans la *Résistance** française au nazisme : Jean Cavaillès, Marc Bloch ou Georges Politzer, mais aussi ceux qui ne sont plus que traces sur les plaques apposées dans les rues de la capitale ou des villes françaises, ceux, aussi, qui en province, ont été enterrés dans les forêts des maquis, dans un champ en bordure de village, après qu'on les eut abattus, rebelles jusqu'au tréfonds. Sublimes, enfin, tous les insoumis qui sont sur les cimes et refusent l'instinct grégaire, la chaleur des troupeaux et l'anonymat des étables où l'on troque sa solitude contre du conformisme payé au prix de l'abandon de soi. Vies passionnées et passionnantes, pathétiques, si l'on veut entendre l'étymologie : au service d'une grande passion, d'une cause qui dépasse les contingences, d'une œuvre. Burke associait le sublime aux catégories cartésiennes opposées au clair et au distinct. Le confus et l'indistinct, l'obscur et le sombre deviennent les lieux dans lesquels s'enracine et fleurit le sublime. Certes, on y voit les torpeurs de la mort, les frayeurs des ombres et de la nuit, on y côtoie les excès, les vies précaires, tendues entre deux néants, en fragiles déséquilibres, mais fortes, justement, de cette assise conquise en solitaire, plus précieuse de la sorte que les fausses assiettes obtenues par renoncement à soi-même. Le sublime révèle la singularité et l'unicité du sujet, son solipsisme assumé et la grandeur du deuil qu'il a fait des entreprises collectives. Là où d'autres âmes, moins aguerries, se noient de trop d'obscurité, les belles individualités transfigurent le sombre en lumières aveuglantes par les traits qu'ils lancent à la face du monde.

Dans la lignée anglo-saxonne, Hume analysera, lui aussi, la catégorie de sublime pour la débusquer au beau milieu même de l'écart creusé entre la vie habituelle, monotone, et l'existence magnifiée. Dans la plus grande plénitude d'être, dans la vie la plus intense, la plus élevée et la plus profonde, dans les jouissances les plus fortes, les plus denses, les plus riches et les plus proches des parts maudites sollicitées, dans les moments de plus grande proximité avec l'énergie psychique requise, malgré les effets redoutables qu'on lui doit parfois, dans toutes ces formes exubérantes se trouve le sublime. Donc, il est la qualité de ce qui ne se contente que de gouffres ou de pics, des excès. Pas de sublime dans la juste mesure aristotélicienne, ni dans la *médiété* ou ce qui donnera, parent étymologique, la médiocrité. Une pathétique est avant tout une dionysie dans laquelle les dieux de la mesure et de l'ordre sont secondaires, en retrait.

Burke et Hume s'inscrivent dans la tradition sensualiste qui évite de faire du corps un objet méprisable. Au contraire, les passions, le plaisir et la douleur deviennent des instances dignes de considération philosophique. Lorsqu'il entamera ses recherches pour distinguer le beau du sublime, Kant se placera dans les perspectives anglo-saxonnes, presque dans le démarquage pur et simple. Dans son goût pour les classifications, il distinguera plusieurs modalités du sublime suivant qu'il est mis en relation avec la terreur, la noblesse, la magnificence. Mais dans l'inventaire qu'il fait des objets sublimes, on trouve de tout, et rien qui fasse penser à un ordre rigoureux, disons transcendantal. Jugeons-en : la tragédie, le sacrifice en faveur d'autrui, l'esprit de décision hardi dans le danger, la fidélité éprouvée ou la colère d'un homme redoutable, certes, mais aussi une haute stature, un âge un peu avancé, la maîtrise de ses passions au moyen de principes, ou, encore, la représentation mathématique de l'infinie grandeur de l'univers, les considérations de la métaphysique sur l'éternité, la Providence et l'immortalité de notre âme — on y reconnaît les futurs postulats de la raison pure pratique, Kant évolue donc dans le sublime. Enfin, sublimes également la vraie vertu, un silence riche de pensées, l'amitié, la véracité, le magnifique, les efforts et les difficultés vaincues. Sans oublier... le teint brun et les yeux noirs ! Plus tard, rattrapé par les démons conceptuels, moins soucieux des inventaires et plus kantien, dirons-nous, le philosophe fera du sublime ce qui révèle la nature supra-sensible de l'homme en l'arrachant à sa condition matérielle et phénoménale. Ce qui apparaît comme le suprasensible me semble mieux saisi par Hume qui parle du corps et retourne à la matière. Le sublime est une jubilation qui étreint l'âme, ou ce qui, dans la matière, induit les impulsions qui ébranlent — le système nerveux, informé par la culture et lui-même informateur de la civilisation.

Finalement, du paysage romantique aux yeux noirs de Kant, quels sont les points communs qui permettraient une définition du sublime ? Tous ressentent le besoin de nommer des choses, des gestes, des traits, des moments sublimes en lieu et place d'une circonscription de la notion. Et il en va ainsi chaque fois qu'on rencontre une réalité qui met à mal le langage ou le matériel conceptuel et qui, insolente, se contente en guise de modalité, de continuer à produire ses effets au-delà des hypothèses et des analyses. Où l'on retrouve le paradoxe du je-ne-sais-quoi, antinotion faite notion, pour dire l'indicible, ou tâcher vainement de le dire, plutôt, pour inquiéter et interroger l'ineffable, également sans espoir de résultat. Le sublime apparaît sous la forme d'une fragmentation, de l'expérience radicale qui induit une conversion chez l'être qui la connaît. Le corps est le lieu de ce traumatisme, cette blessure pathétique en vertu de laquelle le réel est modifié, entendu sous de nouveaux auspices. Quiconque rencontre le sublime veut y tendre à nouveau, sans cesse, en multipliant les occasions de le réaliser. Ou de l'approcher. L'effort vers cet horizon où s'annoncent des aubes qui n'ont pas encore lui est généalogique : on lui doit le principe d'une éthique digne de ce nom. Pathétique, hédoniste, sublime, elle fournit la structure d'une morale radicalement antichrétienne.

De l'aristocratie
ou
Les affinités électives

Comment peut donc fonctionner une intersubjectivité soucieuse de ces lignes de force ? En revendiquant une conception aristocratique de la relation à autrui. Je sais la réprobation générale qui existe sur le mot quand toute pratique effective, chez chacun, s'inspire pourtant du principe : qui ne distinguerait l'ami du passant, la femme aimée ou l'enfant que nous donne l'amour, de l'anonyme pérégrin allant sous nos fenêtres ? Qui considère indistinctement son ennemi et son confident, son frère d'élection et l'inconnu ? Personne. Il y a des degrés dans l'intersubjectivité, l'aristocrate est celui qui assume cette différence, la met en avant et vit selon son ordre.

A l'opposé de l'éthique aristocratique structurée par les affinités électives, on rencontre la morale égalitariste sous-tendue par l'amour du prochain. Du christianisme au communisme, on a pu voir ses limites, voire expérimenter son impossibilité. A quoi sert l'angélisme, sinon à rendre la vie invivable ? Mieux vaut un utilitarisme pragmatique susceptible d'effets dans le réel qu'un échafaudage irénique appelé à ne jamais servir. Pour l'élégance, on pourra faire sa révérence au christianisme et à ses formes contemporaines, le socialisme marxiste. L'amour du prochain est une billevesée, un cri dans le désert.

Non pas tant par sa rigueur, sa difficulté ou son exigence — c'est peut-être là, d'ailleurs, qu'il est le plus justifiable — que par l'inhumanité qu'il engendre en supprimant toutes les différences, toutes les richesses, tous les mérites singuliers au profit d'une indifférenciation dans l'altérité. Le prochain du christianisme, c'est tout un chacun, qui que ce soit, pourvu qu'il soit une créature de Dieu : un fanatique de guillotine sous la Terreur, un tireur d'élite dans les troupes de Thiers, un fasciste italien pratiquant la torture, un bolchevique réglant le problème de la collectivisation des terres par une balle dans la nuque, un nazi opérant dans les couloirs des chambres à gaz, un collaborateur adhérant à la milice de Pétain, qui jouit d'énucléer les résistants avant de coudre des hannetons dans le globe oculaire des suppliciés. C'est aussi un tortionnaire d'enfants, un terroriste sans foi ni loi, un violeur de femmes, un fanatique de violence pure, un apologiste des holocaustes, un révisionniste, un exploiteur cynique, un amateur de purification ethnique. La liste pourrait être longue, de noms célèbres et de tant d'anonymes. Tous sont, en vertu de la morale égalitariste, des prochains pour moi-même. En tant que tels, je devrais les aimer comme moi-même, pour l'amour de Dieu. Leur pardonner, parce qu'ils ne savent pas ce qu'ils font. Les aider, parce qu'ils sont errants dans le péché. Dans cette logique, autrui est, de toute façon, un épiphénomène d'une égoïste relation à Dieu : il faut aimer son prochain pour plaire à Dieu, puis, promesse non négligeable pour ceux qui sacrifient à cette mythologie, pour un salut de notre âme, notre petite âme privée. L'instrumentalisation inévitable d'autrui se fait donc dans ces conditions.

L'amour du prochain est amour de Dieu, donc

d'une forme hypostasiée du moi, par le prochain, entendu d'une manière indifférente comme créature de Dieu, au même titre que moi. L'autre du chrétien est altérité neutre, dénuée de qualités singulières, ou de défauts particuliers. Sa seule valeur est dans sa participation à la création, au processus divin. Comme les porcs, les mouches et les femmes interdits de mosquée par les musulmans. Il peut bien être le prototype du personnage immonde, insupportable, haïssable, il peut recourir en permanence à la haine, au mépris, à la violence, il peut vouloir mon anéantissement, ma destruction — et je devrais l'aimer ? D'abord, j'en suis incapable. Ensuite, je ne le veux pas. Mieux, personne n'en est capable, à moins d'être déjà mort, à moins d'avoir déjà tué en soi toutes les passions, d'avoir transformé son âme en machine neutre, glacée, et d'avoir fait de son corps une tombe plus froide que n'importe quel tombeau. Ceux qui sacrifient à *l'agapé,* à l'amour chrétien, ont tué en eux toute possibilité de vivre en bonne intelligence avec *eros*. Pareils aux cadavres, ils sont impassibles, bienveillants, neutres devant l'immonde.

Que veut l'hédoniste, demandera-t-on ? Violer les violeurs, tuer les tueurs, rendre la pareille et pratiquer la loi du talion ? Certes non. Ni aimer l'ennemi ni le massacrer. Dans des conditions d'existence qui excluent la guerre ou un type social de violence particulier — la tyrannie, la dictature, la soumission idéologique passant par la contrainte physique —, il s'agit de pratiquer le seul mépris, forme négative et centripète de l'affinité élective. Dans la logique aristocratique, un principe sélectif permet, dans le rapport à autrui, de distinguer par choix volontaire, élection singulière ceux qu'on installe au plus proche de soi, et ceux qu'on renvoie dans les derniers cercles. A partir de mon propre jugement, et en fonction des informations que me donnent les autres, par leurs actions, leurs comportements, leurs signes, leurs gestes, leurs silences, je me décide pour une installation d'autrui dans l'un des cercles concentriques dont je suis le centre. Le monde est ainsi hiérarchisé dans des postures mobiles, car rien n'est jamais acquis, ni dans la proximité, ni dans la distance. Les affinités supérieures sont l'amitié et l'amour, premier cercle. Et, selon le principe de l'entropie, les suivants comportent les êtres avec lesquels j'entretiens des relations de fraternité, de camaraderie ou de sympathie — deuxième cercle —; puis ceux qui relèvent du voisinage et de la relation obligée, par le travail, l'habitation, et toutes les formes prises par les ensembles sociaux dont chacun participe — troisième cercle. Jusqu'ici se conjuguent les variations sur le thème positif. Au-delà, un quatrième cercle, en quelque sorte, mais qui est plutôt espace définitivement ouvert sur le vide, dans lequel se jouent les dégradations qui vont du neutre au négatif. Neutres les inconnus, les anonymes, la passante baudelairienne, ceux dont on ignore le nom propre. Négatifs, les ennemis, les sujets que notre mépris tient à la distance maximale en attendant que cette passion se transforme en oubli, vertu aristocratique supérieure au mépris qui, lui, nous enchaîne encore à autrui, sous une forme désagréable.

Dans ces cercles éthiques circulent des affects qui montrent la liaison entre éthique et pathétique. Pêle-mêle, entre le premier et le dernier cercle se pratiquent la virilité, la douceur et la délicatesse, la prévenance et le condouloir, l'obligeance, la politesse et la courtoisie, l'urbanité, la galanterie, la civilité, l'accortise, le respect, toutes variations positives sur le mode d'une altérité soucieuse d'autrui et de son plaisir en même temps que du mien. De moi au monde, sous ses modes d'apparition, se font des *rhizomes** qui vont plus ou moins loin vers la périphérie : plus la racine est courte, plus elle relie au proche, plus elle est solide. Elle gagne en consistance ce qu'elle n'a pas en longueur. Plus elle est longue, plus elle concerne le lointain, plus elle est lâche, distendue. Les rhizomes sont variables et soumis à un certain nombre de paramètres qui déterminent leur solidité, leur nature, leur nombre, quantité et qualité confondues. Jamais aucune relation n'est définitive. Un rhizome mort pourrait seul se fossiliser de la sorte, et encore, l'entropie agit même sur les objets désertés par la vie.

Quels sont les paramètres qui agissent sur la forme des rhizomes ? Toutes les informations données par autrui lui-même, de manière positive, en disant, montrant, affirmant, ou négative, en cachant, dissimulant ou négligeant. Les situations dans les cercles éthiques sont dues aux seuls comportements de l'autre. S'il excelle dans le défaut d'hédonisme, manque toutes les occasions de contribuer à une augmentation des jouissances, s'il instrumentalise l'autre dans une seule perspective égoïste ou égocentrique, s'il inonde le monde de son vouloir impérieux, payant le prix d'une pure et simple négation de ce qui n'est pas lui, alors il contribue à son éviction, à sa mise à distance. En agissant de manière inverse, il peut travailler à une augmentation de la proximité avec celui qu'il aura élu. Chacun est donc, pour une part importante, responsable de la place qu'il occupe dans les cercles éthiques de l'autre.

L'entropie n'est pas pour peu dans l'oscillation qui va de l'élection à l'éviction. Elle caractérise la fatigue consubstantielle au mouvement. Toute vie est dynamique, ce qui suppose un jeu entre les êtres. L'usage conduit à l'usure, certes, de façon inéluctable. Quoi qu'on fasse, les flux et reflux transforment les blocs de pierre aux arêtes effilées en galets polis : on n'échappe pas aux marées lorsqu'on gît sur une plage. Mais il est, en plus de cette loi imposant ses effets, une possibilité d'accélérer le mouvement par sa propre faute. La négligence, par exemple, le défaut de souci, l'incapacité à prévenir les plaisirs d'autrui, ses douleurs et ses peines, l'impuissance à les empêcher et l'impéritie éthique accélèrent le processus de décomposition. Le mouvement centripète s'amorce dans ces conditions, l'éviction se prépare et le passage d'un cercle à l'autre, dans le sens d'une dégradation, est bientôt manifeste. De sorte que l'entropie, passive aussi bien qu'active, est la cause des amours qui finissent ou des amitiés qui s'effilochent, des ruptures, des séparations, des divorces au sens étymologique — tourner dans un sens contraire, séparer.

De la même manière se font les mouvements inverses en vertu desquels le plus proche dans les cercles éthiques n'a pas manqué de faire le trajet qui l'a conduit des bords extérieurs, où il ne pouvait ne pas se trouver, vers le centre où il réside. D'anonyme qu'il fut, sans nom, il devient le nommé par excellence. Or nommer, c'est faire surgir l'être, c'est conférer l'existence. Aussi, pour effectuer un cheminement centripète, faut-il, là encore, fournir les informations qui le permettent : gestes, signes, mots, intentions, preuves qui autorisent les rhizomes courts et solides. Tout mouvement s'opérant dans cette cosmographie est générateur de pathétique : souffrances, peines et déplaisir lorsqu'il est question de dialectiques centripètes, jubilations, contentements, plaisirs quand on constate une dynamique centrifuge. L'hédonisme consiste, dans la logique d'arithmétique des plaisirs déjà désignée, à augmenter les conditions de possibilités centrifuges et à réduire au maximum les trajets centripètes. Sachant qu'on ne peut figer le paysage des cercles et qu'il est sans cesse soumis aux saisons, il s'agit de préserver la paix de son esprit, son équilibre et sa propre jouissance. Le travail sélectif doit permettre de garder l'âme sereine. Le principe des affinités électives veut les plaisirs les plus nombreux et de la meilleure qualité.

Chacun étant focal dans son éthique ne peut manquer, en même temps, d'être un point dans la géographie d'autrui : nous sommes tous, pour les autres, placés dans leurs cercles, plus ou moins proches, plus ou moins lointains. Et les interactions se font en permanence. Si tout un chacun préfère être au maximum de proximité avec autrui, il lui faut bien constater qu'il n'en va pas ainsi et qu'il doit bien souvent enregistrer un hiatus entre ce qu'il espère, ce qu'il croit et ce qu'il est loisible de percevoir, çà et là, avec un minimum de lucidité. Dans ces allées et venues, les sensibilités sont souvent mises à mal, notamment en matière de trajets vers les bords : on n'accepte guère d'être évincé quand on imagine n'être pour rien dans la décision d'éviction. Car l'amour-propre est tel qu'il est plus facile de croire qu'on subit ainsi les effets d'humeur de l'autre plutôt que de convenir qu'on récolte ce que l'on a semé, petit à petit, patiemment, avec détermination, en persistant parfois dans l'accumulation des déplaisirs à l'intention de qui agit, un jour, en préférant la mise à distance qui pacifie à la proximité qui ajoute sans cesse au malaise. En augmentant l'entropie, on accélère l'entreprise du mort. Chacun sait que la récolte de tempête a eu le semis du vent pour préalable.

Le principe aristocratique oblige à la prévenance, vertu cardinale d'une éthique hédoniste. La valeur est sublime, c'est elle qui induit la nature des relations et donne leur température aux intersubjectivités. Les affinités électives n'ont pas d'autre objectif que la réalisation d'une arithmétique des plaisirs dans le sens d'une augmentation des occasions de jubiler conjointement à une diminution drastique des motifs de souffrir. A proximité de soi, on trouvera ceux qui nous donnent le maximum de plaisir et à qui, en retour, on tâche de rendre la pareille, au plus loin, ceux qui ne nous fournissent que des raisons de malaise, de douleurs. En revanche, une éthique aristocratique, sélective, pourvoyeuse de hiérarchie entre les êtres plus ou moins valeureux crée en permanence une tension soucieuse vers autrui. L'instrument de ce souci, de la prévenance, c'est la politesse, principe actif dans la dynamique des cercles.

Loin d'être une vertu, *la politesse** est l'outil privilégié de l'ordre institué entre les êtres. La bourgeoisie en a fait une caricature au service de ses intérêts : petite codification des mensonges sociaux, mesquine trouvaille destinée à pratiquer l'honnête dissimulation, elle est devenue, par leur faute, principe hypocrite visant la permanence de l'étiquette et la reproduction des castes. Pratiquée par la noblesse satisfaite de son sang bleu, singée par la bourgeoisie n'ayant trouvé que l'or pour se consoler de n'avoir pas de particule, la politesse est actuellement caricature en tant qu'elle veut le statisme, le quant-à-soi visant le chacun chez soi. Les baronnes la codifient dans des manuels pratiqués par les femmes d'industriels qui affranchissent la famille dans le dessein d'un beau mariage. Alors elle est vulgaire ; elle est même la quintessence de la grossièreté.

La politesse que j'envisage est principe sélectif par lequel se réalise ce que Nietzsche appelait *le pathos de la distance*. L'étymologie rappelle qu'elle participe de la propreté, de la netteté, vertus nietzschéennes par excellence. En tant que force architectonique, on lui doit la mise en forme des relations humaines, la structuration des champs dévolus à l'intersubjectivité. Elle est une métrique pourvoyeuse de la quantité, de la qualité et du nombre des rhizomes étalés en étoile à partir de soi. Schopenhauer en a superbement montré la généalogie dans sa fable mettant en scène des *porcs-épics* * — nouvel animal de notre basse-cour anthropologique : nous sommes en hiver, il fait froid, les animaux ont, disons... la chair de poule. Pour éviter ce désagrément et laisser derrière eux ce mauvais souvenir, ils décident de se rapprocher, pour se réchauffer. Las ! Ils ont oublié leurs piquants, acérés, et la douleur qu'ils s'infligent en tâchant de se blottir. L'alternative est simple : ou ils choisissent la distance, et c'est le froid, mais ils évitent les blessures ; ou ils préfèrent la proximité, et c'est la danse des piquants, mais ils échappent à la morsure du gel. Calcul des plaisirs, considération des peines, des avantages et des inconvénients, on dirait une fable destinée aux travaux pratiques pour voir fonctionner une bonne arithmétique des passions. Schopenhauer opte pour la bonne distance, celle qui évitera les excès de froid et de piqûres. Il s'agira de payer un peu de chaleur d'un peu de désagrément et un peu de préservation de son intégrité d'un peu de froid. Cette bonne distance, il l'appelle politesse. Il est bien clair qu'il en va ainsi de nos rapports avec autrui : trop de proximité nous fatigue, nous use et augmente l'entropie ; trop de distance nous isole et l'on souffre de sa propre compagnie, trop pesante. Un grand pas vers la lucidité est fait lorsque l'homme prend conscience que l'être humain est un animal qui n'est fait ni pour vivre seul, ni pour vivre en groupe. Or, le groupe commence avec l'autre. Il suffit d'un seul, et c'est déjà la communauté, avec toutes les douleurs que cela suppose. Un progrès sera manifeste lorsque l'on pratiquera ce pathos de la distance qui permet un mouvement de balancier entre trop de solitude et trop de grégarité. Et il sera plus sage encore de savoir qu'il y a moins de souffrance, dans l'économie des plaisirs et des peines, à préférer un excès de solitude à une exagération des rapports avec autrui. La politesse, art de la mise à distance, ou de la mise à bonne distance, est aussi génératrice de sapience : par elle on apprend à ne pas saturer les premiers cercles, à préférer le minimal avec lequel il est plus facile de produire des relations de qualité, car le nombre impose, par la quantité, un manque de profondeur et condamne à la superficie.

Lorsque le vide aura été fait en vertu d'élections assurant le maximum de jubilations échangées, partagées, il sera aisé d'user de la politesse en constatant, dès les premiers moments, qu'elle est d'abord signe de la prévenance, démonstration de notre propre disposition d'esprit à un moment donné de notre relation avec autrui. Par elle, on met en acte l'arrachement aux parts maudites négatives en débordant l'amour-propre et en visant le jeu hédoniste dans la direction de l'autre. Elle est la preuve du souci et suppose tension, attention et clairvoyance. La politesse est l'art moral de l'infinitésimal : elle est aux interstices, aux articulations, dans l'ombre d'un souffle, dans la transparence de l'ineffable ou de l'indicible, elle scrute le geste, le moindre signe, elle veut l'extrême clairvoyance dans les domaines les plus exigeants en finesse — l'ensemble du corps est en jeu, la totalité des sens sont convoqués, il s'agit de voir l'invisible, d'entendre l'inaudible, de percevoir l'infime et de distinguer la multiplicité des variations dont sont capables une couleur, une lumière, un son, une voix. La politesse est l'art des enquêtes microscopiques par lesquelles il est possible d'aboutir au savoir des intentions véritables de l'autre, du moins, à l'idée qu'on s'en fait car, malgré la sagacité ou l'extrême habileté en la matière, il reste un nombre infini d'erreurs, d'inapproximations possibles. Mais s'il arrive qu'on échoue à pénétrer quelque peu les intentions d'autrui, du moins peut-on se satisfaire d'avoir tout mis en œuvre. A ce moment-là seulement, il est possible d'éviter le malaise qui surgit quand on sait — ou sent — qu'on a pu être négligent. La politesse bien menée conduit à la prescience du plaisir d'autrui, condition de possibilité, c'est une évidence, d'une relation hédoniste. Comment vouloir le plaisir d'autrui sans savoir, au préalable, quel il peut être ? Ou sans tâcher de supposer ce qu'il pourrait bien être ?

Dans l'hypothèse d'une maladresse, d'une incapacité à faire fonctionner correctement la politesse, la sanction est immédiate : *hic et nunc,* elle tombe. Loin des grands systèmes, des morales entendues comme des cathédrales hiératiques, mais inhabitables, l'éthique hédoniste est immanente. Ses effets sont dans l'instant et ne renvoient à aucun jugement extérieur, transcendant et divin. Manquer à l'autre, oublier son désir, négliger son plaisir, c'est produire illico un déplaisir. La sanction est consubstantielle à l'acte fautif.

Par la politesse, je signale à autrui qu'il est bien consciemment et volontairement impliqué dans la boucle qui, partant de moi, me ramènera à moi, certes, mais non sans avoir pris la mesure de son désir et sans avoir souhaité son plaisir, sinon contribué à le réaliser. Le bénéfice hédoniste est visé par le souci poli, il implique un contrat sans cesse révocable de part et d'autre, dont les modalités sont justement susceptibles d'être déterminées par la politesse. Elle permet de prendre la mesure du vouloir subjectif avec lequel on est en relation, puis elle rend possible un projet jubilatoire, enfin elle autorise le passage à l'acte, la réalisation de l'hédonisme. Aussi faut-il préciser la nature synallagmatique de ce contrat : la politesse à destination d'autrui appelle, suppose et exige la même à mon endroit, en retour. A défaut, la relation s'engage sur des voies de traverse. La politesse continuée, malgré l'inexistence d'une réponse équivalente, devient une faiblesse. Devant la violence évidente, ouverte, elle est fautive, du moins elle n'a plus de raison de demeurer. Lorsqu'elle a fonctionné comme principe sélectif, elle a très vite désigné le sujet avec lequel peut s'instaurer une relation hédoniste et celui avec lequel ce n'est pas possible. Dès la certitude d'un défaut de symétrie, il s'agit d'abandonner la politesse pour lui préférer la force que définit l'éviction signifiée.

Il nous faut user de la même manière avec la délicatesse et la prévenance : il y aurait sottise à vouloir opposer de la douceur au rustre ignorant tout scrupule et persistant dans la violence d'un égoïsme durable. La politesse est l'instrument d'un utilitarisme bien compris dans lequel on vise une esthétisation des relations : la longueur, la section et la qualité des rhizomes sont en rapport avec ce que permet cet auxiliaire de l'aristocratisation. Il s'agit donc d'établir les conditions de possibilité d'une bonne distance, d'une relation harmonieuse et d'un équilibre des forces éprouvé. Toutes qualités ressortissant des beaux-arts. S'il fallait un mot pour qualifier cette science des distances dans le jeu intersubjectif, je forgerais volontiers le néologisme d'*eumétrie*. Une proportion s'ensuit, en vertu de laquelle au centre de cette géographie éthique, au plus proche de soi, les quantités minimales et les qualités maximales peuvent être enregistrées. A l'inverse, en périphérie, force est de constater qu'on y trouverait les quantités maximales et les qualités minimales. En éprouvant ces territoires, il serait aisé de remarquer que la liaison la plus accomplie n'est pas sans laisser une place de choix à la circulation des signes : en plus grand nombres, plus justes et précis, ils sont inséparables de la relation éthique la plus fine et la plus sublime. En l'occurrence l'amitié.

Au sommet des vertus, la moins exposée au futile et la plus insouciante devant les fragilités dues aux caprices, j'installe *l'amitié**, souveraine, virile et affirmative. Quand l'amour souffre du temps qui passe et se divise en présence des plaisirs qui lui sont extérieurs, elle se solidifie, s'affine et se précise, comme seule entrave pensable à l'entropie. A son origine on trouve l'élection qui, toutefois, n'est pas pratiquée au hasard, à la légère. La connaissance n'est pas sans relation avec une étrange forme de *re*connaissance, sensation étonnante de trouver complétude à un manque éprouvé depuis longtemps, mais vécu sereinement parce que dans la certitude d'une rencontre amicale, un jour. Ce désir-là tenaille moins que le désir amoureux, il n'est pas aussi ravageur. Choisir un ami, c'est en quelque sorte être déjà choisi par lui, ce que les premières complicités montrent, comme une autorisation à un engagement dans cette direction. Puis comme une légitimation du bien-fondé de ce trajet vers l'autre.

Elective, l'amitié est aussi aristocratique et asociale. Dans la relation au monde, elle est pourvoyeuse d'une force qui isole du reste de l'humanité. Par elle advient la singularité de chacun, car elle autorise, dans la sculpture de soi, le recours à l'autre comme à un miroir qu'on peut interroger sans risque d'obtenir un reflet infidèle. Elle renforce l'intimité contre les obligations sociales et mondaines. En l'éprouvant, on mesure combien rien ne résiste, devant elle, de ce qui fait habituellement le jeu social et le sérieux du monde. La complicité qu'elle génère est un démultiplicateur de force. Elle inscrit sa superbe au-dessus de toutes les obligations qui ne découlent pas d'elle. En tant que telle, elle est la vertu sublime par excellence. Car il ne saurait y avoir de normes qui la dépassent, ou de lois qui la contiennent.

Le dessein de l'ami est la contribution à l'élaboration de soi et d'autrui sous la forme accomplie et achevée d'une belle individualité, d'une singularité complète. Dans la seule relation amicale le solipsisme se fait lointain, presque oublié. Là encore, au contraire de la relation amoureuse qui aggrave l'incommunicabilité entre les sujets. L'étymologie signale combien l'ami se définit par la privation de soi, par le renoncement à une partie de soi au profit de l'autre entendu comme ce fragment de nous qui fait maintenant défaut. L'amitié sectionne l'amour-propre pour installer dans la coupure ainsi pratiquée les premières forces qui, se cristallisant, donneront le rhizome essentiel. Ainsi, plus jamais la solitude ne sera comme auparavant. En ses bouffées les plus ardentes, les plus destructrices, la sensation d'être seul disparaît au profit d'une douceur pratiquement acquise et d'une bienveillance toujours disponible — ce qui n'exclut ni la sévérité ni la rigueur, au contraire.

Parce qu'elle est une contradiction flagrante au principe démocratique et égalitaire, elle a déplu fortement à la Révolution française qui a souhaité la codifier. La meilleure façon d'anéantir une force redoutée dans ses effets asociaux, c'est de lui réserver une seule existence sociale. Saint-Just a été le thuriféraire de cette entreprise réductrice. Faut-il rire ou frémir en lisant le projet de l'archange révolutionnaire ? Je ne sais. Quoique je tende à frémir plutôt. D'abord, la république à la mode Saint-Just bannit quiconque déclare ne pas croire à l'amitié, qu'on se le dise. Ensuite, une fête est réservée à cette vertu le premier jour de Ventôse. Tous sacrifient à la divinité. A cette occasion, annuelle donc, chacun est tenu de déclarer, publiquement et avec toute la solennité requise, l'identité et le nom de ses amis. Par ailleurs, si une rupture est constatée entre deux amis, il faut, selon le même principe, en informer les autorités, et le public, auxquels les raisons de cet éloignement seront explicitées. Dans le cas où l'un des deux comparses aurait commis un crime, son alter ego serait banni. Lorsque l'un des deux meurt, le deuil est porté par celui qui survit, bien sûr, mais le défunt ne sera enseveli que dans une tombe creusée par les mains mêmes du plus vivant des deux. A la mort du deuxième larron, le tombeau est ouvert pour que reposent en paix, et pour l'éternité, les deux êtres ainsi retrouvés. Faut-il redouter pareille puissance pour lui imposer de la sorte les formes dans lesquelles elle est censée s'épanouir au mieux !

On peut imaginer que les amateurs de société transparente ont craint l'amitié pour ce qu'elle génère d'opacité entre les deux êtres et le reste de la cité. Car entre eux se solidifie une micro-société dans laquelle tout est commun : destins, passions, projets, passé, craintes, douleurs, peines, jubilations. Et tout organisme indépendant d'un léviathan social semble se nourrir de lui, en parasite, phagocytant la belle unité sociale. Car l'amitié véritable est au-dessus des lois, du droit, de la loi, des instances sociales qu'elles aient nom Famille ou Patrie, Etat ou Nation. On est ami avant d'être citoyen et, parfois malgré et contre l'état de citoyen. D'où sa radicale fonction atomique et son caractère asocial.

Dans l'Antiquité, elle fut une vertu cardinale, mais s'intégrait dans une civilisation misogyne, régulant les rapports des hommes entre eux, sur le mode de la qualité virile et dans une parfaite symbiose avec les impératifs sociaux. Les Grecs et les Romains ont voulu l'amitié comme une vertu spécifique augmentant l'inscription de l'homme dans la cité, dans la vie active de leur *polis* et *urbs* respectifs. Vertu guerrière, d'une virilité spartiate, quand elle n'est pas purement et simplement homosexuelle, elle est héroïque et se fait la modalité idéale de la relation à autrui. Datée, elle est une forme historique de l'intersubjectivité masculine, ce qui réduit d'autant la possibilité d'en démarquer sans réserve les façons pour notre XXe siècle finissant.

Une nouvelle définition de l'amitié, moderne, suppose qu'on prenne en considération les formes sociales contemporaines dans lesquelles elle pourra s'épanouir. Ni antiquité gréco-latine, ni époque féodale, ni Renaissance facilitant les belles et nouvelles possibilités d'existence, mais triomphe de l'ère industrielle et de l'heureuse égalité théorique avec les femmes : le problème est déplacé sur de nouveaux terrains. L'époque entend les sentiments sur un autre registre que précédemment : les mariages ne sont plus de raison, en principe, mais d'amour ; le travail et la vie familiale cellulaire tiennent la place occupés par feu les microsociétés générées par l'amitié. Elle doit se contenter des portions congrues, du temps laissé par le labeur et la famille. L'oisiveté fait défaut, le loisir manque véritablement, l'amitié doit faire avec des heures comptées, ou alors, intégrées dans celles qui vont à la famille. Peut mieux faire...

Car cette souveraine complicité a besoin de temps. Et l'on pourrait reprendre à notre compte la vieille idée en vertu de laquelle il n'existe pas d'amitié, en tant que telle, mais seulement des preuves d'amitié, toutes données dans des instants, des moments, développés sur la longue durée. Jamais acquise absolument, elle est à construire sans cesse par des signes, des indications, des démonstrations. C'est dans cette mesure que l'écoulement des années, en ce qui la concerne, est un facteur d'embellissement. Rarement elle supporte l'éloignement ou l'installation du silence ou le défaut de temps. Elle périt de négligence et d'absence de raison d'être, car elle n'est pas un sentiment éthéré sans relation avec ses conditions d'exercice. La mort, en revanche, arrête la passion dans l'état où elle est : Patrocle et La Boétie seront, de la part d'Achille et de Montaigne, l'objet d'un rare dévouement, d'une fidélité remarquable. L'œuvre entier du philosophe de Bordeaux est un tombeau à la mémoire de l'ombre. Je songe, aujourd'hui, à ce que Deleuze, parlant de Félix Guattari, appelle *une écriture à quatre mains* pour dire le lien qui les unissait — les unit. La mort de l'ami est un trou dans l'âme, impossible à combler, le même qui se trouve rempli lorsque l'amitié paraît.

En effet, à l'origine de cette vertu noble, on trouve le manque, la même incomplétude que celle dont Aristophane parle dans le banquet de Platon : défaut de perfection, solitude, angoisse et vide gisant au milieu de soi. Expériences douloureuses du solipsisme, isolement métaphysique, conscience de ses possibilités et savoir de ses limites, toutes ces certitudes malheureuses conduisent à un sentiment de malaise que l'amitié comble. Car elle est partage de cette intraitable mélancolie, tout comme elle est participation aux excès, aux débordements, à tout ce qui menace expansion en soi. En elle se font les équilibres obtenus par une économie des dons et des présents reçus. Elle est besoin de recevoir et jubilation à donner dans l'exacte relation d'échanges affinés et privilégiés : aucune intersubjectivité ne pourrait se prévaloir de l'amitié qui vivrait hors les confidences et la complicité. L'ami est le seul à détenir des secrets, l'unique à savoir l'indicible. Le terme ne se conjugue pas, et je l'imagine mal au pluriel.

L'amitié restaure les équilibres intérieurs, soit en évitant les mouvements excessifs vers le bas, de même pour ceux qui visent le haut : elle conjure les dépressions, au sens physique du terme, tout autant que les pressions trop fortes. En quelque sorte, elle est une science singulière, un art thermodynamique. Les plaisirs et les douleurs qui menaceraient d'abîmer l'âme sont ainsi désamorcés par le partage, la confidence. D'où l'extrême modernité des analyses de François Bacon qui définit l'amitié comme un sentiment apparenté à *la confession auriculaire* dont elle procède. Pour lui, ne pas avoir d'ami, c'est être un cannibale qui dévore son propre cœur, car l'amitié est l'art d'amoindrir les douleurs et de pulvériser les calculs. En tant que telle, sa nature cathartique est indéniable, elle aide à vivre en installant l'équilibre, la paix intérieure, l'ordre dans une âme où menaçaient le déséquilibre, la guerre avec soi-même et le chaos. Dans le registre hédoniste, l'amitié est principe d'harmonie par lequel, en réalisant le partage des affects, on augmente les joies et l'on diminue les douleurs de l'aimé tout autant que les siennes. L'amoindrissement de la peine engage immédiatement l'augmentation de jouissance.

En d'autres cas, ainsi de l'indécision, de l'interdiction devant des choix ou une alternative, l'amitié est un facteur de clarification. Soit parce que autrui donne lui-même et directement des avis, des conseils, des jugements, soit parce qu'en écoutant, en pratiquant cette confession auriculaire, il permet au sujet indécis qui formule ses problèmes de trouver tout seul une solution. Car formuler, c'est mettre en ordre, construire, produire du sens et avancer vers la résolution. L'oreille amie est l'occasion d'une conceptualisation qui ne se serait pas faite sans elle. En franchissant les limites qui contiennent les enchevêtrements, les parts d'ombre, les dynamiques obscures, le langage est auxiliaire de clarté et de distinction. Le verbe a toujours été contemporain de toute création, il est ce par quoi advient le logos. Le langage est un grand démiurge, l'amitié est son laboratoire. La psychanalyse fera l'usage que l'on sait des vertus cathartiques de la parole après que la confession auriculaire aura été pratiquée, comme on ne l'ignore plus, par plusieurs siècles de christianisme triomphant. Qu'advienne une logique langagière laïque, immanente, hédoniste, rebelle aux codifications et individualiste, l'amitié en fournira le prétexte, les formes et l'occasion. Elle est un cordial. J'aime ce mot qui, par son étymologie, rappelle qu'on peut faciliter le fonctionnement du cœur, rendre moins douloureuses les effusions pathétiques. Elle est un régulateur des passions et se manifeste, comme la politesse, dans un nombre incalculable de faits et gestes, secours et soulagements, intentions et délicatesses. Le condouloir est son principe, la parole son véhicule en tant qu'elle est manifestation de sentiments, de sensations, de désirs, de craintes, mais aussi dans la mesure où elle annonce une pratique, des actes, des effets immanents dans le réel et le quotidien. La parole est métaphorique : elle peut aussi s'entendre comme l'ensemble des signes émis dans la direction d'autrui. Le sourire, le regard, le silence, la présence sont autant de paroles, bien sûr. Et là, peut-être plus qu'ailleurs, s'expriment les quintessences subjectives. Une présence minérale, par exemple, une disponibilité totale dont pourtant nul n'abuse, sont les indices d'une amitié qui irradie. J'y vois la possibilité de redéfinir la virilité, loin des scories qui font disparaître jusqu'au sens premier : est viril ce qui manifeste l'essence de l'homme, en tant qu'espèce tendue vers le sublime, visant l'arrachement au terreau naturel dont elle procède. Est viril le geste *androphore*, qu'on veuille bien me passer le néologisme, j'aime ce mot qui, dans le domaine d'Eros, fait le pendant au psychopompe dans le territoire de Thanatos. Porteur d'homme et de ses douleurs, de ses peines, des charges qui alourdissent sa marche, soutien du fardeau de qui l'on aime, recours permanent : Sisyphe épaulé.

Dans l'ensemble des signes possibles, le langage, malgré ses imperfections et ses imprécisions, reste le plus sûr moyen d'aller vers autrui. Encore faut-il que les mêmes mots signifient, au plus près, les mêmes choses pour des personnages différents. Car le vocabulaire est d'abord un vivier de pathos, un outil qui flatte ou qui blesse, qui calme, repose ou assassine. Il est la mémoire des expériences passées, le lieu où se stratifient des souvenirs heureux ou malheureux, des enfances perdues ou des éducations négligées. Tout mot utilisé dans la bouche de l'un est un univers entier à destination d'une oreille, elle aussi médiatisée par un monde, celui d'autrui. Or, les mots sont vivants, d'abord dans l'histoire générale de leur utilisation, puis, dans l'histoire particulière, maniés par des singularités toutes marquées par leur biographie. Combien ont recours à des mots dont ils ignorent absolument le sens, bien que croyant en maîtriser la définition, le contenu ? Le pire n'est pas dans l'ignorance, mais dans l'illusion de savoir. De l'étymologie, la généalogie du concept, à l'usage, la perversion de celui-ci, s'installent des parasites en grand nombre. Entre le signifiant et le signifié se creuse un divorce de plus en plus grand. Involontaire, parfois, mais volontaire, souvent. Il est du registre de l'éthique d'avoir souci de ce délire.

Le verbe est extrêmement puissant dans l'économie des cercles éthiques. Devant l'inconséquence que permet un usage sauvage du vocabulaire, il s'agit de *rematérialiser la parole*. Contre le nihilisme verbal qui fait des ravages et en vertu duquel le mot n'est rien, n'a aucune valeur, n'annonce aucune action et se contente d'être paradoxalement viduité, il faut promouvoir un matérialisme linguistique dont le principe résiderait dans un lien nouveau entre le mot et le sens, le verbe et l'acte. Il permettrait l'avènement de ce que les linguistes appellent le registre du *performatif** .

Notre époque est celle des glossolalies. Mais à la différence de saint Pierre qui bénéficiait des avantages de la Pentecôte — ce qui n'arrive pas tous les jours —, il y a peu de chance pour que, soudainement, nous nous mettions à comprendre les langues que nous ne pratiquons pas. D'autant que celles qui triomphent aujourd'hui sont des créations uniques, entièrement soumises à leurs créateurs, ce qui rend toute possibilité de communiquer encore plus improbable. Qu'on se souvienne de l'étymologie de barbare : elle désigne celui dont les sons articulés ne produisent, pour tout effet, qu'un ensemble de phonèmes insensés, incompréhensibles. Nous sommes sous le règne des barbares. Chacun s'enferme dans son monde, avec son langage, ses mots, qui n'ont de sens que pour lui. Pourtant, c'est avec ce petit bagage mensonger qu'il va tenter de régler ses problèmes d'intersubjectivité. Que de malentendus, là encore au sens étymologique, vont procéder de cette impéritie !

Les mots sont donc presque morts, parce que vidés de leur sens à cause d'une incapacité des institutions — familiales, scolaires et sociales — à mettre en perspective, d'une manière rigoureuse, signifiant et signifié, verbe et contenu. Cet état de fait est amplifié par l'ignorance dans laquelle sont ceux qui naviguent en plein illettrisme et se veulent pourtant lettrés, persistent à faire de leur sabir un mode d'interaction communautaire. En résulte l'incapacité à vivre une relation éthique digne de ce nom et la condamnation, en ce qui les concerne, à vivre dans l'imprécision, maîtrisés et circonscrits par le réel, qu'ils ne savent bien nommer, donc comprendre. La caste des barbares familiers de glossolalies est donc riche d'innocents, dans l'hypothèse qui leur est la plus favorable. Mais il existe également, parmi ceux-là, des individus moins niais qu'il n'y paraît et qui font de cette babélisation un argument pour leur immoralité. La déliquescence langagière sert leur volonté d'empire sur le monde, les autres, le réel.

Le prototype de la glossolalie volontaire est *Don Juan** qui pratique, san vergogne, un machiavélisme linguistique outrancier pour berner ceux qu'il rencontre, ici son père, là les femmes, ailleurs des valets ou des inconnus. Séduire par le mensonge est son dessein — quand il est si facile de parvenir aux mêmes fins en faisant l'économie de la tromperie. Là où le commandeur est parole chevaleresque, emblème du performatif, langage incarné et discours indissolublement métamorphosé en acte, Don Juan est parole fourbe, séduisante, légère et vide d'effet annoncé. Le réaliste qui promet les enfers et les ouvre sous les pieds de qui s'y destine, et le nihiliste qui échappe à ses créanciers — de l'usurier à la femme à qui il aura promis le mariage — par un verbe enjôleur, sont les illustrations caractéristiques des comportements possibles devant le langage. L'esprit chevaleresque contre la facilité barbare. La parole de Don Juan vise à produire un enchantement, une tromperie. L'autonomie du signifiant lui permet de jouer et d'abuser de ses interlocuteurs qui imaginent la liaison du mot avec des effets dans le réel. L'abuseur de Séville, comme on l'appelle aussi, pratique une schizophrénie caractéristique de notre époque ; elle met en œuvre l'injonction baroque de l'honnête dissimulation dans le seul but d'affirmer la toute-puissance du moi contre autrui, malgré lui.

Dans les cercles éthiques, la politesse est un principe sélectif, mais le mode d'usage du langage également. A partir de la conséquence, ou de l'inconséquence d'autrui, on pourra pratiquer l'élection, ou l'éviction. L'hédonisme est impossible à réaliser si le verbe est démonétisé, monnaie de singe — toujours le bestiaire. Pas de morale jubilatoire sans la précision de ses intentions, d'une part, et sans la réalisation de celles-ci, une fois les choses dites, d'autre part. Pour éviter les désagréments et tâcher de produire le plaisir, l'hédoniste se doit de dire ce qu'il fait et de faire ce qu'il dit. A charge, pour autrui, d'agir en conséquence, et de mettre en œuvre les logiques qui lui permettront les sentiments centrifuges ou les pratiques exclusives. Le mensonge n'est pas utile, il suffit de manifester ses désirs : dans le pire des cas, on essuie une simple fin de non-recevoir, au mieux, on élabore des jubilations en commun. Quoi qu'il en soit, les choses étant précisées, chacun sait ce qu'il peut attendre, espérer, escompter et donner. La pratique du performatif est hédoniste parce qu'elle évite les douleurs consubstantielles aux malentendus directs et volontaires ou indirects et involontaires. Aussi faut-il préciser que, personne n'étant obligé de faire une promesse, quiconque l'a faite est tenu de l'honorer. Personne n'est tenu de révéler, de parler, d'énoncer, de promettre, mais quiconque s'est ainsi manifesté doit être conséquent, et agir dans la direction indiquée. Car tout mot dit doit annoncer un acte à venir.

De même que la politesse est un art de l'infinitésimal, le langage suppose la capacité à distinguer le minimal. Chaque mot a son sens, il est lourd de promesses particulières, singulières. Pas plus qu'il ne dit au-delà de ce qu'il signifie, il n'exprime en deçà de son sens. Le vocabulaire permet, dans sa richesse, dans l'infinité des combinaisons qu'il autorise, un nombre incalculable de variations qui rendent possible l'expression des nuances, des subtilités, des finesses. D'où la nécessité, dans une relation intersubjective, d'un souci du sens véritable. Le bovarysme nous porte à préférer ce qui n'a pas été dit, mais qu'on n'aura pas voulu entendre. Le déni se fait également sur le mode linguistique : il suppose d'être plus ouvert à soi-même et à ses désirs qu'à autrui, et à ce qu'il veut transmettre. Ou, d'une autre manière, il est manifeste lorsqu'il n'est pas évident d'accorder de crédit à ce qui aura été dit par l'un sous prétexte qu'on se propose de le faire changer d'avis et de rendre caduques ses affirmations. Nous avons tendance à ne pas croire l'autre parce que notre volonté est de modifier son opinion et que discréditer le présent réel au profit d'un futur hypothétique devient un jeu d'enfant. Dans cette distorsion s'installe le malentendu. A ne pas savoir écouter, on s'expose à ne pas être entendu. L'hédonisme est prévenance des intentions manifestes, non dans l'hypothèse et l'illusion, mais dans la pratique et la réalité. Le bovarysme linguistique est tout entier fabriqué par l'amour-propre, il désigne l'incapacité à une relation authentique au monde. Le sujet ne ment plus à l'autre, mais à lui-même.

En rematérialisant la parole, on retrouve le geste primitif mis en exergue par toutes les mythologies lorsqu'elles font la genèse de leurs cosmogonies : la parole est fondatrice, elle permet l'avènement du sens et de la forme dans le chaos. La parole est une énergie spermatique. Dans *le serment**, par exemple, elle est toute-puissance, tout autant que dans la cérémonie de l'adoubement. Le parjure fait craindre les malédictions les plus terribles : les Grecs faisaient leurs serments en sacrifiant un animal préfigurant le sort de qui ne respecterait pas la parole donnée. Hésiode rapporte qu'un engagement pris par l'eau du Styx était payé, en cas de non-respect, d'une année sans voix et sans souffle.

Car la parole est une monnaie qui, elle aussi, peut être dite dévaluée, décriée, divisionnaire — de faible valeur —, obsidionale — au cours limité dans l'enceinte d'une ville assiégée —, fiduciaire ou scripturale. C'est selon. Et de la même manière qu'une altération, une falsification de monnaie, amène de graves troubles économiques, toute démonétisation linguistique induit des perturbations radicales dans les relations entre les hommes. Une monnaie est dite trébuchante lorsqu'elle est correcte au poids ; de même appelle-t-on point secret les signes distinctifs gravés sur une pièce pour la distinguer des fausses valeurs en cours : j'aimerais que dans une perspective éthique nous puissions œuvrer dans le sens d'une émergence de paroles trébuchantes ; par ailleurs, une éthique soucieuse d'effets hédonistes devrait user de recours aux points secrets par l'intermédiaire de la remise à flot du principe de conséquence. Le performatif, tout comme la politesse dont elle participe, doit devenir un principe sélectif. Son usage ou son mépris devraient contribuer à la dynamique des cercles éthiques, de sorte que les faux-monnayeurs du langage se verraient écartés, mis à part, évincés vers la périphérie de la géographie aristocratique. Quand aucune communication n'est possible, il faut renoncer à l'intersubjectivité, sous peine d'aller vers des souffrances, des malaises perpétuels, des douleurs qui augmentent lorsque l'ont veut les circonscrire d'abord, pour les réduire ensuite, vainement.

Il serait bon de saisir la précarité de toute relation langagière qui ne prend pas modèle sur le performatif en suivant, à la trace, les effets éthiques produits par la subversion du langage dans l'humour, *l'ironie** ou le cynisme : combien de plaisanteries installent le malaise quand elles ne sont pas entendues telles qu'elles ont été prononcées ? Fabriquées dans le jeu et la dérision, elles font l'effet de déflagrations quand elles sont perçues hors le contexte ludique.

Dans le délire verbal volontaire entrent en considération des sublimations de l'agressivité, des déconstructions réelles, des fusées fabriquées avec l'instinct, l'esprit joueur, l'âme naïve, le tout dans l'hypothèse que le récepteur entendra la distorsion et qu'il sera capable de restaurer ce qu'il faut véritablement saisir. Le jeu avec l'intelligence d'autrui suppose une capacité au moins égale chez les protagonistes à subvertir le langage, dans le dessein de brosser un portrait fidèle de ce que l'on veut montrer. L'ironie est jeu avec le jeu dans le but de faire émerger le sérieux, sous forme paradoxale, là où on ne l'attendait plus. Elle déstabilise pour asseoir, elle détruit pour construire. Et, souvent, le temps d'arrêt et de réflexion pour les meilleurs — et l'on est d'autant meilleur que ce temps est bref —, un temps infini pour les autres — avec explication pour les moins bons — sont utiles pour expérimenter le déséquilibre avant retour à un nouvel ordre, supérieur parce que procédant d'une volonté subtile. L'ironie est plus sévère encore que l'humour — plus doux, moins agressif — dans la direction du malaise. Elle s'appuie sur le malentendu volontaire, mis en œuvre à dessein : combien de ravages produit-elle ? Combien de douleurs inflige-t-elle ? Tant et si bien qu'elle n'est utilisable, là encore, que comme un principe sélectif, avec ceux qui l'entendent. Les virtuosités langagières exigent des interlocuteurs qui en sont dignes. Or, chaque relation à autrui, en tant qu'elle est médiatisée par la parole, suppose un minimum de talent et de dextérité. A défaut, là encore, la relation éthique est contrariée, voire impossible. Ceux qui ne savent ni ne peuvent jouer, comprendre les sous-entendus, l'humour, l'ironie, les métaphores et autres jeux de langage sont incapables de faire coïncider le monde et les mots qui le désignent dans ses détails. Pas plus, donc, ils ne savent faire se correspondre les déclarations et les actes. Le langage est, pour eux, une prison dorée, un instrument pervers qui les détruit et les déconsidère au fur et à mesure qu'ils en font usage.

Avec la politesse et le langage, toutes les intersubjectivités peuvent se trouver précisées. Chacun dispose des moyens de faire fonctionner le principe des affinités électives. Reste la question du corps d'autrui. Corps sexué, plus particulièrement, corps désirable. Bien sûr, toutes les vertus que j'ai faites miennes pour les relations entre les âmes demeurent pertinentes pour les relations entre les chairs. Sur le principe, tout est possible avec l'assentiment de l'autre. Hors les institutions, certes, mais hors les convenances également. Tout relevant de la logique du contrat : je propose, l'autre dispose ou bien l'autre propose, je dispose. Rien n'est plus simple. Sans le consentement d'autrui, toute sexualité est injustifiable : des sévices au viol tels qu'on les entend habituellement, évidemment mais aussi sous couvert de la loi, dans le mariage quand l'un des deux ne souhaite plus ce contrat et que l'autre, malgré tout, insiste et recourt au pire.

Je ne conçois pas de relation entre les corps sans la douceur, vertu cardinale. Elle se manifeste dans l'extrême souci et la prévenance des désirs de l'autre et de la nature de ses volontés en matière de plaisirs. Pas de jubilation solitaire, il n'est point besoin d'autrui pour cela, mais une esthétisation des relations susceptible d'être réalisée par une écoute des moindres signes : politesse des peaux. Le rapport amoureux impliquant les corps est redevable des mêmes principes éthiques que ceux qui légifèrent en matière d'esprit, d'âmes.

Dans cet ordre d'idées, j'aime me souvenir de l'érotique des *troubadours** et de la pratique de l'amour courtois. Les femmes n'y sont pas des objets, mais des sujets auxquels on n'a de cesse de montrer leur nature subjective. Je songe aux épreuves qu'étaient *l'assays* ou *l'asag* qui supposaient l'homme capable d'une maîtrise telle qu'il devait pouvoir regarder sa belle se déshabillant, nue, se coucher, près de son corps et n'y point toucher autrement que sur le mode de la douceur. Tout était permis, hors l'union sexuelle dans sa définition classique. Le rapport était spiritualisé, sublimé, esthétisé. L'épreuve avait pour but de mesurer le degré de maîtrise dont était capable l'homme amoureux : incapable, il montre l'empire des sens sur lui, capable, il montre son empire sur ses sens. La douceur est capacité à différer, à vouloir dans le temps élu les effets qu'on entend produire sur soi aussi bien que sur autrui. La maîtrise ne vise pas la continence pure, l'ascétisme complet, mais le triomphe du vouloir jusqu'à ce que décision soit prise de s'abandonner. Le bouddhisme tantrique a fait de la rétention spermatique une pratique qui décuple et grandit : les troubadours la pratiquaient également. L'économie devient dépense fastueuse, parce que signe du triomphe de la volonté sur les parts animales.

Dans la mise à l'épreuve, les troubadours expérimentaient le *joy*, plaisir pris à la sculpture de soi et de ses énergies sexuelles, jubilation, dans l'érotique tardive (XIIIe siècle), à anticiper, plaisir présent issu de l'idée qu'on se fait d'un plaisir à venir. La jouissance qui n'est pas aussi cérébrale n'est qu'une décharge neutre d'énergies tristes. L'éternelle supériorité des femmes sur les hommes, leur perpétuelle grandeur consistent en cette association quasi permanente, chez elle, du cérébral, du mental, du spirituel et du corps. Les hommes, en cela plus proches de l'animal, peuvent dissocier le corps et l'âme, les deux registres pouvant, malheureusement, fonctionner l'un sans l'autre. L'ignorance de ces deux modes radicalement différents conduit à l'ensemble des malentendus sur ce terrain. L'une vise le sublime auquel l'autre n'aspire que parfois. En revanche, bovarysme supplémentaire, et retour du paradoxe, l'une imagine que le sublime peut, la plupart du temps, se cristalliser dans le couple, que sanctionne la maternité, quand l'autre ne veut rien de tout cela. Et les troubadours, qui savaient que la meilleure façon de détruire l'amour est de l'encager dans une coexistence visant la cohabitation, ont fait l'éloge de *l'enamourement* qui veut la durée du sentiment, sa persistance en le confinant dans le secret, la complicité.

Pour une érotique contemporaine, René Nelli, auquel on doit les analyses les plus fines sur celle des troubadours, appelait à une réactualisation des principes occitans et invitait à changer d'amour, autant que faire se pourrait, avec l'obligation de ne jamais soumettre la sexualité à autre chose que lui. D'où son goût, à l'époque, pour l'amour fou tel que l'enseignaient les surréalistes : amour sublime, attachement total et subit à un seul être, unique, envers et contre tout, soumission de la réalité au désir et au plaisir. Ainsi se déploie la beauté convulsive... C'est pourquoi, vivant le plus sereinement possible dans l'imminence de ma mort, je songe à ce qui, dans mon musée imaginaire, relie la Korê d'Euthydikos, une tête d'éphèbe que j'aime, l'Athéna d'Égine, le saint Jean dans le désert de Vinci — dont on dit, depuis peu, qu'il pourrait bien s'agir d'un Bacchus, ce qui n'est pas pour me déplaire —, le sarcophage des époux de Cerveteri, la tête d'Hermès et l'Apollon de Véies : le sourire...

CODA

Le rendez-vous bergamasque

Alors que je travaillais à l'idée de ce livre, l'envie me vint de retrouver, une fois de plus, les lieux chers à Nietzsche et dans lesquels Zarathoustra fut conçu. Après la côte ligure et l'Italie, que j'avais hantées l'année précédente, je désirais des retrouvailles avec l'Engadine où déjà j'étais venu traquer l'ombre. Un rendez-vous s'y préparait en forme d'écho à l'Eternel Retour...

Ma première visite à Sils Maria s'était faite dans la neige, blanche jusqu'à la nausée, immensément blanche. C'était Pâques, la fête du passage, non loin de la pleine lune des équinoxes de printemps, en marche vers plus de lumière et de moins en moins de nuit. Or, dans mon imagination, Sils était le village de l'apothéose de la clarté, l'archétype du lieu lumineux. Nietzsche y passa tous ses étés, de 1881 à 1889, date à laquelle il entre, pour dix années, dans des ténèbres que seule la mort dissipera. J'attendais une lumière moins accablante, moins perforante pour le regard. Les yeux brûlés ne voyaient que neige et glace. Seule la rue qui traverse le village saillissait, marron, sale, tachée de terre. Le peu de neige qui fondait coulait le long des gouttières et filait en eau claire grossir les ruissellements du torrent dont le bouillonnement et son vacarme couvraient tout.

Avant Sils, un lac encaissé dans les montagnes toutes blanches apparaissait comme une étendue glacée et menaçante, réservoir de la sépia dont Nietzsche a tant aimé le noir profond. Couvercle sur des ténèbres en dessous desquelles forniquait Albérich, peau nègre dissimulant des dionysies polaires, la surface aquatique interdisait l'aspérité, l'effleurement des esprits au-dessus des eaux. Le poème de Goethe mis en musique par Schubert colorait mon âme — *Gesang der Geister über den Wasser* dans lequel voix de basses, altos et violoncelles doublés, puis contrebasse magnifiaient le tellurique et la noirceur des âmes perdues pour la raison.

Sous le gel, encore, et la neige, toujours, je ne vis pas la presqu'île de Chasté, le rocher de la révélation de l'Eternel retour, ni le chemin qui longe le lac et conduit de Sils à Maloja. Pas plus, je ne sus quels bleus et verts hantent les eaux froides et claires. Transi, fatigué par le voyage, je fus seulement parcouru de frissons dont je ne pus savoir s'ils trahissaient le corps fourbu ou l'âme saisie par les ombres du lieu, les mânes au souffle glacial. Cette fois-ci, Sils se refusa, mystérieuse et souveraine.

J'y revins sous un ciel d'été, non loin de la date anniversaire de la mort du philosophe, à la fin d'un mois d'août brûlant qui avait exacerbé les couleurs, les senteurs et les formes. Quelques kilomètres avant le village, je fis une halte en montagne pour savourer l'immensité et l'absence des hommes : des rochers et des campanules bleues, un torrent qui arrachait au sol ses pierres et sa rudesse. L'eau était glaciale, claire, et dansait de trou en trou, d'aspérité en aspérité. Elle descendait des cimes avec violence et ne trouverait le calme que bien plus bas, dans l'un de ces lacs où reposent les eaux noires de l'hiver, vertes et bleues de l'été, mélangées, en toutes saisons, aux raisons perdues d'un philosophe, d'un danseur et d'un rêveur de mots — Nietzsche, Nijinski et Klima.

Malgré le fracas des eaux en ébullitions froides et les gerbes ou les petits paquets liquides bruyants, j'entendis un oiseau de proie. L'aigle de Zarathoustra ? Je ne le vis pas. La lumière était blanche et brûlait les yeux. Le regard se perdait dans le poème céleste. Les pupilles grillées, les paupières abîmées, je dus renoncer à chercher l'image, et me contenter de l'ombre faite cri. Aigle, vautour ou balbuzard, huir de milan royal ou de circaète, la stridence persista, l'animal fut invisible, j'entrais au royaume de Nietzsche sous les auspices d'un bestiaire complice.

Plus bas, ce fut Sils, encore à six mille pieds au-dessus de la mer, voisine des cimes fleurissant des gemmes et des torrents glacés. Construit le long d'une veine d'eau bouillonnante, blanche et verte à la fois, chargé des ombres venues du plus haut de la montagne, décollées aux âmes de pierre, empruntées aux neiges les plus préhistoriques, le village est placé au creux des plis faits par les montagnes — comme des commissures de peaux congelées, des rides de terre et de pierre. A l'ombre du clocher blanc, les maisons absorbent la chaleur de l'été et se gorgent de l'énergie d'un soleil dispendieux. Les poumons savent, à la fraîcheur qui les emplit lors de chaque inspiration, combien la lumière est un composé de fournaise et de banquise, au point d'intersection, quand on ne sait plus distinguer et qu'on imagine d'immenses chaleurs qui congèlent ou de très grands froids qui brûlent.

La ligne des cimes est presque antédiluvienne et

les crêtes sont des variations de tempéraments. Aiguilles et creux, pointes et cavités, les découpes, impassibles, variaient dans leur jeu avec les lumières : aurores, crépuscules, brumes et chaleurs, matinées et fins d'après-midi, chaque moment permettait des variations sur le thème de l'obscurcissement, de l'éclairage, de l'estompe. Les teintes minérales se décomposent : camaïeux d'ocre, de terre d'ombre, de brun et de marron. La roche absorbe les frémissements du crépuscule, elle se fortifie des nuitées et réapparaît, le lendemain matin, riche de l'énergie des nuits. En plein jour, elle tait l'évidence, mais vibre au regard complice.

Zarathoustra vit le jour dans ces éléments composés, dans cette copulation alchimique dont surgit, d'abord, un marécage, sec après l'équinoxe d'été, et qui ne trahit l'hydrophilie que par les mousses et les herbes grillées. Le pas est souple, il invite à la danse. La matérialité se transmue, la légèreté impose aux gestes des élégances à nulles autres pareilles. J'imagine volontiers l'âme déjà déliée de Nietzsche connaissant les plaisirs d'une apesanteur qui ira croissant jusqu'à l'envol, de l'autre côté du miroir. Lui qui ne voulait croire qu'à un dieu qui fût danseur a dû trouver dans ces herbes sèches et souples un tapis à la dimension des joutes de Dionysos avec l'élément : chassé, déchassé, fouetté et jeté, la chorégraphie divine a pu, ici, augurer.

Avant l'eau du lac, après l'air de l'herbe, de grandes herbes souples, grasses et longues ondulent au vent. Elles plient, ploient, courbent et se relèvent avant d'obéir aux nécessités du souffle, repartant, uniformes, dans les sens opposé. L'air est violent, puissant, il tombe des montagnes et se renforce des ascendances, des flux et des courants pour redoubler d'intensité. Dans cette exubérance éolienne, capricieuse et fantasque, un enfant fait claquer la voilure d'un cerf-volant. Le tissu, gorgé de promesses, gonflé d'énergie, dessine voltes et virevoltes, arabesques et cabrioles. L'objet aux couleurs vives fuse, puis choit, renaît et part ailleurs, le tout dans une célérité qui piège le regard. Dans la trame du tissu qui claque, il y a les bruits d'une âme qui craque — celle de Nietzsche brisé par les assauts de la pensée qui se fait en lui. Son esprit est une cathédrale qui menace de s'effondrer et d'emporter avec elle ses secrets, ses trésors et ses promesses. La charpente mentale souffre, les étais branlent et le vent continue de s'engouffrer. Le cerf-volant poursuit ses transes au bout des bras de l'enfant ; il vrombit, claque et souffle. Le filin auquel il est retenu est invisible. L'aile paraît déliée, libre et soliloquant avec l'azur. On ne voit que les folies de ce papillon sans âme, aveugle et frôlant dangereusement le sol, inquiet sur l'arabesque à venir qui pourrait être fatale. Il suffit d'attendre, même les cerfs-volants trépassent. Le mauvais geste ou le vent rabatteur, le caprice de la toile ou le mélange des misères a bientôt raison de l'objet qui pique, rase le sol, tombe et va se ficher dans la terre. Grande carcasse d'albatros échoué — métaphore soudain explicite du moment où la raison quitte le corps de Nietzsche pour aller se perdre dans les eaux glacées d'un Styx où nagent déjà d'autres souffles naufragés.

Plus loin, là où le vent ne souffle pas, occupé qu'il est à troubler le dessein des cerfs-volants, les parfums se dégagent légèrement, troublants par leurs complexités, précieux par leurs fragrances fragiles : le soleil grille les herbes, dégage les arômes qui, volatilisés, se dispersent vers les cimes. Au sommet, ce sont les gentianes bleues, mais là, près des eaux presque lissées, ce sont des œillets sauvages, des coquelicots et des bleuets, les premiers paraissant revêtus d'une couleur qui s'obtiendrait par le mélange des deux dernières : violet, mauve ou parme. Les lupins, les marguerites et les campanules, les chardons d'argent et les silènes roses. Des myrtilles, aussi, qui tachent les mains, inscrivant dans les paumes d'indéchiffrables textes violets qui rappellent l'encre avec laquelle, enfant j'appris à écrire. Les résineux saturent l'air de parfums sucrés, ronds. Des pommes de pin suinte une résine qui colle aux doigts, parfume la bouche quand on la porte à ses lèvres. Le tout dans un silence assourdissant — celui qui envahit la tête, les nuits d'insomnie, et fait siffler le sang dans le pavillon des oreilles.

Je marche, confondu à toutes les sensations qui me sollicitent, sentant, goûtant, entendant, touchant, voyant avec avidité, passivité, me faisant réceptacle des informations, l'esprit tout entier tendu vers l'émotion — authentique pathétique pour une âme hédoniste. Le long du lac de Sils, un sentier accompagne la berge quelque temps, jusqu'à un trou pratiqué dans la montagne et qui ouvre sur un couloir de ténèbres duquel surgit un vent glacial. Le corps accroché à la roche, le buste penché vers cette plaie dans la matière, je suis saisi par la température polaire : une faille débouche là qui prend sa naissance dans la montagne. D'ici sortent les haleines telluriques glaciaires. Mon mouvement de recul me fait trouver douce la tiédeur du petit matin. C'est au sortir de ce couloir de vent étrange qu'un adolescent italien s'est noyé : sa photo, incrustée dans un émail funèbre, le montre dans toute sa jeunesse, tel que la mort l'a requis. Son nom, ses dates — un destin réduit à sa plus simple expression. L'eau est trompeuse et sa couleur enjôleuse : bleus et verts se partagent les dominances. Les yeux pers de Minerve — je songe à l'iris bleu de mon père et aux regards qui se nourrissent de cette bleuité qui me trouble toujours. La preuve est faite qu'on peut se perdre et mourir en de si piégeantes beautés.

Vers Maloja, le chemin traverse un hameau de bois et de pierres, l'âme presque couverte par le fracas des eaux qui tombent en cascade, venues de la montagne. Déséquilibrée, chutant de haut, volatilisée, pulvérisée, elle envahit la béance créée par les anfractuosités de la roche. L'air est saturé d'embruns glacés qui voltigent. La lumière épouse les brouillards aussi bien que les réfractions. Les remous sont puissants, la force qui se dégage des éléments est communicative et les bouillonnements de l'eau attirent mon regard, le fixent et le figent. L'eau se mêle à la montagne, le dynamisme à l'impassibilité et le ciel se fait écume. Comme une dialectique ascendante, une procession plotinienne inversée, le liquide se matérialise, s'incarne et génère une cristallisation : l'impermanence du flux devient l'immutabilité des pierres. Figuration romantique de l'éternel retour, du Même et de l'Autre intriqués, imbriqués. La cascade est le champ minéral des dieux, un jeu où Titans, ces fils d'Ouranos le Ciel et de Gaïa la Terre, se rient des rocs et des eaux. La colonne d'air dans laquelle s'effectuent ces travaux de matière absorbe les bruits de la vie pour ne restituer qu'un incessant vacarme. La brutalité de l'avalanche contraste avec la quiétude du lac, à proximité : le temps adoucit et travaille l'esprit des liquides. Du glacier aux eaux profondes, on peut lire toute l'histoire qui conduit, via les masques, de Dionysos à Apollon — de l'énergie pure à la forme.

Les quelques maisons sentent la résine des pins avec lesquels elles sont bâties. Les troncs suintent encore. Les toits sont de pierres schisteuses, plates, stratifiées et posées en piles. Reflets verts et d'argent, feuilletés de mémoire et complices du soleil. Pas de rues, mais de la terre, de l'herbe ou un tas de fumier. Dans les champs, les vaches paissent et leurs clochettes tintent au rythme des mouvements de leur tête, doucement, intégrées dans le paysage hiératique et calme. Je me souviens de Nietzsche, que j'imagine, en l'occurrence, parlant aux vaches, les appelant Mesdemoiselles — « pour flatter leur vieux cœur », disait-il. Le philosophe et le ruminant eurent une liaison durable et profitable, puisque Nietzsche stigmatise la foule sous le vocable de *vache multicolore* et réclame, pour son œuvre et ses livres, qu'on les appréhende avec la patience des animaux à cornes dont la première vertu est de savoir ruminer. Eut-il l'intuition de ces images en allant de Sils à Maloja, en rencontrant ces bêtes que les Grecs plaçaient dans tous les lieux où ils virent les cités d'Aphrodite ? Ces filles et fils d'Homère pour lesquels la vache est jeune femme aimable et souriante, déesse de la joie, de la danse et de la musique, avaient déjà dit qu'elle était véhicule de sacré — comme les bouddhistes zen pour lesquels elle est associée aux processus graduels qui conduisent à l'Illumination. Vaches philosophiques couplées aux *vacheries hystériques* rimbaldiennes pour de poétiques bestiaires.

Je laisse les vaches et les pierres, la cascade et le hameau pour continuer de marcher en direction du village que j'aperçois, au loin, dans le prolongement du lac mourant là-bas avant d'inventer de nouvelles côtes déchirées, découpées, qui conduisent sur le chemin du retour, de l'autre côté de la berge. Les muscles s'échauffent, le corps est brûlant des pas accumulés. Je comprends que Nietzsche ait pu faire l'éloge de la marche vive par laquelle le corps se métamorphose et devient plus réceptif, plus aiguisé. Il se fait instrument plus subtil et raffiné, enregistre les moindres variations, connaît les hyperesthésies avec lesquelles se structurent les images, se fabriquent les idées, se produisent les concepts. La marche affine la machine, la tend, la remonte afin qu'elle se déplie et déploie en formes réflexives qui, bientôt, seront captives du papier — puis des livres. L'exercice physique sollicite la chair et le sang, la lymphe et le système nerveux, de quoi nourrir les textes, imbiber carnets et cahiers. La région des lacs — Silvaplana et Sils Maria, Surlej et Isola — est magique, elle libère les chimères et dompte les parts maudites avec lesquelles sensations et émotions se métamorphosent en figures philosophiques. De ces entrailles de terres fécondées par la lumière, le soleil et les eaux vertes est né Zarathoustra. Fils de personne, mais produit des éléments, progéniture de l'énergie dégagée par les lieux.

Dans le village, j'imagine la petite silhouette de ce monsieur toujours bien mis, l'air ailleurs, réfléchissant et cheminant l'esprit dans les cimes. Il tient dans la main une lettre pour Venise destinée à Peter Gast. Le 3 septembre 1883, il écrit : « Cette Engadine est le lieu natal de mon *Zarathoustra*. J'ai retrouvé à l'instant la première ébauche des pensées qui se combinent en lui ; parmi elles : “ début de l'automne 1881 à Sils Maria, à six mille pieds au-dessus de la mer et bien plus haut au-dessus de toutes choses humaines ". » *Ecce homo* le répétera. A cette période, Nietzsche connaît de singulières extases qui lui arrachent des pleurs de joie, des larmes de jubilation. L'état physiologique dans lequel il se trouve est apocalyptique. Les yeux abîmés par l'enthousiasme, il ne peut quitter sa chambre et se cloître la plupart du temps. Quand il sort, c'est pour expérimenter une nouvelle fois les ivresses de la connaissance — chantant et divaguant, écrit-il.

Quittant la minuscule pièce de la pension Durisch, où il loge, Nietzsche prend la direction du lac de Sils, marche, traverse le marécage où danse Dionysos et volent les cerfs-volants, puis s'avance sur la presqu'île de Chasté, un ras de terre gagnant sur l'eau verte et bleue. Là, entre pierres, pins et fleurs sauvages, il imagine une petite maison en bois dans laquelle il pourrait habiter, deux pièces loin du monde — « niche à chien idéale », écrit-il. Plus tard, il rêvera le lieu comme un endroit idéal pour sa sépulture. Dans la partie la plus avancée de la presqu'île, sur un roc qui semble tombé du ciel et fiché en terre après une chute céleste, une plaque est apposée et raconte un fragment du Zarathoustra. Au pied du monolithe, assis, on peut voir le subtil ensemble, la combinaison des quatre éléments : la montagne, le lac, le ciel, le soleil. Le village n'est pas loin, un quart d'heure de marche, mais c'est suffisant pour se faire surprendre par la nuit. Le soleil se cache derrière les crêtes, l'ombre avance, les ténèbres s'installent et modifient les sons, transforment les frémissements de l'obscurité en vastes plaintes inquiétantes. La nuit, l'eau qui coule de la fontaine, et que je sais glacée pour m'en être rassasié dans la journée, est un jet dru qui claque de façon singulière, en creusant la surface du bassin dans lequel se perdent les états d'âme nyctalopes. Le matin, la fenêtre ouverte, dans la pension où je suis et qui par ailleurs est une pâtisserie saturée de parfums chauds, j'entends la mélodie de la fontaine, moins inquiétante, moins mélancolique, plus en harmonie avec la lumière du jour. Le bruit de l'eau qui coule s'estompe avec mon pas. Je vais près de la petite maison dans laquelle Nietzsche louait une chambre sombre qui donnait sur l'arrière, immédiatement compromis par la verticalité de la montagne.

Les tentures vertes qui reposaient son regard et ses yeux fatigués, la maladie et l'excitation, ont disparu. Les murs sont habillés de frisette de sapin, le mobilier est sommaire : un lit, une table de toilette, un tapis aux couleurs passées, un petit bureau. Si j'en juge par le seul bougeoir ayant été dans la possession du philosophe, et qui est précieusement conservé derrière une vitrine, tous les meubles d'aujourd'hui sont fictifs et ne craignent rien du touriste qui passe par là. Les autres pièces sont encombrées d'objets variés, éditions originales, fac-similés, traductions en langues diverses, peu de chose. En revanche, un moulage mortuaire où l'on peut lire, sous les traits, dans les volumes, le visage d'aigle enfin apaisé, la quiétude enfin retrouvée après les années de folie dont témoignent des clichés stupéfiants que je n'avais vus nulle part ailleurs, ni lors de ma précédente visite. Si la déraison a pu, un jour, être saisie sur une plaque photographique, ce sont ces tirages qui en témoignent : le regard du philosophe est celui d'un être mort à la vie, déjà ailleurs, surpris dans sa démence. La mort a envahi son cerveau, elle a glacé son âme. A cette époque,

Nietzsche est prostré, connaît parfois des périodes d'excitation que suivent de longs moments d'apathie. Il pousse des cris, joue au piano des phrases musicales incohérentes, rit, dit quelques mots qui donnent l'impression qu'il recouvre la santé ou feint l'affection mentale, mais persiste dans le chaos. Sa mère et sa sœur veillent sur lui, le promènent, le soignent. Zarathoustra sans le fouet qu'il voulait donner aux femmes, lui si accorte et délicat dans sa vie quotidienne — réduit à dépendre de celles qu'il considérait comme l'argument le plus en désaccord avec sa théorie de l'Eternel Retour, tant elles lui inspiraient défiance, colère ou antipathie. Vieux lion mort, vieil albatros échoué. Les yeux de Nietzsche, dans ces clichés volés à la camarde, subtilisés à Cronos, le montrent définitivement désarticulé, explosé, détruit.

Je vis à peine, dans la salle du Nietzsches-Haus, le marbre un peu grandiloquent de Max Kruse — juste assez pour surprendre, dans les bras de son père qui regardait ailleurs, un enfant qui tendit la main vers le visage du philosophe et caressait la base du cou, éternel retour des métamorphoses qui, du chameau au lion, conduisent à l'innocence du devenir. Je ne vis pas plus la photographie faite par Jules Bonnet à Lucerne en 1882 et qui représente Nietzsche et Rée attelés à une carriole dans laquelle Lou Salomé — le regard faussement pervers ? — est accroupie, menaçant les hommes d'un fouet — transmutation des valeurs nietzschéennes... Je vis encore moins les autres objets présentés dans les vitrines, pour les connaître tous déjà plus ou moins. Les yeux fous de Nietzsche m'obsédaient ; son regard avait percé en moi des trous dans lesquels s'engouffraient l'effroi, les frissons. Condouloir métaphysique.

Le lendemain, j'allais une fois encore marcher le long du lac, dans les pas de Nijinski qui, lui aussi, fit le voyage nietzschéen, de Saint-Moritz — le dernier endroit où il ait dansé — à Sils Maria, sans fatigue, le corps rompu à l'exercice physique. Dans son journal, il écrivit : « J'ai de la peine pour Nietzsche. Je l'aime. Il m'aurait compris. » L'homme qui prêta son corps pour le *Sacre du printemps* sombra, lui aussi, du côté de la déraison. Il avait bravé l'esprit de pesanteur, défié la lourdeur et voulu que l'âme portât le corps. Et la chair, un jour, fut désertée par l'âme emportée — aujourd'hui confondue au souffle qui fait virevolter les cerfs-volants. Le danseur vécut plus de trois décennies dans la proximité des hommes sans ombre.

En compagnie des Exceptions foudroyées qui furent familières de Sils, enfin, il y eut aussi Ladislav Klima, autre figure guettée par la déraison, si proche des gouffres que, bien souvent, ses gestes sont des incursions d'un pays d'où il parvient, à rentrer toutefois, bien que dans un état toujours plus délabré. Gardien de nuit et mécanicien, dramaturge et journaliste, conducteur de locomotive et inventeur d'un ersatz de tabac, ce nietzschéen pragois, qui vénérait Schopenhauer, fut un suicidaire perpétuel, un extatique convaincu, un alcoolique militant. Infatigable inventeur de néologismes — déœssence, égodéisme, impératisme, féerisme, ombrisme, par exemple —, il traquera Némésis dans les montagnes de Sils. Puis il écrira, en écho à ses soucis, prenant le prétexte d'une fiction : « Etait-ce l'aspect du pays environnant qui soulevait en lui ces émotions ? Il n'aurait su le dire. La vue immense des montagnes circonvoisines, de leurs glaciers scintillants et des sentiers qui serpentaient le long de leurs flancs, la vue de chacune des maisons du village faisait naître en lui des sentiments monstrueux qui sillonnaient son cœur, tels des éclairs miraculeux. » Dans l'Engadine, les esprits succombent, les âmes se perdent. Les solitudes et les misères sont exacerbées, les souffrances et les peines décuplent. Les douleurs débordent les corps, font chavirer les raisons. Et, toujours, le regard de Nietzsche me fixait, fouillait ma chair et inquiétait ma paix.

J'eus besoin de soleil chaud, et non de cet astre froid qui gèle lorsque les imaginaires se fendillent ou les équilibres se défont. Soleil italien, chaleur lombarde. Laissant les cimes et leurs fantômes, les dépouilles terrassées au vent glacial, j'eus envie d'un dîner sous les arcades d'une ville qui pratique le gai savoir au quotidien. Je voulais boire un vin blanc frais, un orvieto ou un lago di caldaro, auprès d'une fontaine, la nuit venue, et manger un melon glacé, puis sentir la chaleur me pénétrer jusqu'à la moelle. Enfin, j'avais le désir d'entendre parler italien, chanter italien — et laisser derrière moi l'allemand rugueux pratiqué en Engadine. Sur une carte routière, voulant éviter Milan l'industrieuse, trop éloignée de Venise la Sérénissime, j'avisai Bergame. Le nom me plut, au souvenir que j'avais des *Masques et Bergamasques* de Gabriel Fauré, lorsque je traquai la mélancolie dans son répertoire.

Quittant la Suisse, en direction de l'Italie, il fallut traverser de petits villages, très étroits, ne laissant le passage qu'avec parcimonie, entre deux maisons se faisant face. La route descend, en lacet. La montagne est majestueuse, avec des variations dans les verts des résineux. L'air est moins frais, la température augmente à mesure qu'on descend. Les ocres, les jaunes et les couleurs rouille détrempées montrent les bâtisses sous un jour qui réjouit le cœur — je me sens ici chez moi, loin du monde, dans un rythme qui me convient. De vieilles veuves, vêtues de noir, sont assises sur des bancs de pierre et regardent la circulation sur la route, ou dans les rues. Elles ont la patience des minéraux. D'anciennes tristesses se sont inscrites dans les traits de leurs visages. Puis ce fut le lac de Côme, Lecco — et Bergame.

La ville haute est sur un promontoire, fortifiée. Campaniles, dômes et toits accrochent la lumière. Le long des murailles, parfois crénelées, on peut marcher à l'ombre d'arbres sous lesquels les amoureux se cajolent, les vieillards s'assoupissent et les clochards cuvent leur vin. L'air est tiède en fin de journée. Les figues bientôt seront mûres et les grappes de raisin qui s'alourdissent sous la treille doivent donner les premiers verjus. Derrière les fortifications, les rues étroites s'imbriquent et sont sinueuses. Elles longent de vieux palais, d'antiques maisons desquelles s'exhalent des parfums de cuisine et des bruits de vie quotidienne. Les fontaines donnent une eau claire, les places sont pleines de jeunes qui s'ennuient et parlent, le vent qui souffle doucement est chaud. La Piazza Vecchia est élégante, ses proportions enchantent. Un escalier couvert mène à un palais au fronton duquel le lion de Venise rappelle que Bergame fut propriété vénitienne plus de trois siècles et demi. Une chapelle est dédiée à saint Michel, l'archange compagnon des tueurs de dragons qui me ravissent chez Paolo Uccello — ces monstres effrayants qu'une femme gracile tient toujours en laisse et qu'un cavalier valeureux transperce d'un coup de lance... Belles figurations de la comédie humaine...

Puis un superbe spécimen d'architecture renaissante lombarde montre la dentelle à l'œuvre dans la pierre d'une chapelle attenante à l'église paroissiale. Modèle d'harmonie, construite à partir des nombres, perfection d'équilibre, elle associe un petit balcon à colonnettes presque vénitiennes et des marqueteries de marbre polychrome, un oculus ciselé et des grotesques en cascade. L'intérieur est marqué par le baroque, la fin des travaux correspond à l'époque. Les hauteurs sont enrichies de deux peintures de Tiepolo. Mon regard est attiré par une statue équestre en bois doré, assez peu jolie, surmontant deux sarcophages dont l'inférieur repose sur un linteau dans lequel courent des angelots fessus et mafflus, tous castrés par une main prude — prolongement d'une âme sale, contaminée par le christianisme. Je ne sais qui repose dans ce cercueil de marbre.

Un mauvais document, crasseux, présenté sous un plastique ayant vécu, montre un texte accompagné d'une photographie : les restes d'un homme, les mains croisées sur le ventre, la tête versant sur le côté. La mâchoire inférieure est déboîtée, la face semble grimaçante, le chef est encore couvert de ce que les peintures de la Renaissance montrent comme un bonnet de capitaine. Le long du flanc droit, un bâton de commandant. Le tissu des vêtements a épousé le squelette qui paraît un transi baroque. Repos éternel entre la pierre et le bois, desséché, cuit par le temps, mais conservant la forme d'un être qui gît — l'homme est momifié par le temps.

Mon cœur bat soudain brutalement : mon regard a quitté la photographie du mort pour déchiffrer quelques mots qui accompagnent le document. Stupéfait et n'en croyant pas mes yeux, je découvre que je suis dans le mausolée de Bartolomeo Colleoni, que cette peau séchée, tendue sur les os, cet écorché réduit au cuir est la dépouille du fier destrier de la place San Zanipollo. Voilà la matière décomposée du *erœ di virtù*, la cendre de l'énergie et de la volonté, la putréfaction déshydratée de la grandeur et de la détermination. Durant mes lectures, j'avais inévitablement rencontré le nom de Bergame associé à celui du Condottiere. C'est certain. Mais je l'avais oublié, il se trouvait enfoui, tapi dans un pli de mon âme, prêt à servir au moment opportun. Il surgit là, lorsque je fus conduit par une forme d'énergie aux racines plongées dans l'inconscient, objet de moi-même, me croyant oublieux de ce que mon trajet montrait comme une exigence, une nécessité.

Sur les marches de la chapelle, le soleil brûlait. J'eus l'étrange sensation d'assister à la fermeture d'un ourobouros, point de jonction et d'ouverture enfin mêlés, confondus, rejoints et retrouvés. Venise, Sils et Bergame jouant la tragi-comédie de l'Eternel Retour sous le signe de Zarathoustra... J'avais trouvé l'intuition de mon livre, le destin m'en confirmait le bien-fondé.

APPENDICE

ABÉCÉDAIRE

À L'USAGE DES RATS DE BIBLIOTHÈQUE

Si ce livre est sans citations, il n'en est pas moins sans renvois bibliographiques plus ou moins explicites, car on n'écrit jamais à partir de soi seul. Je veux donc, dans cet appendice dont on peut économiser la lecture, dire mes références qui sont en quelque sorte mes révérences. Cadeaux, donc, pour les rats de bibliothèque — dont je suis.

Actionnisme viennois : Concernant H. Nitsch, « Sur le théâtre O.M. », *Artitudes*, avril-juin 1975. De Nitsch, « Naissance du théâtre O.M. », *Action 48*. Paris 1975, Galerie Stadler. Voir aussi *Aktiosraum 1*, éd. *A1 information* en 1971. Actes du symposium autour de l'œuvre de Nitsch, « Actualité de l'actionnisme viennois. Art corporel et œuvre d'art totale » avec l'artiste, H. Klocker, J. de Loisy, M. Onfray, R. Schmitz, P. Weiermair et R. Fleck, Galerie Thaddaeus Ropac, Paris-Salzbourg.

Amitié : Montaigne, bien évidemment, *Essais*, I. 28. Mais surtout le superbe texte de Bacon, *Essai de morale et de politique*, chap. XXVII. Sur l'amitié antique, Louis Dugas, *L'amitié antique*, Alcan, et J. C. Fraisse, *Philia. La notion d'amitié dans la philosophie antique*, Vrin. Pour les élucubrations de Saint-Just, *Fragments d'institutions républicaines*, Idées Gallimard, Œuvres choisies. Enfin, « Amitié et socialité » in Georges Palante, *La sensibilité individualiste*, éd. Folle-Avoine.

Amor fati : Dans *La volonté de puissance*, tome II, intro. § 14, Nietzsche fait de cette notion, qui signifie l'acceptation de ce qui est, et l'amour de ce qui devient, la disposition de l'attitude dionysiaque par excellence. Il s'agit d'accepter, mais aussi de désirer ce qui advient sous la forme qui est.

Amour-propre : Lire tous les moralistes français, bien sûr, mais plus particulièrement La Rochefoucauld, *Maximes* 105 et 106, Vauvenargues, *Introduction à la connaissance de l'esprit humain*, Garnier-Flammarion. Rousseau a voulu, quant à lui, distinguer l'amour de soi et l'amour-propre. Voir *Dialogues*, la Pléiade, tome I, pp. 668-671, Gallimard.

Anarque : Néologisme propre à Ernst Jünger. Le concept est mis en œuvre dans *Eumeswil*, un roman traduit par H. Plard, Gallimard. Il fait l'objet d'un développement, par ce traducteur, dans un article du magazine littéraire consacré à Jünger sous le titre « Eumeswil, l'anarque et le pouvoir », pp. 31-33. Jünger l'explicite quelque peu dans ses *Entretiens avec Julien Hervier*, p. 100, Arcades, Gallimard.

Ariste : Néologisme propre à Georges Palante, le philosophe sur lequel j'ai commis mon premier livre, *Georges Palante. Essai sur un nietzschéen de gauche*, éd. Folle Avoine, p. 119, plus particulièrement. Le concept n'est utilisé qu'à trois reprises et dans les seules *Antinomies entre l'individu et la société*, pp. 65, 66 et 87 dans l'édition originale Alcan. Voir réédition chez Folle-Avoine.

Art contemporain : Pour s'y retrouver quelque peu dans le dédale de l'art contemporain, ses tendances, ses richesses, ses courants, on lira deux dictionnaires pratiques : *Groupes, mouvements, tendances de l'art contemporain depuis 1945* sous la direction de M. H. Colas-Adler et M. Ferrer, Ecole nationale supérieure des beaux-arts. Et *Petit lexique de l'art contemporain*, R. Atkins, Abbeville Press, trad. J. Bouniort. Voir également la collection des numéros d'*Art-Press*, pour l'art en train de se faire.

Art minimal : Catalogue du Capc de Bordeaux, *C. Boltanski, D. Buren, Gilbert & George, J. Kounellis, S. Le Witt, R. Long, M. Merz.*

Attitude spectaculaire : Cf. **Spectaculaire.**

Belle âme : Hegel, *Phénoménologie de l'esprit*, Aubier, trad. Hyppolite, II. 186, II. 299, II. 89. Voir surtout Goethe, *Les années d'apprentissage de Wilhem Meister*, et le chapitre intitulé « Les confessions d'une belle âme ». Et Schiller, *De la grâce et de la dignité*. Voir aussi *Lettres sur l'éducation esthétique*, du même auteur.

Body-art : Le seul ouvrage sur ce sujet est de F. Pluchart. Il a pour titre *L'art corporel*, éd. Limage 2. Voir également les articles : « Dix questions sur l'art corporel et l'art sociologique », un débat entre H. Fischer, M. Journiac, G. Pane et J. P. Thenot, *Artitudes*, déc. 73-mars 74. F. Pluchart, « Notes sur l'art corporel », *Artitudes*, sept. 74. Pour une bibliographie, *Artitudes*, avril-juin 75.

Boudin humain : M. Journiac, « Recette de boudin au sang humain », *Artitudes*, novembre 1977. Voir également « Les pièges de Michel Journiac : l'objet du corps et le corps de l'objet », *Artitudes*, décembre 1973 et mars 1974. Bibliographie très complète page 37.

Bourgeois : J'aime par-dessus tout la définition qu'en donne Flaubert dans son *Dictionnaire des idées reçues* : « J'appelle bourgeois quiconque pense bassement. » On trouvera l'illustration littéraire de ce personnage dans le M. Homais de *Madame Bovary*. Voir également Werner Sombart, *Le Bourgeois*, Payot.

Bovarysme : Jules de Gaultier est l'inventeur du terme. Il en a précisé l'acception dans *Le Bovarysme*, Mercure de France. Il analyse toutes les formes possibles et imaginables de cette étrange notion qui définit la faculté qu'a l'homme de se concevoir autre qu'il n'est.

Chevalier : L'idéal chevaleresque fait l'objet des analyses de Lulle, le philosophe catalan, dans *Le Livre de l'ordre de chevalerie*, trad. P. Gifreu, éd. de La Différence.

Condottiere : Le chapitre I doit, on s'en doute, au magnifique livre d'André Suarès, *Le Voyage du Condottiere*, éd. Granite. On lira, en particulier, la belle description de l'œuvre de Verrocchio aux pages 10-14 et 146-147. Le concept de Condottiere qui m'intéresse doit essentiellement à cette vision esthétique, aucunement à l'épaisseur historique des chefs de guerre mercenaires d'alors. On peut toutefois lire, à mi-chemin de l'évocation historique et esthétique, le texte que Machiavel consacre à Castracani da Lucca dans les œuvres de la Pléiade. Voir particulièrement pp. 913-940. Lire également Denis de Rougemont, *L'amour et l'Occident*, pp. 213-214 : les *Condottieri* y sont définis comme « soldats de métier au service des Princes et des Papes, ils avaient pour coutume bien moins de faire la guerre que d'empêcher qu'on n'y tuât du monde. Les aventurieux étaient avant tout d'avisés diplomates, d'astucieux commerçants. Ils savaient le prix d'un soldat. Leur tactique consistait essentiellement à faire des prisonniers et à désorganiser les corps ennemis. Parfois — c'etait leur suprême réussite — ils parvenaient à battre l'adversaire d'une manière vraiment radicale : ils détruisaient l'ensemble de ses forces en achetant d'un bloc son armée ». Stratège et tacticien avant tout. Envisageant l'existence comme une partie d'échecs, voilà ce qui me plaît dans cette figure singulière.

Cynisme : Sur la question du kunisme, cynisme antique, comme remède au cynisme contemporain, voir P. Sloterdijk, *Critique de la raison cynique*, Bourgois. Pour lire les textes eux-mêmes : Léonce Paquet, *Les cyniques grecs*, Presses Universitaires d'Ottawa. Et M. Onfray, *Cynismes. Portrait du philosophe en chien*, Grasset.

Dandysme : La bibliographie est abondante. Et les mauvais livres sur le sujet tout aussi nombreux. On retiendra de F. Coblence, *Le dandysme, obligation d'incertitude*, PUF — et sa bibliographie. Lire, quoi qu'il en soit, les textes fondateurs : Baudelaire, *Les curiosités esthétiques*, « Le peintre de la vie moderne » chapitre IX : Le Dandy. Barbey d'Aurevilly, *Du dandysme et de George Brummell*, *Œuvres*, la Pléiade, Gallimard.

Dépense : J'emprunte cette notion, bien sûr, à Georges Bataille. Elle est capitale dans son œuvre et pour comprendre la totalité du monde dans lequel nous vivons. Lire en particulier *La part maudite*, et plus spécialement la première partie qui parut dans *Critique sociale*, n° 7, en janvier 1933. De même, on pourra se reporter aux travaux de Roger Caillois sur la fête, la guerre, le sacré, les jeux. Et ils sont nombreux.

Désir d'éternité : Ferdinand Alquié a consacré à ce sujet un livre qui porte ce titre. On y lira particulièrement les développements sur le temps, l'habitude et l'état de passion.

Don Juan : Lire la pièce de Molière, écouter l'opéra de Mozart et ne pas oublier le livret de Da Ponte, mais surtout se reporter à S. Kofman et J.Y. Masson, *Don Juan ou le refus de la dette*, Galilée, en particulier le texte de S. Kofman intitulé « L'art de ne pas payer ses dettes ».

Douaniers : Pour les détails de l'affaire ayant opposé Brancusi et les douaniers américains, lire T. de Duve, *Réponse à la question : « Qu'est-ce que la sculpture moderne ? »* in Catalogue de l'exposition G. Pompidou, *Qu'est-ce que la sculpture moderne ?* 1986, pp. 275-290.

Eat art : Lire, de Irmeline Lebeer, *Daniel Spoerri : descente initiatique aux cuisines* in *Chemins de l'art vivant*, n° 21, juin 1971, pp. 10-12. De même, consulter le Dossier D. Spoerri in *Opus international*, n° 110, sept-oct. 1988, pp. 10-50. Et *Les nourritures de l'art*, Evry, Aure Libre, Art Contemporain, 1989, p. 70.

Emploi du temps : Lire les pages consacrées par David S. Landes à la question de la mesure du temps et de la naissance des horloges dans son remarquable livre *L'heure qu'il est. Les horloges, la mesure du temps et la formation de l'homme moderne,* trad. P.E. Dauzat et L. Evrard, Gallimard.

Esthète : Les figures littéraires d'esthètes se trouvent chez J. K. Huysmans, *A rebours*, Folio ; chez Wilde, *Le portrait de Dorian Gray* ; chez Proust, voir Charlus et Swann dans *La recherche du temps perdu.* Voir dans cette perspective *Le livre des snobs* de Thackeray, Garnier-Flammarion.

Évergétisme : Paul Veynes, *Le pain et le cirque*, Seuil, 2e éd., 1980.

Excellence : La revue *Autrement* a consacré l'un de ses dossiers à ce sujet sous le titre *L'excellence. Une valeur pervertie.* Il y est beaucoup question de la perversion, assez peu de la positivité de la valeur. Lire toutefois l'entretien accordé par Georges Dumézil à Christine Delafosse (le dernier de son existence), sous le titre « L'excellence introuvable », pp. 14-21.

Figure faustienne : Voir chez Oswald Spengler, *Le Déclin de l'Occident, Esquisse d'une morphologie de l'histoire universelle.* 1re partie : Forme et réalité, trad. Tazerout, pp. 25, 117, 118, 132, 138, 140, 165, 172, 234, 405, Gallimard. Et, tome II : Perspectives de l'histoire universelle, pp. 215, 269, 276, 294 et 313. On y trouvera tous les détails sur ce qu'est une figure faustienne chez Spengler.

Gentilhomme : Le manuel du parfait gentilhomme est *Le livre du courtisan* de Balthazar Castiglione qu'on peut lire dans la traduction d'Alain Pons aux éditions Garnier-Flammarion.

Hagakuré : Jocho Yamamoto, *Hagakuré,* trad. M. F. Duvauchelle, éd. Trédaniel. Et de Mishima, *Le Japon moderne et l'éthique du samouraï,* Arcades, Gallimard. Voir également les belles pages du livre de Robert Pinguet, *La mort volontaire au Japon,* Gallimard.

Hapax existentiel : J'ai précisé ce que j'entends par là dans *L'art de jouir,* Grasset, au chapitre intitulé « De l'antériorité du melon sur la raison », pp. 31-91. Les hapax sont des expériences n'ayant qu'une seule occurrence mais déterminant toute une existence chez un individu.

Happening : A. Kaprow, *Assemblages, Environments and Happenings,* New York, Harry N. Abrams. H. De Adrian, *Environments and Happenings,* Londres, Matthews Miller Dunbar. Compte rendu dactylographié de l'intervention de H. Szeeman sur l'exposition « Quand les attitudes deviennent formes », documentation du Capc de Bordeaux.

Hasard objectif : Les surréalistes ont emprunté la notion à Engels pour lequel le hasard objectif était la « forme de manifestation de la nécessité ». André Breton précise l'appropriation qu'il fait du concept dans *Limites non frontières du surréalisme.* Voir aussi Nadja, *Les vases communicants* et *L'amour fou.*

Héliogabale : Même si la référence est plus littéraire que scientifique, j'ai opté pour Artaud, *Héliogabale ou l'anarchiste couronné,* Gallimard, un ouvrage pour lequel le travail de documentation et de recherche a été extrêmement important.

Héros baroque : Lire l'ensemble des livres de Baltazar Gracián. Ainsi, *Le Héros* et *L'Homme de cour,* trad. Amelot de La Houssaie, éd. Gérard Leibovici. Chez le même éditeur, *L'homme universel,* trad. J. de Gouverville.

Homme calculable : Jacques Henric a écrit sur ce sujet un livre aux éditions des Belles-Lettres. Il dit ce qu'il doit à Nietzsche dans cette définition. Cf. *L'homme calculable.*

Homme multiplié : Voir Marinetti, « Ce qui nous sépare de Nietzsche » et « L'Homme multiplié et le règne de la Machine » in *Le futurisme,* éd. L'Age d'Homme.

Horaces et curiaces : L'histoire est racontée par Tite-Live dans *Histoire romaine,* I. XXII-XXVI *in* la Pléiade, *Historiens romains,* tome I, trad. G. Walter, Gallimard.

Hostilina : Elle apparaît chez saint Augustin, *Cité de Dieu,* IV. 8.

Idiotie : Caractère de ce qui est sans double, en vertu de l'étymologie. C. Rosset use de ce concept dans son acception, je me permets de la lui emprunter. Voir *Le Réel et son double. Traité de l'idiotie,* éd. de Minuit.

Individu : Sur la découverte de l'individu à l'époque de la Renaissance, lire Koyré, *Du monde clos à l'univers infini,* Idées Gallimard. Et, de Jacob Burckhardt, *Civilisation de la Renaissance en Italie,* trad. H. Schmitt et R. Klein, Le Livre de poche.

Particulièrement, tome I, deuxième partie. Puis, Jean Delumeau, *La civilisation de la Renaissance*, Arthaud, IIIe partie, chapitre XI, « L'individu et liberté ».

Instant : Gaston Bachelard écrivait : « Je ne vis pas dans l'infini, parce que dans l'infini on n'est pas chez soi. » Lire, donc, *L'intuition de l'instant*, Stock.

Ironie : Lire le chapitre III du livre de Jankélévitch, *L'Ironie*, intitulé « Des pièges de l'ironie », Champ-Flammarion.

Isolisme : On trouve la notion dans *Les 120 journées de Sodome*, mais aussi dans *La nouvelle Justine*, tome 6, p. 95, éd. Pauvert. « L'isolisme est l'égoïsme en creux : alors que l'égoïste triomphe dans la jouissance [...] l'isoliste périt dans sa solitude », p. 56.

Je-ne-sais-quoi : On doit la popularisation de la notion à Jankélévitch qui écrivit *Le je-ne-sais-quoi et le Presque rien* au Seuil. La notion est pourtant vieille. Voir son histoire dans la préface au livre de Benito Feijoo, *Le je-ne-sais-quoi*, éd. de l'Éclat, trad. C. Paoletti. Et Gracián, *L'homme de cour*, chap. XXVII et *Le héros*, chap. XIII.

Jeu : Bien sûr, on peut s'intéresser à Huizinga et à son *Homo ludens*, Gallimard. Cependant, les analyses de Roger Caillois, à partir de ce livre et contre lui, me semblent plus pertinentes. Voir *Les jeux et les hommes*, Gallimard, dans lequel on retiendra les analyses sur l'agon, l'aléa.

Kaîros : Le *kaîros*, c'est le moment opportun, propice, qui correspond à l'instant précis pendant lequel il faut faire, agir ou saisir. Aristote précise qu'il faut maîtriser l'art du kaîros en médecine et dans la navigation. Cf. *Éthique à Nicomaque*, II. 1104. A. 9.

Kunisme : Cf. **Cynisme.**

Magnanimité : Aristote, l'*Ethique à Nicomaque*, IV. 7-9. Lire aussi de R. A. Gauthier, *Magnanimité, l'idéal de la grandeur dans la philosophie païenne et dans la philosophie chrétienne*, Paris, 1951.

Magnificence : Les pages superbes d'Aristote sur ce sujet se trouvent dans l'*Éthique à Nicomaque*, IV. 4-6, trad. J. Tricot. Voir également *Éthique à Eudème*, II. 6 et IV. 4-6, trad. V. Décarie. Tous deux chez Vrin.

Maïeutique : Chez Platon, d'abord, dans le *Théétète*, 149 A et s. Voir aussi *Ménon*, 81 e, 82 e, 84 ad, 85 bd.

Miroir : Concernant l'anecdote du miroir chez Léonard de Vinci, lire, dans la biographie que lui consacre S. Bramly, la note 6 de la page 53 du Livre de poche. Sur Baudelaire et la nécessité de vivre devant le miroir, pour le dandy, voir *Mon cœur mis à nu* (119).

Moraline : Néologisme propre à Nietzsche. Elle est ce qui transforme la morale en moralisme. Un produit dangereux et particulièrement utilisé ces temps-ci chez les philosophes qui s'occupent d'éthique. Voir *Ecce homo*, « Pourquoi je suis si avisé », §.1 et *Volonté de puissance*, §. 331 et 411.

Musique : Les philosophes parlent peu de musique. Ceux qui se sont chargés de pareille tâche l'ont fait avec brio. Par exemple V. Jankélévitch dans *La musique et l'ineffable*, Seuil, et dans *Quelque part dans l'inachevé*, Gallimard. Plus proche de nous, et avec le même talent, Clément Rosset, *L'objet singulier*, éd. de Minuit.

Parménidien : Le poème de Parménide est analysé, présenté et commenté avec précision par Clémence Ramnoux dans *Parménide et ses successeurs immédiats*, éd. du Rocher. On y trouvera toutes les qualités de l'Un.

Part maudite : Si la notion est difficile à préciser de l'intérieur chez Bataille, du moins peut-on tâcher d'en circonscrire les effets par l'extérieur : disons qu'on doit à la part maudite le rire, les larmes, l'érotisme, la mort, la saleté, la transgression, le sacrifice, le sacré. Lire, bien sûr, *La part maudite*, Points, Seuil.

Performance : *Performance, texte(s) et documents*, Actes du colloque « Performance et multidisciplinarité : postmodernisme », Montréal, 9-10-11 octobre 1980, sous la direction de C. Pontbriand, éd. Parachute. Et *Renaissance performance : Notes on Prototypical Artistic Actions in the Age of the Platonic Princes*, Attanasio di Felice, *The art of Performance, A critical anthology* par G. Battcock et R. Nickas, éd. Dutton, 1984.

Performatif : Pour des notions élémentaires en linguistique, voir Benvéniste, *Éléments de linguistique générale*, Payot. Sur le performatif en particulier, Austin, *Quand dire c'est faire*, trad. Lane, Seuil

Personnage conceptuel : J'emprunte la notion à Gilles Deleuze et Félix Guattari qui en précisent le sens dans le troisième temps de la 1re partie de *Qu'est-ce que la philosophie ?* éd. de Minuit, pp. 60-81.

Philosophe-artiste : L'expression est de Nietzsche. Jean-Noël Vuarnet a écrit un beau livre sur ce sujet, *Le Philosophe-Artiste*, 10/18.

Pointe : Littré signale que la pointe est un trait subtil, recherché, un jeu de mots, ce qu'il y a de plus pénétrant et de plus vif dans l'esprit. C'est aussi un outil utilisé par le sculpteur et le graveur, ce qui n'est pas sans relation avec mon sujet. Je souscris à la définition de Gracián qui en fait le prototype du trait ingénieux et lui consacre un livre, *La pointe ou l'art du génie*, trad. M. Gendreau-Massaloux et P. Laurens, éd. L'Age d'Homme. La pointe y est définie comme ce qui sidère, montre l'acuité, met en évidence le trait subtil et prompt ou la percée de l'intellect.

Politesse : Voir les quelques lignes sur ce sujet dans Deleuze, *Périclès et Verdi*, éd. de Minuit, p. 13. Lire également Bergson, « De la politesse », *Mélanges*, PUF. Le texte est en partie repris dans le numéro de la revue *Autrement*, « La politesse. Vertu des apparences », n° 2, fév. 1991. Michel Lacroix, enfin, *De la politesse. Essai sur la littérature du savoir-vivre*, Julliard.

Porcs-Épics : Schopenhauer raconte cette histoire dans *Parerga et Paralipomena*, tome II, chap. 31, § 400. Elle est reprise dans *Aphorismes sur la sagesse dans la vie*, p. 105, trad. Burdeau, PUF.

Potlatch : La notion est centrale chez nombre de penseurs importants de ce siècle après Marcel Mauss auquel on en doit la théorie dans *Sociologie et anthropologie*, PUF, et plus particulièrement « Essai sur le don. Forme et raison de l'échange dans les sociétés archaïques », pp. 145-279. Le terme en lui-même, emprunté à la langue chinook, signifie consommer, nourrir. Cf. p. 152 et note 1.

Rebelle : Ernst Jünger examine le statut du rebelle — le Waldgänger emprunté à l'ancienne coutume d'Islande — dans un beau livre intitulé *Traité du rebelle ou le recours aux forêts*, Christian Bourgois. La traduction est d'Henri Plard. Le rebelle est l'homme du refus et de l'insoumission.

Résistance : Sur ce point, et pour une collection des gestes sublimes, qu'on se reporte à l'excellent numéro de *La liberté de l'esprit* dirigé par F. George et qui s'intitule « Visages de la Résistance », n° 16, Automne 1987, La Manufacture.

Ressentiment : La théorisation de cette manière est faite par Nietzsche dans la *Généalogie de la morale*. On peut toutefois en lire une analyse dans un livre de Max Scheler, *L'Homme du ressentiment*, Idées Gallimard.

Revolver : Lire, d'Otto Weininger, *Sexe et caractère*, trad. D. Renaud, et *Des fins ultimes*, éd. L'Age d'Homme. Et de Carlo Michelstaedter, *La persuasion et la rhétorique*, trad. M. Taiola, et *Epistolaire*, trad. G. A. Tiberghien, tous deux aux éditions de l'Éclat.

Rhizome : Le rhizome est exclusivement cultivé dans le jardin de Deleuze et Guattari. Cf. l'introduction de *Mille plateaux*, « Racine, radicelle et rhizome », éd. de Minuit.

Sagesse tragique : L'expression est de Nietzsche. L'usage que j'en fais n'est pas sans entretenir de parenté avec le sens que lui donne Clément Rosset dans l'ensemble de son œuvre. Voir *Logique du pire*, PUF, *L'anti-nature* dont le sous-titre est *Éléments pour une philosophie tragique*. Voir aux PUF *La philosophie tragique*.

Sculpture : En ce qui concerne l'art préhistorique, lire la somme que lui consacre Leroi-Gourhan dans la collection Mazenod. Du même, *Les religions de la préhistoire*, PUF. Voir chez Mazenod également les volumes consacrés à l'art africain et à celui des Océaniens. A l'autre extrémité chronologique, sur Joseph Beuys, lire T. de Duve, *Cousu de fil d'or* — sur Duchamp, Klein et Beuys. De F. J. Verspohl, *Das Kapital raum 1970-1977. Stratégie pour réactiver les sens*, trad. F. Renault, Adam Biro. De Beuys lui-même, voir *Par la présente, je n'appartiens plus à l'art*, L'Arche. Sur sa démarche : Lamarche-Vidal, *Joseph Beuys : is-it about a bicycle ?*, L'Arche.

Serment : Voir les actes du colloque consacré à ce sujet sous la direction de Raymond Verdier, *Le Serment*, éd. du CNRS, 2 vol.

Situation construite : Cf. **Performance.**

Situationnistes : Se reporter à la réédition des textes *Internationale Situationniste, 1958-1969*, éd. Champ Libre. A compléter par l'excellent travail des éditions Allia, *Documents relatifs à la fondation de l'Internationale situationniste, 1948-1957*, une édition qu'on doit à G. Berréby. Lire aussi *Retour au futur des situationnistes*, trad. C. Galli, éd. Via Valeriano. Bien sûr, on se reportera aux textes fondateurs de G. Debord et au *Traité du savoir-vivre à l'usage des jeunes générations* de R. Vaneigem, tous deux chez Gallimard. L'histoire du mouvement est faite par J. F. Martos, *Histoire de l'I.S.*, éd. G. Leibovici.

Spectaculaire (attitude) : Cette notion renvoie à Jules de Gaultier, un philosophe par trop oublié auquel on doit l'intéressant concept de *bovarysme* (cf. infra). L'attitude spectaculaire est analysée dans un chapitre de *La sensibilité métaphysique*, Alcan. Voir particulièrement le chapitre II, « Les Formes spectaculaires de la Sensibilité métaphysique ».

Stratégie : Sun Tzu, *L'art de la guerre*, trad. F. Wang, Flammarion, et Shang Yang, *Le livre du prince Shang*, trad. J. Lévi, Flammarion. Machiavel, *L'art de la guerre*, la Pléiade, Gallimard, et Clausewitz, *De la guerre*, éd. de Minuit.

Style : G.G. Granger, *Essai d'une philosophie du style*, Odile Jacob. L'ouvrage montre ce que peut être un style dans le domaine particulier des sciences mathématiques. Pour le registre esthétique, voir M. Schapiro, *Style, artiste et société*, trad. D. Arasse, Gallimard, pp. 35-85. Et puisque le style suppose la production d'une œuvre, on pourra s'interroger sur le sens de cette notion en lisant *Qu'est-ce qu'une œuvre ?* de Michel Guérin, Actes Sud.

Sublime : Lire Longin, *Du sublime*, trad. J. Pigeaud, éd. Rivages, avec une substantielle préface. Burke, *Recherches philosophiques sur l'origine de nos idées du sublime et du beau*, trad. de Lagendie, Vrin. Kant, *Observations sur le sentiment du beau et du sublime*, et « Analytique du sublime » dans la *Critique de la faculté de juger* in la Pléiade. Enfin, l'excellent travail de Baldine Saint Girons, *Fiat lux. Une philosophie du sublime*, Quai Voltaire.

Symétrie : Voir, de Roger Caillois, *Cohérences aventureuses*, et plus particulièrement la partie intitulée « La dissymétrie », Gallimard.

Syndrome de Stendhal : L'analyse en est faite par G. Magherini, *Le syndrome de Stendhal. Du voyage dans les villes d'art*, Usher.

Taureaux : De Michel Leiris, bien sûr, *Miroir de la tauromachie*, Fata Morgana. *La course de taureaux, Fourbis.* Et de Claude Poplin,

Le taureau et son combat, Plon. Puis, les articles de Bernard Marcardé, « Le Gazpacho de la corrida » et l'entretien avec J. M. Magnan, « De cape qui caresse et d'épée qui foudroie » in *Picasso. Toros y Toreros*, Réunion des Musées nationaux.

Théâtre de la cruauté : Essentiellement Artaud, *Le théâtre et son double*, Idées Gallimard.

Troubadours : René Nelli, *L'érotique des troubadours*, 10/18, 2 vol.

Unique : A découvrir dans le livre, unique, d'un penseur lui aussi unique : Max Stirner, *L'Unique et sa propriété*, trad Reclaire, Stock. Etrange ouvrage faisant l'apologie de l'unicité la plus radicale. On prétend qu'il aurait aussi bien séduit Lénine que Mussolini. Henri Arvon en fait le précurseur de l'existentialisme in *Max Stirner. Aux sources de l'existentialisme athée*, PUF.

Urinoirs en or : Sur les vases de nuit en or chez T. More, voir *Utopie*, Éd. Sociales, p. 140. Et en ce qui concerne les urinoirs en or de Lénine, lire le numéro de la *Pravda* du 6-7 novembre 1921, dans toutes les bonnes librairies.

Vulves de truie : Pour le repas d'Héliogabale, j'ai relu les pages que Pétrone consacre au festin de Trimalcion dans le *Satiricon*. En ce qui concerne Fourier, Grimod de La Reynière et les futuristes italiens dans leurs rapports à la dépense gastronomique, on peut se reporter à mon *Ventre des philosophes. Critique de la raison diététique*, Livre de poche. Les expériences y sont rapportées et analysées.

COLLECTION « FIGURES »
DIRIGÉE PAR BERNARD-HENRI LÉVY

Les Aristocrates libertaires, *Manifeste*.
Jean-Paul Aron et Roger Kempf, *le Pénis et la Démoralisation de l'Occident*.
Dominique Auffret, *Alexandre Kojève*.
Jean Baudrillard, *la Gauche divine*.
Jean Baudrillard, *les Stratégies fatales*.
Jean-Marie Benoist, *la Révolution structurale*.
Claudie et Jacques Broyelle, *Apocalypse Mao*.
Claudie et Jacques Broyelle, *les Illusions retrouvées*.
Madeleine Chapsal, *Envoyez la petite musique*.
François Châtelet, Jacques Derrida, Michel Foucault, Jean-François Lyotard, Michel Serres, *Politiques de la philosophie* (textes réunis par Dominique Grisoni).
Catherine Clément, *le Goût du miel*.
Catherine Clément, *Les fils de Freud sont fatigués*.
Catherine Clément, *l'Opéra ou la Défaite des femmes*.
Catherine Clément, *la Syncope*.
Catherine Clément, *Vies et légendes de Jacques Lacan*.
Bernard Cohen, *Portes de Jérusalem*.
Annie Cohen-Solal, *Paul Nizan, communiste impossible*.
Christian Delacampagne, *Antipsychiatrie. Les voies du sacré*.
Galvano Della Volpe, *Rousseau et Marx*.
Jean-Toussaint Desanti, *Réflexions sur le Temps. Variations philosophiques 1*. Conversations avec Dominique-Antoine Grisoni.
Laurent Dispot, *la Machine à terreur*.
Laurent Dispot, *Manifeste archaïque*.
Jean-Paul Dollé, *Danser maintenant*.
Jean-Paul Dollé, *Fureurs de ville*.
Jean-Paul Dollé, *l'Odeur de la France*.
Jean-Paul Dollé, *Voie d'accès au paisir*.
Umberto Eco, *Lector in fabula*.
Luc Ferry et Alain Renaut, *Heidegger et les Modernes*.
Michel Guérin, *Lettres à Wolf ou la Répétition*.
Michel Guérin, *Nietzsche, Socrate héroïque*.
Gérard Haddad, *les Biblioclastes*.
Gérard Haddad, *Manger le livre*.

Heidegger et la question de Dieu (sous la direction de R. Kearney et J.S. O'Leary).
Jacques Henric, *la Peinture et le mal.*
Jacques Henric, *le Roman et le sacré.*
L'Identité, séminaire dirigé par Claude Lévi-Strauss, 1974-1975.
Christian Jambet, *Apologie de Platon.*
Christian Jambet et Guy Lardreau, *l'Ange.*
Christian Jambet et Guy Lardreau, *le Monde.*
François Jullien, *Figures de l'immanence.* Pour une lecture philosophique du Yi king.
Guy Konopnicki, *l'Âge démocratique.*
Guy Konopnicki, *l'Amour de la politique.*
Guy Lardreau, *la Mort de Joseph Staline.*
Michel Le Bris, *l'Homme aux semelles de vent.*
Michel Le Bris, *le Paradis perdu.*
Dominique Lecourt, *Bachelard. Le jour et la nuit.*
Emmanuel Levinas, *Entre nous. Essais sur le penser-à-l'autre.*
Emmanuel Levinas, *Dieu, la Mort, le Temps.*
Bernard-Henri Lévy, *la Barbarie à visage humain.*
Bernard-Henri Lévy, *Éloge des intellectuels.*
Bernard-Henri Lévy, *l'Idéologie française.*
Bernard-Henri Lévy, *le Testament de Dieu.*
Thierry Lévy, *le Crime en toute humanité.*
Claude Lorin, *l'Inachevé* (Peinture-Sculpture-Littérature).
Claude Lorin, *Pour saint Augustin.*
Jean-Luc Marion, *l'Idole et la distance.*
Anne Martin-Fugier, *la Bourgeoise.*
Anne Martin-Fugier, *la Place des bonnes.*
Jacques Martinez, *Moderne for ever.*
Gérard Miller, *Du père au pire.*
Philippe Muray, *la Gloire de Rubens.*
Sami Naïr, *Le Regard des vainqueurs. Les enjeux français de l'immigration.*
Philippe Nemo, *l'Homme structural.*
Michel Onfray, *l'Art de jouir.*
Michel Onfray, *Cynismes.*
Michel Onfray, *le Ventre des philosophes.*
Pasolini, séminaire dirigé par Antonietta Macciochi.
Françoise Paul-Lévy, *Karl Marx, histoire d'un bourgeois allemand.*
Philippe Roger, *Roland Barthes, roman.*
Philippe Roger, *Sade. La philosophie dans le pressoir.*
Guy Scarpetta, *l'Artifice.*
Guy Scarpetta, *Brecht ou le Soldat mort.*
Guy Scarpetta, *Éloge du cosmopolitisme.*
Guy Scarpetta, *l'Impureté.*
Michel Serres, *Zola. Feux et signaux de brume.*
Daniel Sibony, *l'Amour inconscient.*
Daniel Sibony, *Avec Shakespeare.*

Daniel Sibony, *Entre dire et faire.*
Daniel Sibony, *Jouissances du dire.*
Daniel Sibony, *la Juive : une transmission d'inconscient.*
Daniel Sibony, *Perversions.*
Bernard Sichère, *Éloge du sujet.*
Bernard Sichère, *Merleau-Ponty ou le Corps de la philosophie.*
Bernard Sichère, *le Moment lacanien.*
Alexandre Soljenitsyne, *l'Erreur de l'Occident.*
Philippe Sollers, *Vision à New York.*
Gilles Susong, *la Politique d'Orphée.*
Armando Verdiglione, *la Dissidence freudienne.*
Armando Verdiglione, *Fondation de la psychanalyse. I. Dieu.*
Armando Verdiglione, *la Conjuration des idiots.*
Giambattista Vico, *Vie de Giambattista Vico écrite par lui-même.*
Claude Vigée, *l'Extase et l'Errance.*
Claude Vigée, *le Parfum et la Cendre.*
Elie Wiesel, *Signes d'exode.*

Achevé d'imprimer en novembre 1993
sur presse CAMERON
dans les ateliers de la S.E.P.C.
à Saint-Amand-Montrond (Cher)
pour le compte des éditions Grasset
61, rue des Saint-Pères, 75006 Paris

N° d'Édition : 9301. N° d'Impression : 2835.
Première édition, dépôt légal : septembre 1993.
Nouveau tirage, dépôt légal : novembre 1993.

Imprimé en France

ISBN : 2-246-46501-X